알기쉬운
복음서의 난제들 101

김 인 철 지음

그리심

by In Chul, Kim

알기쉬운 복음서의 난제들 101

2016년 12월 26일 초 판 1쇄 인쇄
2016년 12월 30일 초 판 1쇄 발행

저 자 • 김 인 철
발행인 • 조 경 혜
발행처 • 도서출판 그리심
07030 서울시 동작구 사당로2길 72 인정 B동(B01호)
등록번호 • 제 7-258호(1998. 4. 23)
출 판 사 • 전화 523-7589 팩스 523-7590
홈페이지 • http://grisim.biz
전자우편 • grisimcho@hanmail.net

값: 표지 뒷면에

ISBN 978-89-5799-375-0 93230

알기쉬운 복음서의 난제들 101

김인철 목사

경북대학교 문리과대학 국어국문학과 졸업,
중앙대학교 대학원 신문학과 석사과정 졸업,
총신대 신대원 졸업,
Montana에 있는 YWAM SBS 과정 수료,
Jerusalem University College의
Geographical and Historical Setting of the Bible 과정과
Paul and Hellenistic World 과정 이수
Hebrew University Ulpan에서 modern Hebrew 연수
이스라엘 연구소 연구원 역임

예슈아 성서연구원 대표

저서

성경핸드북(엠마오)
책별성경연구 교사용, 학생용(엠마오)
모세오경 - 두루마리성경1(그리심)
이스라엘의 역사 - 두루마리성경2(그리심)
성문서 - 두루마리성경3(그리심)
왕국시대 예언자들 - 두루마리성경4(그리심)
포로이후의 이스라엘 - 두루마리성경5(그리심)
이스라엘 12박13일(그리심)
세례자 요한(그리심)

역서

존 왈튼, 창세기 1장의 잃어버린 세계(그리심)
조엘 S. 버넷, 하나님은 어디에 계시는가?(그리심)

책머리에

복음서는 그리스도의 생애와 가르침을 기록한 전기와 같은 책이다. 4 복음서를 모두 합쳐도 200쪽이 채 안 된다. 그나마 비슷한 내용들이 많아, 실재 분량은 그리 많지 않다. 하지만 읽어 내려가면서 쉽게 이해되지 않는 구절들을 만나게 된다. 복음서가 모세 이후 천년 이상의 역사와, 로마가 지배하던 1세기 유대 사회의 다양한 모습을 담고 있기 때문이다. 다른 한편으로, 복음서가 한글로 소개되기까지 이천 년에 걸쳐 여러 사본과 번역본으로 전수되었다는 점도, 원래의 의미 파악을 힘들게 만든다. 난해한 구절의 가장 많은 부분은 언어와 관련되어 있다. 이를테면 번역 과정에서 발생한 의미의 왜곡에서부터, 랍비들의 전문용어에 대한 오해까지 다양하다. 특히 히브리어의 숙어적 표현이나 금언의 참뜻은 사전적 의미 너머에 있다. 지리와 역사에 관련된 구절들은 참고서적을 통해 도움을 받을 수 있어 그나마 나은 편이다. 많은 난해구절들이 풍속과 관련되어 있는데, 때때로 정결규정을 모르면 전혀 이해가 되지 않는다. 무엇보다 우리를 힘들게 하는 것은 메시야 예언과 관련된 구절들이다. 종종 복음서 저자들은 구약의 예언을 간접적으로 인용한다. 그리고 직접 인용할 때도 유추적으로 해석하는 경우가 많다. 그래서 심지어 난제처럼 보이지 않기도 한다.

복음서는 1세기 그레코 로만 세계의 독자들을 위해 헬라어로 씌어졌다. 그런데 헬라어로 담아낸 그 콘텐츠는 1세기 유대문화였고, 상당수가 히브리어와 관련되어 있다. 유대 땅에 살았던 1세기 유대인들이 아람어를 사용했는지 히브리어를 사용했는지는, 실재로 그들이 살았던 지역과 계층에 따라 달라질 수 있다. 하지만 종교적 문헌들에 사용된 문어(written language)는 압도적으로 히브리어였다. 뿐 아니라 많은 경우 생활 언어인 구어(spoken language)조차 히브리어였다. 예를 들어 복음서의 관용적 표현 중에서, 오직 히브리어에서만 일어나는 언어 유희(word play)들이 발견된다. 아람어나 헬라어로 읽었을 때 밋밋하던 의미가, 히브리어로 옮겼을 때 특별한 뉘앙스로 다가오는 것이다. 이것은 복음서를 유대 문화로 읽을 뿐 아니라, 히브리어 번역본(HNT)으로 읽어야 할 필요를 보여준다. 특히 유대 문헌과 함께 읽을 필요가 있는 것은, 그리스도가 1세기 유대인들이 익숙한 용어로 하나님의 나라를 선포했기 때문이다. 부연하자면, 그리스도의 가르침을 미드라쉬와 비교할 때, 더욱 선명하게 그 의미가 드러나게 되는 것이다.

복음서를 유대 문화로 읽는 데 도움을 준 학자들은 예루살렘 학파의 플루써(David Flusser), 린지(Robert Lindsey), 사프레이(Shmuel Safrai)이다. 이들은 Jerusalem School 이라는 비영리 기관을 만들어 공관복음 연구에 힘을 쏟았다. 이들의 노력이 결실을 맺어 Jerusalem Perspective라는 잡지가 만들어졌고, David Bivin. Randal Buth, Brad H. Young, Steven Notley, Marvin Wilson 같은 학자들이 맥을 이어나가게 되었다. 그리스도교의 기원에 관심이 있던 나는, 2001년 예루살렘의 JUC(Jerusalem University College)에서 '성서의 역사와 지리적 배경'이라는 프로그램을 이수했고, Randal Buth 박사를 통해 이 학파의 연구방법론을 소개받았다. 내가 랜덜 부쓰 박사를 만나지 않았더라면 이 책을 쓸 엄두도 내지 못했을 것이다. 2006년 한국 이스라엘 연구소가 창립되면서, 동 연구소 연구원이 되어 이스라엘에서 유학하고 돌아온 분들과 교류했던 것도 큰 학문적 재산이 되었다. 감사하게도 최 명덕 소장님을 비롯한 초창기 연구원들은 배움이 일천한 나를 잘 이끌어주었다. 하지만 아직 배워야 할 것이 많고, 깨달은 것이 바닷가의 모래 한 알 정도라고 생각한다. 그럼에도 누군가가 이 책을 통해 복음서를 읽는 데 도움을 얻게 된다면 더 바랄 것이 없을 것이다.

2016. 12. 20.

김 인철 목사

목 차

〈세례자 요한〉

1. 주의 성전에 들어가 분향하고 · 13
2. 메뚜기와 석청을 먹더라 · 16
3. 요한이 세례 베풀던 곳 · 19
4. 다른 이를 기다리오리이까 · 23
5. 헤로디아의 딸 · 26

〈그리스도의 생애〉

6. 열 네 대더라 · 30
7. 여관에 있을 곳이 없음이러라 · 33
8. 그 지역에 목자들이 · 36
9. 그의 별을 보고 경배하러 왔노라 · 39
10. 나사렛 사람이라 칭하리라 · 42
11. 그리스도라 하는 이가 오실 줄을 아노니 · 45
12. 뿌리는 자와 거두는 자가 함께 즐거워하게 · 49
13. 그리스도는 무덤에 얼마나 오래 머물러 있었는가? · 53
14. 그리스도는 산헤드린 공회에서 심문받았는가? · 57
15. 누가 십자가에 달린 그리스도를 모욕했는가? · 61
16. 대제사장 가야바 · 64
17. 성령이 비둘기 같이 내려오심 · 68

〈히브리 숙어〉

18. 평안을 빌라 · 71
19. 이 말을 너희 귀에 담아두라 · 74
20. 굳게 결심하시고 · 77
21. 불로써 소금 치듯 함을 받으리라 · 80
22. 사흘째 되던 날 · 83
23. 찬송하리로다 주의 이름으로 오시는 이여 · 86

24. 나도 그들 중에 있느니라 · 89
25. 이 어떠한 말씀인고 · 92
26. 은혜로운 말을 놀랍게 여겨 · 95
27. 내가 진실로 너희에게 이르노니 · 98
28. 가족을 미워하라 · 101
29. 오른편과 왼편 · 104
30. 보살핌 받는 날 · 108
31. 저주하며 맹세하여 이르되 · 111

〈랍비 용어〉
32. 폐하러 온 것이 아니요 완전하게 하려 함이라 · 115
33. 매면 매일 것이요 · 118
34. 나의 멍에를 메고 내게 배우라 · 121
35. 헤아림을 받을 것이니라 · 124
36. 이것이 크고 첫째 되는 계명이요 · 127
37. 주의 발치에 앉아 · 130
38. 하물며 너희일까보냐 · 133
39. 추수할 것은 많되 일꾼이 적으니 · 136

〈비유〉
40. 낙타와 바늘귀 · 140
41. 저 여우에게 이르되 · 143
42. 무엇을 보려고 광야에 나갔더냐 · 146
43. 독수리가 모이느니라 · 149
44. 간청함을 인하여 주리라 · 152
45. 불의의 재물로 친구를 사귀라 · 156
46. 나는 참 포도나무요 · 160
47. 한 알의 밀이 죽지 아니하면 · 164
48. 건축자들의 버린 돌이 모퉁이의 머리 돌이 되었다 · 168

〈정결 규정〉

49. 하루살이는 걸러내고 · 172
50. 내게 손을 댄 자가 누구냐 · 175
51. 이미 목욕한 자 · 178
52. 오른 편 귀를 베어버리니 · 182
53. 좋은 생선과 나쁜 생선 · 185
54. 개들이 와서 헌데를 핥더라 · 188

〈금언〉

55. 악한 자를 대적하지 말라 · 192
56. 구하는 자에게 주며 · 195
57. 눈이 성하면 온 몸이 밝을 것이요 · 198
58. 복이 있나니 · 201
59. 묵은 것이 좋다 함이니라 · 204
60. 네 원수를 미워하라 · 208

〈역사〉

61. 보라 너희 왕이로다 · 212
62. 이 산에서도 말고 예루살렘에서도 말고 · 215
63. 출교하기로 결의하였으므로 · 218
64. 하나님의 것은 하나님에게 · 221
65. 내가 왕 됨을 원하지 아니하던 저 원수들 · 224
66. 모세의 자리에 앉았으니 · 227

〈음역 transliteration〉

67. 가나안인 시몬 · 231
68. 기뻐하신 사람들 중에 평화 · 234
69. 악에서 건지시옵고 · 238

〈풍속〉

70. 죽은 자들이 그들의 죽은 자들을 장사하게 하고 · 242
71. 유월절이 하나님 나라에서 이루기까지 · 245
72. 아버지께서 이를 제거해버리시고 · 248
73. 베드로가 벗고 있다가 · 251

〈지리〉

74. 육지에서 조금 떼기를 청하시고 · 254
75. 밤이 새도록 수고 하였으되 · 257
76. 너희는 강도의 소굴을 만들었도다 · 260
77. 물 없는 곳으로 다니며 · 263
78. 갈릴리에서는 선지자가 나지 못하느니라 · 266
79. 물의 움직임을 기다리니 · 269
80. 들의 백합화를 보라 · 272

〈천국〉

81. 천국과 하나님의 나라 · 275
82. 천국에서 큰 자와 작은 자 · 278
83. 너희 의가 서기관과 바리새인보다 더 낫지 못하면 · 281
84. 천국이 그들의 것임이요 · 284
85. 천국은 침노하는 자의 것 · 287
86. 슬기로운 처녀와 미련한 처녀 · 290
87. 하나님의 손가락을 힘입어 · 293
88. 천국 열쇠를 네게 주노니 · 296

〈메시아〉

89. 내가 땅에 불을 던지러 왔노니 · 300
90. 푸른 나무에도 이같이 하거든 · 303
91. 생수의 강이 흘러나리라 · 306

92. 내가 그니라 · 309
93. 너희가 이 성전을 헐라 · 312
94. 인자가 땅에서 죄를 사하는 권세가 있는 줄 · 315
95. 내가 이 반석위에 내 교회를 세우리니 · 318
96.너희 중에 죄 없는 자가 먼저 돌로 치라 · 321
97. 무화과나무가 말랐나이다 · 324
98. 은혜와 진리가 충만하더라 · 327
99. 이 글이 오늘 너희 귀에 응하였느니라 · 330
100. 아버지 외에는 아들을 아는 자가 없고 · 333
101. 하나님의 그리스도시니이다 · 336

참고문헌 · 339
색인 · 주제 · 341
인명 · 343
지명 · 345
성경 · 346

알기쉬운 복음서의 난제들 101

세례자 요한 ①

1. 주의 성전에 들어가 분향하고

"마침 사가랴가 그 반열의 차례대로 하나님 앞에서
제사장의 직무를 행할 새 제사장의 전례를 따라
제비를 뽑아 주의 성전에 들어가 분향하고
모든 백성은 그 분향하는 시간에 밖에서 기도하더니
주의 사자가 그에게 나타나 향단 우편에 선지라"(눅 1:8–11).

신약성경에서 오직 누가복음에만 나오는 이 이야기는 주후 1 세기 성전 제도에 관한 다른 문헌들과 내용상 일치한다. 누가는 사가랴가 아비야 반열의 제사장이라고 했는데(눅 1:5), 아비야는 연중 2회 일주일씩 성전에서 봉사하는 24제사장 그룹의 한 사람이었다. 그들은 양력 4월 중순에서 5월 중순(히브리 종교력으로 이야르 월)에 한 번, 그리고 10월 중순에서 11월 중순(시반 월)에 한 번 섬기게 되어 있었다. 따라서 사가랴가 성소에서 분향한 때가 봄이었는지 가을이었는지 알 수 없다. 그리고 7년에 두 번 추가되는 아다르 월에 봉사했는지 여부도 알 수 없다.

24제사장 그룹은 매 안식일에 근무 교대했는데, 일주일 동안 그들이 성전에서 하는 일은 제물 소각, 치유된 나환자 검사, 성소에서의 분향, 만기된 나실인의 결례 주관, 제사 드리러 온 사람들 축복 등 이었다. 그 중에서도 가장 중요한 일은 하루 두 번 상번제 드리는 시간에 맞춰 성소에 들어가 분향하는 일이었다. 수백 명의 제사장 중에서 일주일에 열네 명만 분향할 수 있으므로 제비뽑기를 통해 순번을 정하는 것은 당연했다. 자기 차례가 된 제사장은 동료들의 호위를 받으며 성전 계단을 올라간 다음 혼자 성소에 들어가야 했다. 그리고 정면에 놓인 황금분향 단에 향을 사르고 엎드려 하나님을 찬양한 다음 신속히 나왔던 것이다. 그 시간에 맞춰 일반 백성들이 바깥에서 기도했던 사실은 누가복음에 기록한 것과 같다.

유대 문헌을 보면 성소에서 분향하다 이상을 보았다는 기록이 종종 나온다. 요세푸스의 고대기에 의하면 주전 2세기 말 요한 힐카누스가 성소에서 분향하다가 그의 아들이 시리아 왕 안티오쿠스를 이겼다는 음성을 들었다고 한다(고대기 13:282). 또 다른 제사장은 로마 황제 가이우스 칼리굴라(주후 37-41년)가 암살당했다는 음성을 들었다고 한다(토세프타 소타 13:6). 가장 충격적인 이야기는 주전 200년대의 대제사장 시몬에 관한 이야기이다. 의로운 시몬으로 알려진 그는 40년 동안 대제사장으로 섬겼다. 그가 마지막으로 대제사장으로 있던 해에 그는 주위 사람들에게 그 해 안으로 죽을 것이라고 말했다. 어떻게 그것을 알았느냐고 묻자 이렇게 대답했다고 한다. "매년 (대속죄일) 내가 지성소에 들어갈 때마다 흰 옷을 입은 노인이 함께 들어갔다가 함께 나왔다

네. 그런데 올해는 함께 들어갔다가 나 혼자 나왔기 때문이지."(j Yoma 42c)

사가랴가 분향했던 시간이 오전이었는지 오후였는지 분명하지 않다. 그러나 종종 제사장들이 성소에서 음성을 들었던 시간이 모두 오후였고, 백성들이 오후 분향시간에 맞춰 기도하러 모였던 전통에 비추어 볼 때 사가랴가 천사를 만났던 때도 아마 오후였을 것이다. 중요한 것은 누가의 기록이 1 세기 성전 제도에 관한 다른 문헌과 비교할 때 전혀 낯설지 않다는 점이다. 그것은 누가복음이 예수 그리스도의 말씀과 행적을 기록한 어떤 문헌보다 원 사료에 가깝다는 증거가 될 것이다.

남자의 뜰에서 기도하는 유대인들

세례자 요한 ②

2. 메뚜기와 석청을 먹더라

"요한은 낙타털 옷을 입고 허리에 가죽 띠를 띠고
메뚜기와 석청을 먹더라"(막 1:6).

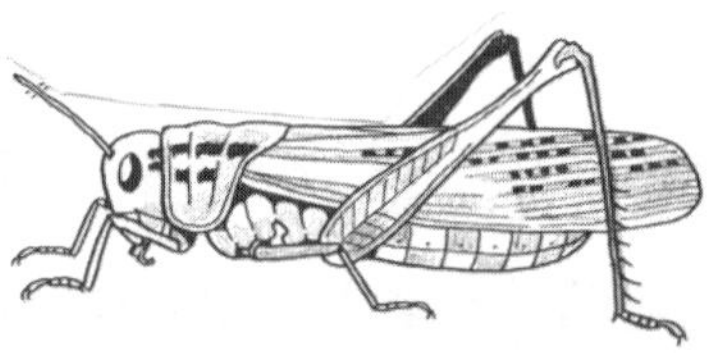

세례자 요한은 일반 주거지역이 아닌 광야에서 살았다. 그가 낙타털 옷을 입고 허리에 가죽 띠를 띠었다는 것은, 척박한 땅에서 사는 전형적인 유목민(Bedouin)의 복장을 하고 있었음을 말해준다.[1] 그리고 그는 메뚜기와 석청을 먹을 뿐 일반인들처럼 빵과 포도주를 먹지 않지 않았다(눅 7:33). 그는 왜 그처럼 독특한 식습관을 고집했을까?

세례자 요한의 성장과정은 베일에 싸여 있다. 예수 그리스도가 청소년 시절 요셉과 마리아와 함께 살았던 것과 대조적으로, 그는 유아기를 지난 어느 때부터 광야에서 살았다(눅 1:80). 성인들도 살기 힘든 광야에서 어린 아이가 살아남을 수 있었던 가능성은 한 가지, 광야에

1) Jean Steinmann, *Saint John the Baptist and the Desert Tradition*, Harper and Row, p. 63.

서 살고 있던 누군가에 의해 양육되는 것 외에는 없다. 많은 학자들은 주전 150년경 유다 광야 쿰란에 자리 잡았던 에세네파-제사장 공동체와 세례자 요한과의 관계에 주목하고 있다. 대부분 독신 남성들로 구성된 에세네파는 성인 지원자 말고도 어린 남자 아이들을 받아들여 공동체의 명맥을 이어나갔던 것으로 보인다. 물론 세례자 요한이 쿰란 공동체의 일원이었다는 어떤 증거도 밝혀진 바 없다. 그러나 제사장 사가랴의 아들이었으며, 태어나기 전부터 엘리야와 같은 사명을 감당하기 위해 나실인의 신탁을 받은 그가, 어떤 경로를 통해 쿰란 제사장 공동체에서 양육 되었을 개연성은 충분히 있다(눅 1:15).

세례자 요한이 정결을 최고의 가치로 여기는 쿰란 공동체에서 훈련받았을 것이라고 생각되는 이유 가운데 하나가 그의 식습관이다. 그가 단순히 나실인의 서원을 지키려 했다면 굳이 빵마저 먹지 않았어야 할 이유가 없다. 그가 빵과 포도주를 거부한 것은 일반인들이 만든 음식 일체를 정결 음식규정에 맞지 않는다는 이유로 먹지 않았던 쿰란 공동체의 식습관을 빼다 박았다.

쿰란 공동체 회원들은 일반인들이 쓰는 식재료와 조리 과정을 통해 만들어진 음식을 신뢰하지 않았다. 왜냐하면 피를 완전히 제거해야 하는 육류의 경우 어떤 도살과정을 통해 얻어진 것인지 알 수 없고, 곡물의 경우도 재배와 수확과정에서 얼마든지 부정하게 될 수 있었기 때문이다. 그들이 먹을 수 있었던 것은 공동체에서 특별히 주의를 기울여 만든 빵과 티로쉬라고 부르는 포도즙이었다. 그리고 야생에서 구할 수 있는 식재료로서 굽거나 삶은 메뚜기와 애벌레가 들어있지 않은 꿀이 허용되었다(다마스커스 서신 12:13-14).

이와 같은 이유 때문에 공동체 지원자들은 2년 이상의 훈련 기간을 거쳐야 했으며 일평생 정결음식만 먹겠다고 맹세한 후 입회가 가능했다. 이렇게 훈련된 사람이 잘못을 저지르고 공동체에서 추방되는 경우 일반인들이 만든 음식을 먹을 수 없어 풀만 먹다 아사지경에 이르는 경우가 많았다고 한다(요세푸스 전쟁기 2권 8:5-6). 세례자 요한이 한때 쿰란 공동체 회원이었다가 탈퇴한 사람이었을 것이라는 주장은 더 연구되어야 할 과제이다.[2] 그러나 그가 쿰란 공동체처럼 극단적으로 선별된 정결음식(카셔룻 קשרות)만을 먹도록 훈련된 사람이었다는 사실은 의심의 여지가 없어 보인다.

2) Stevan L. Davis, *John the Baptist and Essene Kashrut*, New Testament Studies, 1983, p. 570.

세례자 요한 ③

3. 요한이 세례 베풀던 곳

"요한이 대답하되 나는 물로 세례를 베풀거니와
너희 가운데 너희가 알지 못하는 한 사람이 섰으니
곧 내 뒤에 오시는 그이라
나는 그의 신발 끈을 풀기도 감당하지 못하겠노라 하더라
이 일은 요한이 세례 베풀던 곳 요단 강 건너편
베다니에서 일어난 일이니라"(요 1:26-28).

예수 그리스도가 세례 받으신 곳은 통상 여리고 맞은 편 벳새다(현 요르단 땅)로 알려져 있다. 누가 언제부터 그곳을 그리스도의 수세 장소로 불렀는지 모르지만, 세례자 요한의 말을 듣고 그리스도를 따르게 된 안드레가 벳새다 사람이었고, 안드레가 그리스도를 만난 뒤 형제 시몬을 데리고 왔으며, 그들이 그리스도를 찾아온 다음날 벳새다 사람 빌립이 제자로 부르심을 받았다는 점에서 얼핏 그럴듯해 보이기도 한다. 그러나 그리스도의 수세 장소를 추정하는데 다음과 같은 전제들을 먼저 생각해보아야 한다.

1) 그리스도의 수세 장소는 요단강 건너편 베다니였다(요 1:28-34).
2) 그리스도가 세례 받은 다음 날 세례자 요한은 벳새다 사람 안드레와 다른 제자를 그리스도에게로 보냈다(요 1:35-39).
3) 안드레는 형제 시몬(베드로)을 그리스도께로 데리고 왔다.
4) 예수 그리스도가 (벳새다에서) 갈릴리로 나가는 중에 벳새다 사람 빌립을 불렀다.
5) 빌립은 가나 사람 나다나엘을 그리스도에게로 데리고 왔다.

위의 전제들을 가지고 그리스도의 수세 장소를 다시 살펴보면 아래와 같다.

1) 요단 강 건너편(동편)에는 베다니라는 마을이 없다. 주후 200년 교부 오리겐은 요한복음 주석 6권 24장에서 그런 장소가 고대 문헌에 존재하지 않는다고 기록했다. 가장 최근에 주목할 만한 학설이 Brown-lee와 Riesner에 의해 발표되었는데, 이들은 19세기 성서학자 Lightfoot과 Condor가 사도 요한이 말한 Bethania는 마을이 아니라 지역 명칭이며, 요단강 북동편을 가리키는 히브리어 바샨 지역에 대한 아람어 탈굼(신 32:14) Batanii의 헬라어 음역일 가능성을 재조사해본 결과 가장 논리적이라는 결론에 이르게 되었다.[3] 즉, 바산 지역을 예수 그리스도 당시에 '바타네아'라고 불렀던 것이다.

3) R. Steven Notley, *The Sacred Bridge*, pp. 350-351.

2) 그리스도가 세례 받은 장소에서 벳새다는 매우 가깝다.
3) 그리스도가 빌립을 제자로 부른 곳은 갈릴리로 나가는 도중 어디쯤이었다. 헤롯 빌립의 영토였던 벳새다에서 헤롯 안디바의 영토인 갈릴리로 가는 것을 '나가다(출국)'로 표현한 것이다.
4) 만약에 빌립이 여리고 맞은 편 벳새다 사람이었다면 베드로와 안드레도 그곳 사람이어야 하는데, 그들은 갈릴리 근처에 살면서 어업에 종사하는 사람들이었다.
5) 만약에 빌립이 여리고 맞은 편 벳새다 사람이었다면 갈릴리 가나 사람 나다나엘을 데리고 오기 어려웠을 것이다.
6) 벳새다는 요단강의 수원지로서 세례를 베풀기에 최적지였다는 사실이다. 갈릴리 바다에서 흘러내려가는 요단 강 본류나 요단 강으로 흘러들어가는 야르묵 강은, 정결예식을 행하기에 적합하지 않은 섞인 물(mixed water)의 판정을 받았던 것으로 랍비 문헌(m para 8:10)은 전하고 있다. 그에 비해 벳새다 근처의 물은 아직 갈릴리 바다로 들어가기 전의 물로서, 정결예식을 행하기에 안성맞춤이었다고 할 수 있다.

신약 시대 팔레스틴 행정구역

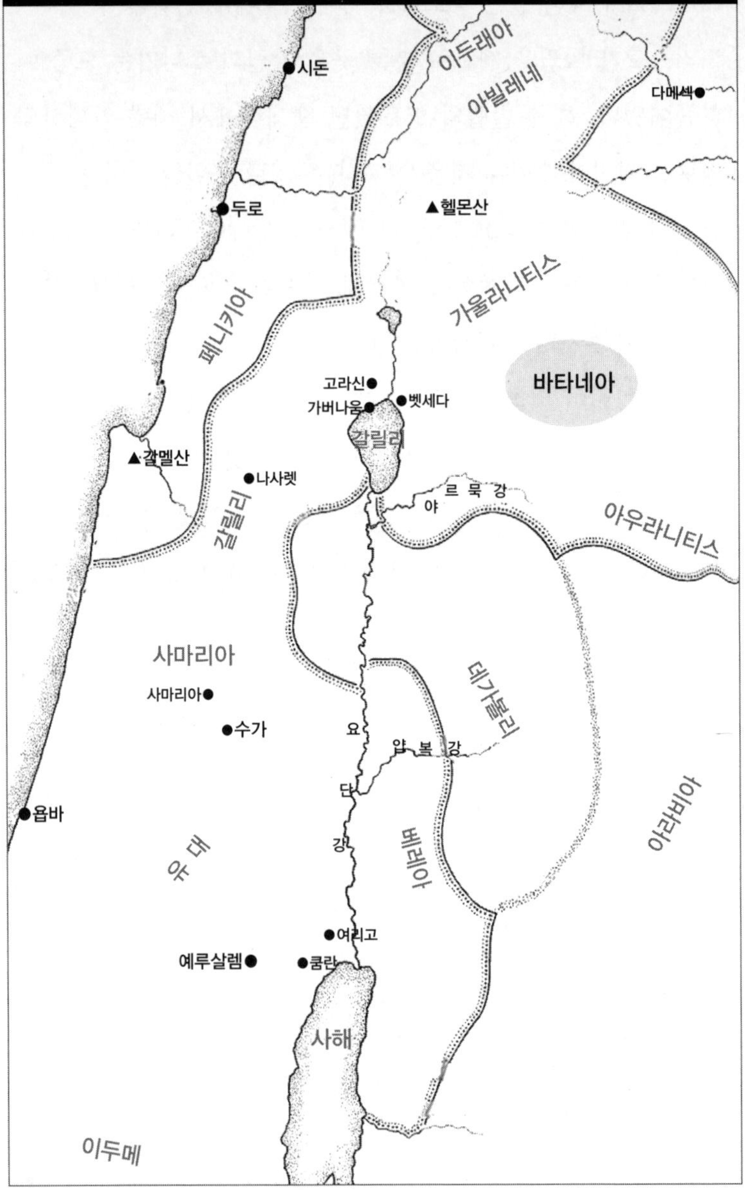

세례자 요한 ④

4. 다른 이를 기다리오리이까

"요한이 그 제자 중 둘을 불러 주께 보내어 이르되
오실 그 이가 당신이오니이까
우리가 다른 이를 기다리오리이까 하라 하매"(눅 7:19)

예수 그리스도가 사역을 시작한 지 일 년이 넘도록 세례자 요한은 감옥에 갇혀 있었던 것으로 보인다. 회개의 세례 메시지를 전파하며 전국적인 명성을 얻었던 그의 사역은, 예수 그리스도를 대중들에게 소개하면서 절정기를 맞았었다. 그는 자신의 제자들을 모두 그리스도에게로 보냈으며(요 1:35-41), 오히려 그리스도의 사역이 자기보다 더 크게 일어나는 것을 보고 기뻐했었다(요 3:22-30). 그런 그가 갈릴리 분봉왕 헤롯 안디바에 의해 투옥되었을 때, 제자 둘을 예수에게 보내 정말로 그리스도가 맞는지 확인하고자 했던 것이다. 예수 그리스도를 '자신의 뒤에 오시는 분' '신발 끈을 풀기도 감당하지 못할 분' '나보다 먼저 계신 분' '성령으로 세례 베푸는 분' '하나님의 아들' '세상 죄를 지고 가는 하나님의 어린 양'(요 1:26-36)으로 소개했던 그가 왜 그런 질문을 하게 되었을까? "누구든지 나로 말미암아 실족하지 아니하는 자는 복이 있도다"(눅 7:23)라고 한 그리스도의 대답을 보면 세례자 요한은 예수의 신분에 대해 정말로 의심을 품게 되었던 것 같다. 그렇다면 무엇이 그로 하여금 예수가 정말로 그리스도인지 의문을 갖게 했을까?

그것은 세례자 요한의 메시아관이 당시의 다른 유대인들처럼 심판자 이미지에 고착되어 있었기 때문이다. 그의 뒤에 오시는 분은 "손에 키를 들고 자기의 타작마당을 정하게 하사 알곡은 모아 곳간에 들이고 쭉정이는 꺼지지 않는 불에 태우시리라"(마 3:12)고 입버릇처럼 말해왔다. 다시 말해서 세례자 요한이 기대했던 그리스도는, 그가 회개의 세례를 통해 준비시켜 놓은 알곡들을 곳간에 들이고, 여전히 회개하지 않고 있는 저 헤롯 안디바와 거짓 유대교 지도자들과 일반 죄인들을 심판하실 분이었던 것이다.

그런데 사역을 시작한 지 일 년이 지나도록 죄인들을 심판했다는 이야기는 들리지 않고, 죄인들과 함께 식사하며 – 요한이 제일 꺼리는 일을 하며 어울려 다닌다는 소식만 들려왔다. 그것은 "도끼가 이미 나무뿌리에 놓였다"며 임박한 심판을 예고한 그의 메시지와 맞지 않았다(눅 3:9). 그는 종말에 심판자로 다시 오기 전에 먼저 구원자로 오신 그리스도를 이해하지 못했다. 그러니까 그의 말을 바꾸어보면 "당신이 메시아로서 심판하실 것입니까? 아니면 또 다른 사람이 심판하는 메시아로 올 것입니까?"라는 질문이 된다.

예수 그리스도는 세례자 요한의 제자들에게 "듣고 보는 것을 전해주되 맹인이 보며 못 걷는 사람이 걸으며 나병환자가 깨끗함을 받으며 귀먹은 사람이 들으며 죽은 자가 살아나며 가난한 자에게 복음이 전파된다고 전하라"(눅 7:22)고 대답해주었다. 그것은 명백히 이사야의 메시아 예언 "그 때에 맹인의 눈이 밝을 것이며 못 듣는 사람의 귀가 열릴 것이며 그 때에 저는 자는 사슴같이 뛸 것이며 말 못하는 자의 혀는 노래하리니"(사 35:5-6상)가 성취되고 있다는 표적이었다. 그리스도는 덧붙여서 세례자 요한이 그리스도의 길을 예비한 사람이며, 여자가 낳은 자 중에 더 이상 큰 자가 없다는 말로 그의 위대함을 칭찬했다(눅 7:24-28상). 그럼에도 불구하고 메시아에 대한 그의 생각이 그리스도를 따르는 어떤 사람에게도 미치지 못함을 안타까워했다. 그것이 "그러나 하나님의 나라(제자들의 무리)에서는 극히 작은 자라도 그보다 크니라"(눅 7:28하)며 그리스도가 탄식했던 의미이다.

세례자 요한 ⑤

5. 헤로디아의 딸

"헤로디아의 딸이 친히 들어와 춤을 추어 헤롯과
그와 함께 앉은 자들을 기쁘게 한지라 왕이 소녀에게 이르되
무엇이든지 네가 원하는 것을 내게 구하라 내가 주리라 하고...
그 머리를 소반에 얹어다가 소녀에게 주니 소녀가 이것을
그 어머니에게 주니라"(막 6:22, 28)

왕비 살로메

마가복음은 공관복음서 가운데 가장 짧은 책이지만, 세례자 요한의 죽음에 대해서는 가장 많은 지면을 할애하고 있다. 그것은 박해와 수난에 초점을 맞춘 마가복음의 성격상 세례자 요한을 순교의 전형으로 제시하고 있기 때문일 것이다. 덕분에 우리들은 세례자 요한의 최후에 관해 비교적 상세한 정보를 가질 수 있게 되었다. 그런데 복음서 외에 세례자 요한의 죽음이 언급되어 있는 주후 1세기의 책이 있다. 바로 요세푸스의 <유대 고대사>이다.[4] 비록 그가 세례자 요한의 순교를

4) 유대고대사, 제 18권 5장, 김 지찬 역, 생명의 말씀사, p. 516-521.

정치적 관점에서 해석하며, 요한의 세례를 쿰란 공동체의 관점에서 설명하고 있지만, 헤롯 일가의 복잡한 가계를 이해하는데 도움을 준다. 이를테면 의붓아버지 헤롯 안디바 앞에서 춤을 추었던 헤로디아의 딸이 살로메(Salome)였다는 것, 아리스토불루스, 마리암네, 빌립, 버니게, 살로메처럼 동명이인이 많다는 것 등이다(헤롯의 가계도를 참조할 것).

세례자 요한이 참수형을 당하는데 극적인 역할을 담당했던 살로메는 일반인들의 머릿속에 요한을 짝사랑했던 여인으로 각인 되어 있다. 그것은 1893년 아일랜드 출신 시인이자 동성애자였던 오스카 와일드(Oscar Wilde)의 희곡 <살로메>를 통해 왜곡된 모습으로 소개되었기 때문이다. 와일드는 프랑스어로 쓴 이 작품에서 살로메가 세례자 요한을 사랑했으나 거절당했으며, 마침내 피가 철철 흐르는 그의 머리를 잡고 입술에 키스하는 여인으로 그려냈다. 그의 작품에서 살로메는 헤롯 안디바에 의해 처형되는 기구한 운명의 여인으로 묘사된다. 그런데 1905년 리차드 스트라우스(Richard Strauss)는 오스카 와일드의 작품을 오페라 <살로메>로 재구성했다. 이후 그의 작품을 소재로 수많은 화가들이 앞 다투어 살로메를 반라의 모습으로 춤추는 치명적 여인으로 묘사했다. 그 결과 오늘날 성서를 모르는 일반인에게 살로메는 금욕주의자 세례자 요한을 사랑했던 요염한 무희의 이미지로 알려지게 되었다. 물론 와일드 이전에도 살로메를 그렇게 묘사한 사람들이 있었다. 1863년 프랑스 신학자 에르네스트 르낭(Ernest Renan)은 예수 그리스도의 전기에서 살로메가 헤로디아처럼 부도덕했으며 음란한 춤을 추었다고 묘사했다. 1877년 르낭의 친구였던 구스타브 플로베르(Gustave

Flaubert)는 헤로디아를 소재로 한 작품에서 르낭보다 더 노골적인 묘사를 했다. 플로베르는 자신이 사랑했던 이집트 밸리 댄서의 모습에서 살로메의 이미지를 빌려왔던 것으로 보인다. 과연 살로메는 음란하고 치명적 여인이었으며, 의붓아버지 헤롯 안디바에 의해 처형된 기구한 운명의 여인이었는가?

실제로 살로메는 오스카 와일드의 작품에서처럼 헤롯 안디바에 의해 처형되지 않았다. 주후 37년경 그녀가 19세쯤 되었을 때 이두래아, 드라고닛, 가울라니티스, 바타네아 지방을 다스리던 분봉 왕 빌립(Philip the Tetrarch)과 결혼했으며, 이후 24세쯤에 헤롯 아그립바 I(행 12:1-23)의 조카 아리스토불루스(Aristobulus)와 재혼했다. 그리고 그녀가 40세쯤 되던 주후 57년경 그녀의 모습은 소 아르메니아국의 왕이 된 남편과 함께 '왕비 살로메' 라는 이름으로 동전에 새겨졌다.[5] 만약에 그녀가 희대의 악녀였다면 어떻게 그처럼 정상인으로서 평화로운 말년을 보낼 수 있었을까? 더구나 그녀가 헤롯 안디바의 생일을 축하하기 위해 춤추었던 때는 주전 29년으로서, 그녀의 나이 불과 12세 정도였다. 마가복음에는 세 번이나 그 때 그녀가 소녀였다고 말하고 있다(막 6:22, 28). 만약에 그녀가 성인이었다면 헤로디아에게 묻지도 않았을 것이며, 헤로디아가 시킨 대로 끔찍한 일을 벌이지도 못했을 것이다. 따라서 그녀를 병적인 심리소유자나 부도덕한 무희로 간주해야 할 이유가 없다. 한마디로 그녀는 갈릴리 분봉왕의 철없고 깜찍한 의

---

5) David Flusser, *Jesus*, Magness Press, p. 281-282.

붓딸이었으며, 헤로디아가 벌인 살인극에 이용당한 하수인이었을 뿐이다. 중요한 것은 세례자 요한이 오스카 와일드의 상상대로 치정에 의해 살해당한 것이 아니라, 마가의 진술처럼 고난 받고 희생당하는 그리스도의 전형으로 순교했다는 점이다.

그리스도의 생애 ①

6. 열 네 대더라

"그런즉 모든 대 수가 아브라함부터 다윗까지 열네 대요
다윗부터 바벨론으로 사로잡혀 갈 때까지 열 네 대요
바벨론으로 사로잡혀 간 후부터 그리스도까지
열네 대더라"(마 1:17).

14,14,14 다윗,다윗,다윗

공관복음에 나오는 두 개의 족보-마태복음과 누가복음에 있는 예수 그리스도의 족보는 서로 다른 방식으로 기록되었다. 마태복음이 아브라함부터 점점 아래로 내려오면서 기록한 것에 비해, 누가복음은 예수 그리스도로부터 점점 위로 올라가서 아담을 지나 하나님까지 거슬러 올라가고 있다. 그리고 족보에 등장하는 조상들의 이름에도 약간의 차이가 있다. 무엇보다 큰 차이는 누가복음이 예수 그리스도의 족보를 세례 받으신 이야기 다음에 배치하면서(3:3-38) 밋밋하게 이름을 나열한 반면, 마태복음은 책의 첫 머리에 배치하면서(1:1-17) 의도적으로 14대씩 3차례 – 아브라함부터 다윗, 다윗부터 마지막 왕, 바벨론 포로

왕 여고냐부터 그리스도까지로 끊어서 기록했다는 점이다.

그런데 마태복음의 족보를 보면 14x3명 보다 많은 76명의 이름이 들어있다. 바벨론 포로 이후 족보만 보더라도 22명이나 된다. 그럼에도 불구하고 이처럼 마태가 14대씩 3차례 끊어서 기록한 것은 조상들의 자세한 이름을 소개하기보다 전체적인 흐름을 전달하는데 더 힘을 쏟았기 때문인 것으로 보인다. 마태는 왜 여러 사람의 이름을 생략해 가면서 열네 대씩 묶었을까? 그것은 아브라함부터 예수에 이르는 족보에서 14x3의 의미를 부각시키려 했기 때문이다. 유대인들의 게마트리아(גמטריה) 해석법에 의하면 히브리어 철자는 각각 숫자 값을 가지고 있다.[6] 이를테면 알렙(א)은 1, 베트(ב)는 2, 기멜(ג)은 3이다. 그런 식으로 계산하면 다윗(דוד)이라는 이름의 숫자 값은 달렛(4)+바브(6)+달렛(4)=14이다. 그러니까 "열네 대더라"고 한 것은 문자적인 의미가 아니라 "다윗의 후손이니라"는 상징적 의미인 것이다.

따라서 마태는 '예수는 다윗의 후손으로 오신 메시아이다'를 세 번 강조한 셈이 된다. 이처럼 마태가 예수를 다윗의 후손으로 오신 그리스도라는 점을 강조했던 것은, 당시 유대인들이 이사야의 예언 "그 날에 이새의 뿌리에서 한 싹이 나서 만민의 기치로 설 것이요 열방이 그에게로 돌아오리니 그가 거한 곳이 영화로우리라"(사 11:1, 10)에 기록된 것처럼 메시아가 다윗의 자손으로 오신다고 믿었기 때문이다. 마태가 책의 첫 머리에 "아브라함과 다윗의 자손 예수 그리스도의 계보(세

---

6) 이영근, *유대교의 성서해석방법*, 장로회신학대학교 대학원, 석사논문 pp. 77-78.

계)라"(1:1)고 선언한 이유도 거기에 있었다.

그런데 마태는 단순히 예수 그리스도가 다윗의 후손이라는 것을 증명하는데 그치지 않았다. 한글 성경에서 '계보(세계)'로 번역된 단어 '비블로스 게네세오스(Βίβλος γενέσεως)'는, 주전 3세기에 만들어진 구약 70인역 창 2:4에서 세계의 기원을 설명할 때 사용되었던 바로 그 단어인 것이다. 70인역 구약을 알고 있었던 것이 분명한 마태는 의도적으로 예수 그리스도의 계보에 이 단어를 사용함으로써 예수 그리스도의 계보가 곧 하나님이 만드신 세계라는 점을 강조하고 있는 셈이다. 이처럼 마태가 예수 그리스도를 다윗의 후손으로 강조한다든가, 창조 이야기와 그리스도의 계보를 연결 짓는 것은 마태복음의 원 독자들이 유대적 배경을 가지고 있기 때문이다.

그리스도의 생애 ②

7. 여관에 있을 곳이 없음이러라

"거기 있을 그 때에 해산할 날이 차서
첫아들을 낳아 강보로 싸서 구유에 뉘었으니
이는 여관에 있을 곳이 없음이러라"(눅 2:6-7).

예수 그리스도의 탄생 이야기를 소재로 한 영화에는 언제나 요셉과 마리아가 베들레헴에 도착하는 날 아기 예수가 태어나고 있다. 호적하러 온 사람들로 북적대는 베들레헴에서 빈 여관을 찾지 못한 요셉과 마리아는 급한 김에 눈에 띄는 외양간에 들어가 아기 예수를 낳는다. 그러나 '거기 있을 그 때에'라는 누가의 기록에 의하면 아기 예수가 태어나기 여러 날 전에 이미 그들이 베들레헴에 도착했던 것으로 보인다. 그렇다면 요셉과 마리아는 도착하는 날부터 외양간에 머물러 있었던 것일까?

이 문제의 해답이 되는 단어는 '여관'으로 번역된 카타루마

(καταλύμα)'이다. 이 단어는 여관보다 '객실' 혹은 '집'으로 번역하는 편이 낫다. 왜냐하면 상업용 여관을 의미하는 단어 판독세이온(πανδοχεῖον)이 따로 있기 때문이다.[7] 따라서 요셉과 마리아가 출산을 전후로 머무르려고 했던 곳은 여관이 아니라 가정집이었을 가능성이 크다. 왜냐하면 베들레헴은 예루살렘에서 남쪽으로 직선거리 불과 8km 밖에 떨어져 있지 않은 곳으로서 예루살렘을 왕래하는 여행객들이 하루 길을 가서 잠을 청할 만한 장소가 아니다. 그리고 2000년 전 베들레헴은 목자들이 양을 치는 작은 마을에 불과했으므로 여관이 있었다 치더라도 한두 곳 정도였을 것이다. 그나마 당시의 여관은 문자 그대로 비바람 겨우 피할 수 있는 공간이었을 뿐 도적들의 표적이 되기에 안성맞춤인 장소였다. 따라서 대부분의 여행객들은 친지들의 집에 머물렀으며, 요셉과 마리아도 그렇게 하려고 했을 것이다. 어쩌면 요셉은 베들레헴에 자신의 집을 가지고 있었을 지도 모른다. 왜냐하면 베들레헴이 자신의 고향이므로 조상으로부터 물려받은 땅이 있었을 것이고, 예수 그리스도가 태어난 후 예루살렘에 올라가 마리아의 정결제사를 드릴 때까지 적어도 40일을, 별을 따라 밤에만 여행했던 동방 박사들이 찾아오기까지 많게는 6개월을 베들레헴에 머물러 있었던 것으로 보이기 때문이다. 그리고 애굽으로 피난 갔다가 다시 베들레헴으로 돌아오려고 했던 것으로 볼 때 베들레헴에 자신의 집이 있었을

7) 눅 10:34 한글 개역성경에는 '주막'으로 번역되어 있다. 누가가 예수의 탄생 관련 이야기와 선한 사마리아인 이야기에서 다른 단어를 사용했다는 것에 주의할 필요가 있다.

것이라는 추측을 낳게 한다.

그런데 요셉과 마리아가 머무르려고 했던 카타루마가 여관이든 가정집이었든 간에 있을 곳이 없었다는 사실에 주목할 필요가 있다. 물론 어느 곳이든 사람들로 가득 차있었을 것이다. 그러면 정말로 요셉과 마리아가 비집고 들어갈 틈조차 없도록 모든 주거 공간이 차 있었을까? 이 문제에 대해 유대인 민속학자 슈무엘 사프라이(Shmuel Safrai)는 유대인의 정결관습을 가지고 흥미로운 대답을 제시한다. 즉, 출산하는 여인은 부정하므로 가족 이외의 다른 사람과 같은 공간을 사용하지 못했을 것이라는 점이다. 적어도 요셉과 마리아는 다른 사람들에게 피해를 주지 않기 위해서라도 자신들만의 공간을 확보해야 했다. 따라서 그들은 가정집의 외양간으로 사용되는 지하 동굴로 내려간 것으로 보인다.[8] 베들레헴 예수 탄생 기념교회가 예수의 탄생지로 추정되는 지하 동굴 위에 세워져있는 사실도 예수 탄생 이야기의 재구성에 중요한 단서를 제공해준다.

---

8) 이스라엘에는 동굴 위에 건축한 집(cave house)들이 많이 있다. 그런 경우 자연히 얻게 되는 지하 동굴은 마구간이나 비둘기 사육장 혹은 포도주 저장고로 사용되며, 외부에서 출입이 가능하도록 되어 있다.

그리스도의 생애 ③

8. 그 지역에 목자들이

"그 지역에 목자들이 밤에 밖에서 자기 양떼를 지키더니"(눅 2:8)

아기 예수의 탄생을 가장 먼저 알게 된 사람들은 베들레헴 목자들이었다. 그들은 천사가 전해준 소식을 들었으며, 천군들의 합창 소리도 들었다. 누가복음에서 직접적으로 밝히고 있지 않지만, 그들이 누구였는지 알 수 있는 단서가 없는 것이 아니다. 첫째로 그들은 천사의 계시를 받을 정도로 경건한 부류였다. 그것은 세례자 요한의 아버지 사가랴나 예수 그리스도의 모친 마리아에게 천사가 나타나 계시를 주었던 것을 보면 알 수 있다. 그들이 신앙적으로 준비된 사람들이 아니었다면 천사의 말대로 베들레헴까지 가서 확인하지 않았을 것이며, 돌아오는 길에 하나님을 찬양하지도 않았을 것이다. 둘째로, 그들이 양을 치던 장소에서 베들레헴 마을까지의 거리는 야간에 이동이 가능한 정도였다는 것이다. 흥미로운 것은 그들이 다시 들판으로 돌아간 것을 볼 때 베들레헴에 거주하는 사람들이 아니라 유목생활을 하는 사람들로 보인다는 점이다.

위의 단서들을 가지고 추정해볼 수 있는 사람들은 겐 족속 레갑의 아들 요나답의 후손들이다.[9] 모세를 따라 가나안으로 들어온 호밥의 자손들은 겐 족속들로서 유다 황무지에 살았으나 점차 북상하여 베들레헴 근처에도 살았고(대상 2:55) 갈릴리 북쪽에까지 거주 지역을 확대했다(삿 1:16, 4:11). 그들은 이스라엘 역사에서 결정적으로 중요한 일들을 해냈다. 예를 들면 겐 사람 헤벨의 아내 야엘이 바락 장군에게 쫓기던 하솔 왕 야빈의 군대장관 시스라를 죽였으며(삿 4:21), 예후가 바알 종교지도자들을 박멸할 때 적극 협력했다(왕하 10:15, 23). 뿐 만 아니라 그들은 유다 백성들이 우상숭배와 사치로 패망의 길을 걸어갈 때도 레갑의 아들 요나답의 훈계 – 집을 짓지 말며, 포도주를 마시지 말며, 곡식 농사든 과수 농사든 하지 말고, 평생에 유목생활을 하라는 가르침을 생명처럼 지키며 살았다. 그래서 레갑의 아들 요나답의 후손 가운데서 야훼 하나님을 섬길 자가 영영히 끊어지지 아니하리라는 축복을 받았던 것이다(렘 35:1-7, 18).

그들은 재산이 없는 빈곤층이었으므로 세 번에 걸친 바벨론의 침공에도 살육을 당하지 않고 살아남을 수 있었다(왕하 24:14). 그러다가

9) 이 문범, 그 땅이 주는 복음, p. 238.

유다 백성들이 포로에서 돌아와 예루살렘 성벽을 쌓자 적극 협력한다.

"분문은 벧학게렘 지방을 다스리는 레갑의 아들 말기야가 중수하여 문을 세우며 문짝을 달고 자물쇠와 빗장을 갖추었고"(느 3:14).

레갑의 자손들이 살고 있던 벧학게렘(포도원 집)은 예루살렘과 베들레헴 사이에 있는 현재 라맛 라헬을 가리켰을 가능성이 가장 높다. 그렇다면 베들레헴의 목자들은 성전에서 사용될 제사용 양들을 기르던 레갑의 자손들이라고 추측해볼 수 있다. 왜냐하면 유대 문헌 미쉬나에 레갑 족속들이 성전에서 사용되는 목재 공급권을 가졌다는 기록이 있기 때문이다. 레갑 자손들은 흠이 없어야 하는 제사용 양을 기르는 목자(경건한 천민)로 적격이었을 것이다. 오늘날에도 예루살렘 근처에 베두윈 유목민들이 양을 치며 사는 모습을 쉽게 목격할 수 있으므로, 2000년 전 베들레헴 근교에 레갑 족속 유목민들이 있었으리라는 것은 쉽게 상상이 된다. 그들의 신앙과 생활신조로 볼 때 만왕의 왕으로 오신 예수 그리스도를 가장 먼저 만나볼 자격이 있었음을 의심의 여지가 없다.

그리스도의 생애 ④

9. 그의 별을 보고 경배하러 왔노라

"헤롯 왕 때에 예수께서 유대 베들레헴에서 나시매 동방으로부터 박사
들이 예루살렘에 이르러 말하되
유대인의 왕으로 나신 이가 어디 계시냐 우
리가 동방에서 그의 별을 보고 경배하러 왔노라 하니"(마 2:1-2).

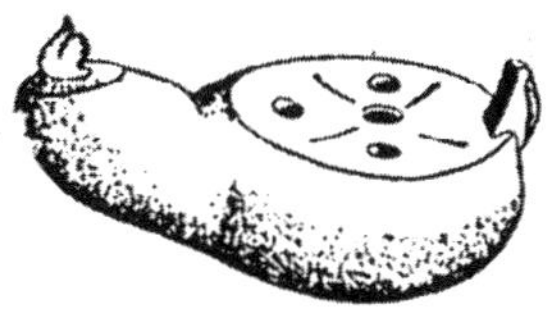

예수 그리스도의 탄생을 소재로 한 영화나 성탄절 카드에는, 목자들과 동방 박사들이 함께 구유에 누인 아기 예수께 경배하는 장면을 흔히 볼 수 있다. 마구간 지붕 너머 밤하늘에는 큰 별이 떠 있고, 멀리 지평선에 예루살렘이 희미하게 보이는 식이다. 그러나 목자들의 방문과 동방박사들의 방문은 시점과 장소가 다르다. 왜냐하면 목자들은 아기 예수가 태어난 그 밤에 찾아 왔고, 동방박사들은 그 밤에 별을 보고 동방에서 출발했기 때문이다. 따라서 동방박사들이 찾아 온 시점은 예수 그리스도의 탄생으로부터 적어도 수개월 내지 일 년 이상 지난 후였을 것이며, 방문 장소도 마구간이 아니라 일반 주택의 객실이었을

것이다.[10] 아마도 파르티아(옛 바벨론)에서 출발했을 그들이, 별을 따라 밤에만 이동했기 때문에 일반 여행자 보다 오래 걸렸을 것이다. 그들이 별을 본 후 한참 만에 예루살렘에 왔다는 것은 헤롯 대왕이 그들에게 별이 나타난 때를 자세히 물었다는 대목과, 두 살 이하의 베들레헴 영아들을 모두 죽이도록 명령했다는 데서 분명해진다.

동방의 박사들은 파르티아의 점성술사들이었던 것으로 보인다. 옛 바벨론 제국 터에 자리 잡은 파르티아 왕국은 고대로부터 내려온 점성술을 계승했다. 그들이 동방으로부터 왔다는 것은 파르티아가 아니면 아라비아에서 왔을 가능성을 열어주는데, 바벨론에 포로로 끌려갔던 유대인들로부터 별과 관련된 성서의 정보들을 얻었을 것으로 보아 파르티아일 가능성이 크다. 흥미로운 것은 주후 614년 파르티아가 유대 땅을 점령했을 때 예수의 탄생지 위에 세워진 기념교회는 파괴하지 않았다는 것이다. 왜냐하면 그들이 교회당에 걸린 동방박사의 그림을 보고 자신들의 조상이 다녀갔다고 믿었기 때문이었다. 로마의 역사가 수에토니우스는 주후 66년 동방(파르티아)의 점성가 티리다테스와 많은 점성가들이 로마를 다녀갔다는 기록을 남겼다. 그 때는 자살로 생을 마감한 네로의 뒤를 이어 네 명의 장군들이 황제 자리를 놓고 각축전을 벌이고 있었다. 수에토니우스와 타키투스는 자신들의 저서에서 모두 서기력이 시작될 때 유대에서 세계적 통치자가 탄생하리라는 기대가 있었다고 말한다.[11]

---

10) 동방 박사들은 아기 예수께 경배하기 위해 마구간이 아닌 집(오이키아 οἰκία)로 들어갔다.

11) 조엘 그린, 예수 복음서 사전, 요단, p. 884.

동방 박사들이 본 별이 무엇이었느냐 하는 것은, 그 때가 언제였느냐는 것과 함께 여전히 수수께끼로 남아 있다. 주전 7년부터 4년까지 매년 행성들이 교차했었고, 그 무렵 초신성도 탄생했었기 때문이다. 그 별이 박사들을 인도하여 유대 베들레헴까지 왔다는 것으로 보아 초자연적 현상으로 밖에 설명할 수 없을 것이다. 중요한 것은 별이나 박사의 정체가 아니라 아기 예수가 신적 존재로 경배 받았다는 데 있다. 구약 성서에서 별은 초능력을 가진 하나님의 사자 혹은 능력 있는 지도자를 가리키는 용어로 사용되었다(사 14:12-14). 요한계시록에서 예수 그리스도가 일곱별을 손에 잡고 있는 분으로 묘사된 것도 같은 맥락에서다. 아마도 동방 박사들은 민수기에 나오는 다음의 구절을 알고 있었을 것이다.

"한 별이 야곱에게서 나오며"(민 24:17중)

그리스도의 생애 ⑤

10. 나사렛 사람이라 칭하리라

"나사렛이란 동네에 가서 사니 이는 선지자로 하신 말씀에 나사렛 사람이라 칭하리라 하심을 이루려 하심이라"(마 2:23).

나사렛은 예수 그리스도가 어린 시절을 보낸 갈릴리의 고향이다. 구약 성서에 전혀 언급되지 않았던 이 도시는 주후 1세기에 기껏해야 주민 500 명이 채 넘지 않을 정도로 작았던 것으로 추정된다. 아마도 나사렛은 신구약 중간기에 반 헬라화 정책의 일환으로 마카비 가문이 유대인들을 갈릴리에 이주시키면서 생겨난 도시였을 것이다. 그런데 나사렛은 주후 5세기에 만들어진 탈무드에 나오는 갈릴리 63개의 마을 목록에도 빠져있으며, 주후 1세기 요세푸스가 언급한 갈릴리 45개의 도시에도 나와 있지 않다. 이런 이유로 19세기 비평학자들은 나사렛이란 동네가 실재하지 않았다고 주장했다. 그러나 1962년 가이사랴 회당 터에서 발굴된 대리석 조각에는 예루살렘 성전 파괴 후 나사렛으로 이주한 제사장 목록이 기록되어 있었고, 나사렛 마을 외곽에 위치한 무덤에서 주후 1세기부터 4세기에 이르는 시기의 도자기 등잔과 유리 그릇, 항아리들이 발견되었다.[12] 그럼에도 불구하고 탈무드에 나사렛이 들어있지 않은 것은 주후 80년 나사렛 예수를 믿는 유대인들을 이단으로 규정하였기 때문이며, 요세푸스의 글에 언급되지 않은 것은 마을의 규모가 너무 작은 탓이었을 것이다.

그런데 문제는 구약 어디에도 메시야가 나사렛에서 나올 것이라는 구절이 없다는 점이다. 경건한 나다나엘이 빌립으로부터 나사렛 출신 예수가 율법과 예언서에 기록된 메시야라는 말을 들었을 때 "나사렛에서 무슨 선한 것이 날 수 있느냐"고 반문했던 이유가 바로 그것이었다(요 1:45-46).

그러면 마태는 무슨 이유로 위의 구절과 같이 말했던 것일까? 이 문제에 대해 그리스도교 학자들은 필사적으로 나사렛 사람이라 칭하리라는 선지자의 예언이 무엇일까 연구했다. 지금까지 나온 두 개의 주요 가설 가운데 하나는 나사렛 사람(나조라이오스 Ναζωραίος)이 싹 혹은 가지를 말하는 히브리어 네째르(נצר)에서 왔다는 것이다. 따라서 "이새의 줄기에서 한 싹이 나며 그 뿌리에서 한 가지가 나서 결실할 것이요"(사 11:1)의 성취로 본다. 또 하나의 주장은 나사렛 사람이 나실인(나지르 נזיר)을 의미한다는 것이다. 그러나 네째르는 나사

12) 리 스트로벨, 윤관희 역, 예수는 역사다, 두란노, p. 133.

렛(나조렛 Ναζαρέτ) 혹은 나사렛 사람(나조라이오스)와 발음상 맞지 않는다. 그리고 나사렛 사람이 나실인을 의미한다는 주장은 메시아가 나실인일 것이라는 예언이 없어 증명되지 않는다. 최근에 학자들은 이 두 가설의 단점을 보완할 구절을 찾아냈다.[13] 즉, 나조라이오스는 '보호받는(사람)'이라는 의미의 히브리어 나쪼르(נצור)에서 왔다는 것이다. 그러니까 이사야의 전형적인 메시아 예언으로 꼽히는 "나 여호와가 의로 너를 불렀은즉 내가 네 손을 잡아 너를 보호하며 너를 세워 백성의 언약과 이방의 빛이 되게 하리니"(사 42:6)의 성취로 보는 것이다. 다시 말해서 마태는 예수 그리스도가 나사렛(나조렛)에 와서 살므로 나사렛 사람(나조라이오스)이 된 것은 나사렛(나쪼르) 사람이 되리라는 예언이 이루어진 것으로 보았다. 그렇게 볼 때 마태는 나사렛(나조렛)이라는 고유명사와 나쪼르라는 동사를 언어유희로 연결하여 메시아적 유추해석을 내렸다고 생각할 수 있다.

---

13) R. Steven Notley, *The Sacred Bridge*, p. 349.

그리스도의 생애 ⑥

11. 그리스도라 하는 이가 오실 줄을 아노니

"여자가 이르되 메시야 곧 그리스도라 하는 이가 오실 줄을 내가 아노니
그가 오시면 모든 것을 우리에게 알려 주시리이다....
내가 행한 모든 일을 내게 말한 사람을 와서 보라
이는 그리스도가 아니냐 하니"(요 4:25, 29)

수가성 야곱의 우물

수가 성 여인의 이야기를 읽는 사람들은 사마리아 사람들이 메시아를 기다리고 있었다는 사실에 놀라움을 금하지 못한다. 왜냐하면 메시아는 유대인들이 기다리던 인물이라고만 생각하기 때문이다. 물론 사마리아 사람들의 메시아사상은 유대인들의 것과 많이 다르다. 무엇보다도 사마리아 사람들은 예언서에 나오는 메시아사상을 받아들이지 않았다. 왜냐하면 그들은 모세 오경 이외 어떤 책도 성경으로 인정하지 않았기 때문이다. 따라서 예루살렘을 회복할 자 혹은 다윗의 왕가를 일으킬 자로서의 메시아 개념이 그들에게는 없었다. 그리고 초자연적 능력을 행사하는 인물이 아닌 보통 사람으로서의 메시아를 기대했

다. 한마디로 그들이 기다리고 있던 메시아는 '타헤브(회복자, 돌아올 자)'로서 모세와 같은 선지자였다. 곧 신명기 18:15의 "네 하나님 여호와께서 너희 가운데 네 형제 중에서 너를 위하여 나와 같은 선지자 하나를 일으키시리니 너희는 그의 말을 들을지니라"는 말씀에 근거한 것이다. 수가성 여인이 '그가 오시면 모든 것을 우리에게 알려주시리이다'라고 말한 것도 이 구절과 맥을 같이 한다. 물론 유대인들도 신명기의 말씀대로 메시아가 모세와 같은 선지자로 올 것을 믿었다(요 6:14).

사마리아 사람들의 기원은 주전 722년 북 왕국 이스라엘의 멸망이다. 앗수르 왕 에살핫돈은 여러 나라 사람들을 북 이스라엘 백성들이 살던 도시들에 이주시켰다(왕하 17:24). 메소포타미아와 수리아 광범위한 지역으로부터 이주해 온 외국인들은 처음에 자기 신들을 섬겼으나 곧 야훼 종교도 받아들여 종교혼합주의적 경향을 띠게 되었다(왕하 17:27-41). 그런데 그로부터 200여년이 지나 바벨론에서 돌아온 유대인들이 성전을 재건하려고 했을 때 사마리아 사람들이 동참하기 원했다. 그러나 스룹바벨과 다른 지도자들은 그들의 제의를 일축하고 만다(스 4:1-3). 그 뒤로 그들은 유대인들의 성전 재건을 적극적으로 방해했으며, 후일 알렉산더 대왕의 재가를 얻어 그리심 산에 성전을 짓게 된다.[14] 그러나 그리심 산의 성전은 주전 128년 요한 힐카누스의 사마

14) 요세푸스는 사마리아 지도자 산발랏이 자신의 사위 므낫세가 유대 대제사장의 가문에서 쫓겨난 것을 보고 알렉산더에게 간청해서 그리심 산에 성전 건축하는 것과 므낫세의 대제사장 취임을 허락받았다고 한다(요세푸스, 김지찬역, 생명의 말씀사, 유대고대사 11권 8장 p 57, 느 13:28 참조).

리아 정벌 때 파괴되었고, 주전 63년 사마리아가 유대의 속박에서 벗어나 로마의 수리아 속주 일부가 된 후에도 재건하지 못했다.

사마리아 사람들의 메시아사상은 그들이 믿던 종말론과 깊은 관련이 있다. 그들은 하나님이 냉대하시는 기간 '화누타(Fanuta)' 가 끝나는 날 환대하시는 기간 '라후타(Rahuta)'가 시작된다고 믿었다.[15] 그리고 그 라후타는 곧 메시아가 옴으로써 시작될 것이었다. 이것을 잘 말해주는 것이 그리심 산의 성전 기물 발견 소동이다. 요세푸스에 의하면 어떤 사마리아 사람이 그리심 산에 숨겨져 있는 성전 기물을 보여주겠다고 했기 때문에 수많은 군중이 무장을 한 채 모였고, 총독 빌라도가 보낸 군대에 의해 진압되었다고 한다.[16] 이 이야기에는 사마리아 사람들이 믿고 있던 메시아사상과 종말론이 들어 있다.

첫째로, 그리심 산이야 말로 메시아가 첫 번째 활동을 시작할 진정한 성소라는 것이다. 그들은 출 20장과 신 5장에 나오는 십계명을 9계명으로 줄이고, 그리심 산이 성산으로 선택된 것을 10번째 계명으로 추가했을 정도로 그리심 산에 집착했다. 둘째로, 메시아-타헤브 즉, 모세와 같은 선지자가 돌아오는 날이 하나님의 은총이 회복되기 시작하는 날이라는 것이다. 그들은 엘리 제사장 시절 사라진 모세의 성전 기명들이 그리심 산 어느 동굴에 숨겨져 있고, 모세와 같은 선지자가 돌아와 그것을 찾아 낼 것이라고 믿었다. 그것을 찾아내는 날부터 하나님의 은총이 회복되는 라후타 기간이 시작된다는 것이었다.

---

15) Charles H. H. Scobie, *John the Baptist*, Fortrss Press, Philadelphia, p 170
16) 요세푸스, 위의 책, 18권 4장 p. 511.

물론 그들이 믿던 메시아사상과 종말론에는 사마리아의 억압된 역사가 투영되어 있는 것이 사실이다. 그럼에도 불구하고 사마리아 사람들이 메시아와 하나님의 은총이 회복되는 때를 기다렸던 것은 의심의 여지가 없다. 사마리아인들은 세례자 요한이 잡히기 전, 그리스도가 이미 활동을 시작했을 때, 사마리아를 방문한 요한의 메시지를 듣고 세례를 받았을 개연성이 있다. "그 후에 예수께서 제자들과 유대 땅으로 가서 거기 함께 유하시며 세례를 베푸시더라 요한도 살렘 가까운 애논에서 세례를 베푸니 거기 물이 많음이라 그러므로 사람들이 와서 세례를 받더라 요한이 아직 옥에 갇히지 아니하였더라"(요 3:22-24). 이 구절을 보면 예수께서 사역 초창기 유대 땅에서 세례를 베푸셨을 때, 요한은 유대를 떠나 사마리아로 간 것 같다. 이 구절에 나오는 애논이 사마리아에 있을 가능성이 크다. 수가 성 여인과 마을 사람들의 이와 같은 메시아에 대한 믿음이 예수를 그리스도로 받아들이는데 접촉점이 되었을 것으로 보인다. 더구나 유대인 예수가 사마리아 사람들이 증오해 마지않는 예루살렘 성전에 대해 부정적인 입장을 취했기 때문에 더욱 호감을 갖고 그의 메시지에 귀를 기울이게 되었을 것이다.

그리스도의 생애 ⑦

12. 뿌리는 자와 거두는 자가 함께 즐거워하게

"너희는 넉 달이 지나야 추수할 때가 이르겠다 하지 아니하느냐
그러나 나는 너희에게 이르노니 너희 눈을 들어 밭을 보라
희어져 추수하게 되었도다
거두는 자가 이미 삯도 받고 영생에 이르는 열매를 모으나니
이는 뿌리는 자와 거두는 자가 함께 즐거워하게 하려 함이라
그런즉 한 사람이 심고 다른 사람이 거둔다 하는 말이 옳도다
내가 너희로 노력하지 아니한 것을 거두러 보내었노니
다른 사람들은 노력하였고
너희는 그들이 노력한 것에 참여하였느니라"(요 4:35-38)

그리심산 비잔틴 시대 교회터

수가 성 여인 이야기에 이어진 그리스도의 강화는 영적 추수에 초점이 맞춰져 있다. 예수 그리스도는 추수와 관계된 단어들(추수, 열매를 모음, 거둠, 참여함)을 여섯 번이나 반복하면서 이미 추수기가 되었음을 강조한다. 흥미로운 것은 영적 추수에 있어서, 파종 후 수확하기까지 오랜 기다림이 필요하지 않는다는 것이다. 이것을 설명하기 위해

그리스도는 잘 알려진 유대인의 농사 속담을 인용했다. 즉, 양력 3월에 보리를 수확하기 위해서, 전년도 11월에 파종한 후 넉 달을 기다려야 하지만, 하나님의 말씀을 전하고 열매를 거두는 일은 그렇지 않다는 것이다.[17] 여기에서 제자들은 다른 사람이 파종한 것을 추수하는 일꾼으로 묘사되고 있다. 그들은 파종한 자와 함께 즐거워하게 될 것이며, 노력하지 않은 것을 거두러 파송되었다. 그렇다면 씨를 뿌린 자는 누구일까? 이 질문에 대한 답을 얻기 위해서 우선 그리스도의 가르침이 사마리아 지역에서 행해졌다는 사실에 주목할 필요가 있다. 그리스도는 누군가 사마리아 지역에서 이미 말씀의 씨앗을 뿌렸다고 말한다.

사마리아 수가 성 여인 이야기는 세례자 요한이 아직 감옥에 갇히지 않았을 때 즉, 그리스도와 세례자 요한의 공동사역 기간을 배경으로 하고 있다. 요한복음은 공관복음과 달리 세례자 요한과 그리스도의 공동사역 기간을 언급하며(요 3:22-24), 세례자 요한의 죽음을 언급하지 않는다. 한 때 세례자 요한의 제자였던 사도 요한은 그런 식으로 스승에 대한 존경심을 나타내려고 했을 것이다. 따라서 요한복음은 세례자 요한이 그리스도를 세상에 드러내며(요 1:29-34), 자기 제자들을 그리스도에게로 보내며(요 1:35-42), 친구 된 그리스도의 영광을 기뻐

17) 35절의 전반부는 속담이고 후반부는 영적 진리이다. 그리스도는 시편이나 잠언에서 자주 보이는 상징대구법(emblematic parallelism)과 반의대구법(antithetic parallelism)을 사용하고 있는 것으로 보인다. 상징대구법은 한 행을 직설적으로 서술하고, 다른 행을 수사적으로 서술하는 기법을 가리킨다. 예를 들자면 시 103:11이나 잠 20:27이 이에 해당한다. 반의대구법은 두 행이 서로 대조를 이루는 경우이다. 예를 들어 시 90:6이나 잠 15:1이 이에 해당한다.

하며 조용히 퇴장하는 선구자로 묘사한다(요 3:22-30). 흥미로운 것은 예수 그리스도가 유대 땅에서 세례를 줄 때 요한은 살렘 가까운 애논-물이 많은 지역으로 옮겨 세례를 주었다는 사실이다(요 3:22-23). 애논이 어디인지 분명하지 않지만 요한은 평소에도 요단강을 오르내리며 여러 곳에서 세례를 주었었다. 그는 그리스도와 경쟁적으로 사역하기를 결코 원하지 않았다. 오히려 경쟁심에 불타는 제자들을 타일러 자신이 그리스도의 선구자였음을 증언하도록 했다. 그는 마지막까지 그리스도를 위해 봉사하는 것으로 기뻐했던 것이다(요 3:28-30). 이처럼 세례자 요한이 그리스도와의 사역 충돌을 피하려 한 사실은, 그가 사마리아 사람들에게도 세례 주었을 가능성을 조심스럽게 열어준다. 비록 요한이 사마리아에 가지 않았다 하더라도 그의 명성을 들은 사마리아 인들이 찾아갔을 수도 있는 것이다. 만약에 사마리아 사람들이 요한에게 세례 받은 사실이 있다면, 그리스도가 요한을 가리켜 씨 뿌리는 자로 말했을 가능성이 크다.

흥미로운 것은 예수 그리스도가 활동할 당시 사마리아에는 수많은 세례 종파-도시데우스파, 고로데니우스파, 사베우스파, 마스보데우스파 등이 활동하고 있었다는 것이다. 이 중에서 가장 오래 동안 영향을 끼쳤던 도시데우스파는 정결의식을 행할 때 천으로 자신들의 몸을 감싼 채 물속에서 기도했던 것으로 널리 알려졌다.[18] 물론 이 종파들은 세례자 요한의 사역과 아무 연관이 없고, 오히려 에세네파에게 영향을 주었던 것으로 보인다. 그럼에도 불구하고 이런 세례종파 운동은 일부

---

18) M. Black, *The Scrolls and Christian Origins*, Scholars Pr. 1983, p 56

사마리아인들이 세례자 요한에게서 세례 받을 수 있는 분위기를 제공했을 수 있다. 만약에 세례자 요한이 사마리아 사람들에게 세례를 주었다면, 그의 뒤에 오시는 메시아가 예수라는 사실도 가르쳤을 것은 자명하다. 왜냐하면 그는 그리스도의 길을 예비하는 선구자였기 때문이다. 그리스도가 적극적으로 사마리아 지역에서 사역했고, 사마리아인의 신앙과 선행을 자주 칭찬한 사실도 세례자 요한의 사마리아 사역 가능성을 높여준다. 스데반 순교 이후 사마리아로 내려간 빌립을 통해 수많은 사마리아 사람들이 세례를 받은 사실도 부가적인 증거가 될 수 있다. 덧붙여서 세례자 요한의 시신이 제자들에 의해 사마리아에 안장되었다고 믿는 신념이 주후 4세기 이후 교회 안에 자리 잡은 사실도 흥미롭다. 그 신념을 따라 세례자 요한의 매장 장소로 추정되는 자리에 5세기와 7세기에 기념 교회 두 곳이 세워지기도 했다.[19]

그리스도는 사마리아 지역을 의도적으로 여행했다. 만약 그가 유다 지역만을 다녔다면 온 이스라엘의 구원자가 되시리라는 구약의 예언을 성취하지 못하셨을 것이다. 그의 사마리아 사역은 에스겔의 예언을 상기시켜 준다. "인자야 너는 막대기 하나를 가져다가 그 위에 유다와 그 짝 이스라엘 자손이라 쓰고 또 다른 막대기 하나를 가지고 그 위에 에브라임의 막대기 곧 요셉과 그 짝 이스라엘 온 족속이라 쓰고 그 막대기들을 서로 합하여 하나가 되게 하라 네 손에서 둘이 하나가 되리라"(겔 37:16-17).

19) O. Cullmann, *The Early Church*, SCM, 1956, pp. 185-192.

그리스도의 생애 ⑧

13. 그리스도는 무덤에 얼마나 오래 머물러 있었는가?

"안식일이 다 지나고 안식 후 첫날이 되려는 새벽에 막달라 마리아와 다른 마리아가 무덤을 보려고 나갔더니"(마 28:1)
"안식 후 첫날 일찍이 아직 어두울 때에 막달라 마리아가 무덤에 와서 돌이 무덤에서 옮겨진 것을 보고"(요 20:1)

1세기 동굴 무덤

예수 그리스도가 무덤에 있었던 시간이 실제로 얼마나 되느냐 하는 것은 복음서를 읽는 모든 사람의 관심거리이다. 먼저 생각할 것은 예수 그리스도의 예언이나 사도들의 증언이 죽은 지 삼일 째 되던 날의 부활을 말하고 있다는 점이다(마 16:21, 행 10:40). 둘째로, 그리스도가 죽어 매장된 날은 유월절 예비일이면서 안식일이 시작되는 날 곧 금요일이었다(마 27:62, 막 15:42, 눅 23:54). 또 한 가지 생각할 점은 유대인의 관습에서 하루의 시작은 저녁이라는 것이다. 이것은 창세기의 창조 이야기에서 상투적으로 쓰이는 '저녁이 되고 아침이 되니 이는 ~째 날이니라' (창 1:5, 8, 13, 19, 23, 31)를 통해 확인된다. 이를테면 안식일은 금요일 저녁부터 시작되는 것이다. 유대인들이 그리스도와 함께 십자가형을 받았던 사람들의 시신을 빨리 치워달라고 빌라도에게 요구했던 이유나, 제자들이 예수 그리스도의 장례를 그렇게 서둘렀던 이유도 유월절이 시작되는 안식일을 범하지 않기 위해서였다(요 19:31-42). 만약에 안식일이 그리스도가 처형된 다음 날 토요일 아침부터 시작되는 것이라면 그렇게 서두를 필요가 없었을 것이다. 학자들에 의하면 유월절 무렵 해지는 시각은 요즘 시간으로 저녁 7시 경이었다고 한다.

예수 그리스도가 무덤에 있었던 시간을 계산하는데 결정적인 단서는 증인들의 빈 무덤 목격시점이다. 헬라어 성경 마 28:1에 대한 대부분의 영어성경과 한글성경 번역은, 마치 증인들이 일요일 새벽에 무덤을 찾았던 것처럼 묘사하고 있다. 그것은 '안식일이 다 지나고' 와 '안식 후 첫날이 되려는 새벽에' 라는 헬라어 본문에 대한 해석 때문이다. 우선 헬라어 본문을 직역하자면 '안식일이 지나 한 주간을 향한 빛에' 가 된다. 저명한 학자 그린츠(Jehoshua M. Grintz)에 의하면 '안식일이 지나고' 라는 헬라화 된 히브리어 표현은 '안식일을 벗어나(베모짜에이 샤밧, במוצאי שבת)' 이다. 그것은 안식일이 끝난 직후를 의미한다. 그리고 '한 주간을 향한 빛에(오르 레에하드 샤밧 אור לאחד שבת)' 는 아름다운 히브리어 숙어적 표현이라고 한다. 다시 말해서 샤밧이 안식일을 가리키기도 하지만 한 주간(week)을 의미하기도 하며, 빛을 의미하는

---

20) Jehoshua M. Grintz, *Journal of Biblical Literature*, 79(1960), pp. 32-47.

'오르(אור)'는 '밤'과 동의어로 사용된다는 것이다.[20] 예컨대 "내가 빛을 본다"라고 말하면 하루의 시작인 저녁을 의미한다는 것이다. 이와 같은 경우를 랍비 문서에서 볼 수 있는데, 유월절 14일 밤을 가리킬 때 빛이라는 단어를 사용한 것을 들 수 있다.[21] 그러니까 '한 주간을 향한 빛에'는 '한 주간이 시작되는 저녁에'의 의미인 것이다. 그런 관점에서 보면 막달라 마리아와 다른 마리아가 예수 그리스도의 무덤을 찾은 시간은 안식일이 끝난 시각 즉, 토요일 저녁이 된다. 요한복음에서 '안식 후 첫 날 일찍이 아직 어두울 때에'라고 묘사한 것도 이런 해석을 뒷받침해준다. 그런데 한 주간을 시작하는 시점이 일요일 아침이 아니라 토요일 저녁을 가리킨다는 것은 사도행전에서도 발견된다. 사도 바울이 '그 주간의 첫날'에 드로아의 제자들을 모아놓고 강론을 시작한 시점은 저녁이었던 것이다(행 20:7).

그린츠의 해석은 예수 그리스도의 시신에 바를 향유를 가지고 무덤에 갔던 여인들의 행동과 일치한다. 그들은 예수 그리스도가 처형되었던 금요일 저녁, 안식일이 시작되기 전에 끝내려고 장례가 간소하게 치러진 것을 몹시 아쉬워했었다. 그리고 안식일이 끝나면 바로 사용하기 위해 미리 향품과 향유를 사두었다(눅 23:55-56). 그들은 안식일이 끝난 다음날 아침-일요일 아침이 밝도록 한가하게 기다릴 여유가 없었다. 한시라도 빨리 그리스도의 시신에 발라야 했기 때문이다. 따라서 안식일이 끝나자마자 바로 무덤으로 달려갔을 것이다. 심지어 그들은

21) *Jerusalem Perspective*, 8, 1988, p. 4.

누군가가 무덤 입구의 돌을 치워줘야 들어갈 수 있다는 것도 미처 생각하지 못했다. 그리스도의 시신에 빨리 향유를 발라야 한다는 오직 한 가지 생각에만 골몰했기 때문이다. 그런데 그들이 무덤에 도착했을 때 이미 그곳은 비어있었다. 그렇다면 그리스도는 안식일이 끝난 직후 토요일 저녁에 부활했다는 이야기가 된다. 따라서 그리스도가 실제로 무덤에 있었던 시간은 24시간을 조금 넘긴 정도이다. 그러나 날짜로 따져보면 사흘이 된다.

그리스도의 생애 ⑨

14. 그리스도는 산헤드린 공회에서 심문받았는가?

"날이 새매 백성의 장로들 곧 대제사장들과 서기관들이 모여서
예수를 그 공회로 끌어들여 이르되
네가 그리스도이거든 우리에게 말하라"(눅 22:66-67상)
"새벽에 대제사장들이 즉시 장로들과 서기관들
곧 온 공회와 더불어 의논하고 예수를 결박하여 끌고 가서
빌라도에게 넘겨주니"(막 15:1)

겟세마네에서 체포된 그리스도는 먼저 대제사장 가야바의 장인 안나스의 집으로 끌려갔다(요 18:12-14). 거기서 심문 받고 구타당한 후에 가야바의 집으로 보내졌다(요 18:25). 가야바의 집에 모여 있던 서기관과 장로들은 밤샘 심문 끝에 그리스도를 신성 모독죄로 정죄하기에 이른다(마 26:57-68). 그들은 새벽에 최종적인 판결을 내리고 나서 그리스도를 빌라도에게 넘겨주었다(마 27:1-2, 요 18:28). 그런데 그들이 그리스도를 빌라도에게 넘겨주기 전 최종 판결을 내린 곳이 어디였느냐 하는 의문이 제기 된다. 만약에 마가의 기록대로 산헤드린 대 공회가 그리스도를 정죄했다면 유대 사회의 공식적인 결정이 된다. 그럴 경우

유대인들은 예수 그리스도의 죽음에 대한 책임으로부터 완전히 자유로울 수만은 없을 것이다. 마태와 요한은 '공회' 라는 단어를 사용하지 않고, 대제사장과 하수인들이 임의로 내린 판결인 것처럼 기록하고 있다. 그리고 그 판결을 내린 장소도 가야바의 집이었던 것처럼 기록하고 있다. 그와 반면 마가와 누가는 '공회' 라는 단어를 사용하고 있는데, 마가가 '온 공회' 라는 용어로써 모임의 성격을 강조한 것과 대조적으로, 누가는 '그 공회' 라고 부름으로써 모임의 장소에 초점을 맞춘 것 같은 인상을 준다.

공회(council)를 의미하는 히브리어 산헤드린(סנהדרין)은 헬라어 수네드리온(συνέδριον)에 대한 음역이다. 요세푸스의 글에 의하면 수리아의 로마 군 총사령관이었던 가비니우스가 유대 사회의 왕정을 귀족정치로 바꾸기 위해, 유대 지역을 다섯 지역으로 나누면서 다섯 개의 공회를 창설했다고 한다.[22] 순전히 정치적인 목적으로 만든 이 공회들과 대조적으로, 예루살렘 성전에는 다듬은 돌로 만든 방에서 모이는 공회가 있었다. 이 모임을 대 공회라고 부르는 이유는 정치적 공회와 구별하기 위해서이다. 이 대 공회는 율법이 온 이스라엘에서 지켜지도록 하기 위한 종교적 모임이었다. 헤롯 대왕 통치 초기 산헤드린 공회가, 세속적 사건에 관한 재판권을 행사하려다가 46명이나 되는 구성원이 처형당한 이후 종교 재판만을 담당하게 되었던 것이다. 대제사장을 의장으로 총 71 명으로 구성된 이 대 공회는 율법을 범한 가벼운 죄

---

22) 요세푸스, 김지찬역, 유대고대사, 생명의말씀사, 제 14권 5장 p. 220.

인에서부터 대제사장과 거짓 선지자를 심문할 수 있는 권한까지 주어져 있었다. 미쉬나 산헤드린 7:1에 의하면 신성 모독죄를 범한 사람에게 네 종류의 사형-교수형, 석형, 참수형, 화형 판결을 내릴 수 있었다고 한다. 하지만 실제로 사형을 집행할 권한은 로마 정부가 허락하지 않았던 것으로 보인다(요 18:31). 그런데 미쉬나에 의하면 산헤드린이 민사재판에 있어서 낮 시간의 심리를 거쳐 저녁에 판결을 내릴 수 있었지만, 사형에 해당되는 죄목에 대해서는 심리와 판결 모두 낮 시간에만 행하도록 규정되어 있었다. 따라서 예수 그리스도가 밤샘 심문을 받고 새벽에 사형 판결을 받았다는 것은 재판부가 심각하게 산헤드린 규정을 위반했다는 것을 뜻한다.

예수 그리스도가 받은 심문과 판결과정을 재구성해보면 복음서 저자들의 조금씩 다른 표현들이 정리가 된다. 첫째, 예수 그리스도가 최종 판결을 받은 장소는 성전 안 산헤드린 방이었던 것으로 보인다. 누가가 '그 공회' 라고 묘사한 단어는 미쉬나에서 산헤드린 장소를 가리킬 때 사용되었다. 따라서 영어역본 NASB처럼 '공회로 모이는 방(council chamber)' 으로 번역이 가능하다. 그들이 공회로 모인 시간이 새벽이었던 이유도, 성전 문이 열려야 그 방에 들어갈 수 있었기 때문이다. 둘째, 예수 그리스도에게 최종 판결을 내린 모임은 산헤드린-대공회가 아니었다. 마태와 요한의 기록을 보면 밤샘 심문과 최종 판결을 내린 주체는 대제사장과 그 하수인들이었다. 그리고 사형 죄목을 다루는 심문을 밤에 산헤드린 방이 아닌 장소에서 행한 것 자체가 산헤드린 규정과 어긋난다. 더구나 산헤드린의 중요한 구성원인 바리새인들이 아무도 거기에 참석하지 않았다. 예수 그리스도에 대한 체포와 심문이 예상하지 못한 상황에서 이루어졌으며, 유월절 준비에 모두가 여념이 없었기 때문에 산헤드린을 소집하기가 불가능했기 때문이다(요 11:57, 12:19, 13:21-30). 그럼에도 불구하고 마가가 '온 공회'로 표현한 것은 최종 판결이 산헤드린 방에서 내려졌기 때문이었던 것으로 보인다. 이와 같은 정황들을 종합해보면 대제사장 일파가 예수 그리스도에 대한 사형 판결에 정당성을 부여하기 위해 산헤드린 방을 임의로 사용했다는 결론에 이르게 된다. 따라서 그리스도에 대한 사형 재판은 원천적으로 무효였다. 산헤드린이 아닌 임의 집단이 사형 판결을 내릴 수 없었기 때문이다. 교활한 가야바는 산헤드린의 권위를 도용하고 빌라도의 권위를 앞세워 그리스도를 처형하는데 성공했던 것이다.

가야바의 궁전

그리스도의 생애 ⑩

15. 누가 십자가에 달린 그리스도를 모욕했는가?

"지나가는 자들은 자기 머리를 흔들며 예수를 모욕하여 이르되
성전을 헐고 사흘에 짓는 자여
네가 만일 하나님의 아들이어든 자기를 구원하고 십자가에서 내려오라 하
며 그와 같이 대제사장들도 서기관들과 장로들과 함께 희롱하여 이르되
그가 남은 구원하였으되 자기는 구원할 수 없도다"(마 27:39-42상)

"지나가는 자들은 자기 머리를 흔들며 예수를 모욕하여 이르되
아하 성전을 헐고 사흘에 짓는다는 자여
네가 너를 구원하여 십자가에서 내려오라 하고 그와 같이
대제사장들도 서기관들과 함께 희롱하며 서로 말하되
그가 남은 구원하였으되 자기는 구원할 수 없도다"(막 15:29-31)

"백성은 서서 구경하는데 관리들은 비웃어 이르되
저가 남을 구원하였으니 만일 하나님이 택하신 자
그리스도이면 자신도 구원할지어다"(눅 23:35)

십자가에 달린 그리스도의 이야기는 공관복음서에서 조금씩 다르게 묘사되어 있다. 그럼에도 불구하고 마태와 마가의 관점은 누가와 것과 사뭇 다르다. 마태와 마가는 대부분의 유대인들이 그리스도에게 적대적이었던 것으로 묘사하지만, 누가는 대부분의 유대인들이 그리스도에게 동정적이었던 것으로 묘사한다. 예를 들어 마태와 마가는 지나가는 사람들이 십자가에 달린 그리스도를 적극적으로 모욕했다고 기록한다. 그러나 누가는 백성들이 그저 지켜보고만 있었을 뿐 그리스도를 모욕

한 사람들은 관리들이었다고 한다. 그리고 누가는 예수 그리스도의 십자가 처형을 지켜본 사람들이 모두 가슴을 치며 돌아갔다고 기록했지만, 마태와 마가는 그 이야기를 생략했다(눅 23:48). 유대인의 관습에서 가슴을 치며 돌아가는 행위는 깊은 애도의 표현이다. 그 뿐 아니라 예수 그리스도가 십자가를 지고 골고다를 향할 때, 백성들과 가슴을 치며 슬피 우는 여자의 큰 무리가 있었다고 한 누가의 묘사가 마태와 마가에서는 발견되지 않는다(눅 23:27). 그리고 그리스도에게 신 포도주를 주며 조롱한 자들을, 누가복음에서 군인들로 묘사한 반면 마태와 마가는 백성들로 묘사한다(마 27:47-49, 막 15:35-36, 눅 23:36-37). 한마디로 누가는 예수 그리스도의 죽음을 모욕했던 자들을 대제사장들과 하수인들, 군인들, 십자가의 강도로 좁힌 반면, 마태와 마가는 예수 그리스도의 죽음을 애도했던 사람들을 갈릴리에서부터 따라온 여인들로 좁히고 있다(마 27:55-56, 막 15:40-41, 눅 23:35-38). 그럼에도 불구하고 누가의 기록에서 대부분의 백성들은 마지막까지 예수 그리스도의 연민의 대상이다(눅 23:28-31). 누가의 이런 관점은 그리스도가 나귀 새끼를 타고 예루살렘에 입성할 때 백성들이 환영했던 분위기와 마지막 한 주간에 백성들로부터 받았던 절대적 지지와 잘 어울린다(눅 20:19, 22:2, 요 12:12-19).

저명한 유대인 학자 플루서(David Flusser)는 이처럼 공관복음 저자들이 그리스도의 죽음을 대하는 유대인들의 태도를 다르게 묘사했던 원인을 반유대주의(anti-semitism)에서 찾고 있다. 기독교가 반유대주의 정서와 함께 태동했기 때문에 정도의 차이는 있을망정 복음서들이 같은 성향으로 기록되었다는 것이다. 심지어 그는 누가복음도 반유대주의 성향에서 자유로울 수 없다고 주장한다. 예를 들어 공관복음서 저자들이 모두, 바라바를 놓아달라고 소리친 사람들에 백성들을 포함시키고 있다(마 27:20-26, 막 15:6-15, 눅 23:13-25). 그럼에도 불구하고 누가복음이 마태와 마가보다 반유대주의 성향이 약한 것은 가장 먼저 기록되었기 때문이라고 한다. 같은 자료를 사용해서 기록했더라도 시간적으로 뒤늦게 기록될수록 반유대주의 성향이 강해진다는 것이다.

그리고 마태복음에 영향을 주었을 마가복음에서 그리스도의 고독한 죽음이 부각된 것은, 적대적인 세상에 둘러싸인 마가복음 독자들의 처지와 동일시하기 위해서라는 것이다. 그리고 마태복음이 마가복음의 판박이에서 한걸음 더 나아가 가장 반유대주의 성향을 띠는 이유는, 기독교와 유대교의 분열이 돌이킬 수 없는 상황으로 치닫던 시기에 기록되었기 때문인 것으로 본다.[23)]

그런데 학자들이 오랜 세월 노력했음에도 불구하고, 복음서 기록에 사용된 원 자료가 어떤 형태였는지 구체적으로 밝혀내지 못했다. 그것은 앞으로 오랜 세월 더 풀리지 않는 숙제로 남아 있을지 모른다. 한 가지 분명한 것은 기독교 역사상 추악한 유대인 박해가 반유대주의에서 비롯되었다는 것이다. 그리고 세심한 주의를 기울이지 않는 한 복음서를 읽을 때마다 반유대주의 정서에 반복적으로 노출될 것이라는 사실이다.

---

23) David Flusser, "The Crucified One and the Jews" in *the Judaism and the Origins of Christianity*, Magness Press, Jerusalem, 1988, pp. 575-587.

그리스도의 생애 ⑪

16. 대제사장 가야바

"만일 그를 이대로 두면 모든 사람이 그를 믿을 것이요
그리고 로마인들이 와서 우리 땅과 민족을 빼앗아 가리라 하니
그 중의 한 사람 그 해의 대제사장인 가야바가 그들에게 말하되
너희가 아무 것도 알지 못하는도다
한 사람이 백성을 위하여 죽어서 온 민족이 망하지 않게 되는 것이
너희에게 유익한 줄을 생각하지 아니하는도다 하였으니"(요 11:48-50)

가야바 유골함

1990년 12월 31일 예루살렘 남동쪽 평화의 숲 공원 공사장 지하에서 가야바 일가의 납골함(ossuary) 무덤 동굴이 우연히 발견되었다.[24] 정교하게 쪼아 만든 동굴에서 발견된 12개의 납골함 가운데 하나는, 예수 그리스도를 십자가에 못 박아 죽게 만든 장본인 대제사장 가야바(주후 18-36년)의 것으로 판명되었다. 요세푸스의 글에 나온 그의 이

24) 예수 그리스도 당시 유대인들의 장례 풍습은 시신을 일단 무덤에 안치했다가 일 년 뒤 뼈만 따로 추려 돌로 된 납골함에 넣어 재 매장했다.

름 '가야바 가문의 예호세프(קיפא בר יהוסף)' 가 납골함 양쪽에 새겨져 있었으며[25], 무덤 동굴 또한 가야바의 장인 안나스의 묘비가 있다고 요세푸스가 서술한 장소에서 멀지 않았다.[26] 본명이 요셉이고 성이 가야바인 그는 주후 6년부터 15년까지 대제사장을 지낸 안나스(히브리어로 하난, חנן)의 사위였다(요 18:13). 그가 대제사장이 된 것은 안나스가 전적으로 그의 능력을 인정했기 때문이었던 것으로 보인다. 권모술수에 능했던 가야바는 예수 그리스도를 죽이는 음모뿐 아니라, 사도들을 박해하는데 있어서도 언제나 안나스와 함께 활동했다(눅 22:2, 행 4:6). 안나스에 대해서는 유대 사회에서도 원성이 높았는데, 대제사장 가문을 이루는 그들에 대해 "하난 가문 때문에 내게 화가 있도다. 그들의 중상모략 때문에 화가 있도다"라는 탄식이 나올 정도였다(바벨론 탈무드, 페사힘 57).

가야바가 그리스도를 죽게 만든 동기는 정치적인 것이었다. 나사로를 다시 살린 일로 예수 그리스도에 대한 인기가 높아졌을 때, 산헤드린 공회에서 그는 처음으로 속내를 보였다. 로마 군대가 그리스도의 사역을 불온한 메시아 운동으로 간주한 나머지 유대사회에 대대적인 탄압을 가할까 염려하자, 대뜸 그는 한 사람이 죽으면 끝난다고 내뱉었다. 그리고 예수 그리스도에 대한 살해 계획은 그리스도가 성전을 강도의 소굴이라고 말한 것과, 불의한 포도원 지기 비유를 든 것 때문에 확정적이 되었다(눅 20:9-19). 남은 것은 그리스도에게 씌울 죄목을

25) 요세푸스, 김지찬역, 유대고대사 18권 2장, 생명의말씀사, p. 501.
26) 요세푸스, 김지찬역, 유대전쟁사 5권, 12장, 생명의말씀사. p. 532.

찾는 일 뿐이었다(마 26:3-4, 눅 22:2). 그는 가룟 유다가 그리스도를 넘겨주겠다며 돈을 요구했을 때 뛸 듯이 기뻐했다(눅 22:3-5). 그는 체포된 그리스도를 자기 집에서 밤샘 심문했고, 산헤드린 공회로 모이는 방에서 "네가 찬송 받을 이의 아들 그리스도냐?"고 물은 다음 자기 옷을 찢으며 신성 모독죄를 선고했다(막 14:61-63). 그가 그리스도를 빌라도에게 넘겨준 것은 유대인으로서 상상할 수 없는 일이었다. 왜냐하면 할라카에 유대인이 외국인 통치자에게 동족을 처벌하도록 넘겨주는 일이야 말로 용서받을 수 없는 죄로 간주했기 때문이다.[27] 그럼에도 불구하고 그는 예수가 그리스도라고 자백했기 때문에 빌라도가 처형할 것이라고 생각했다. 예수 그리스도 이전에 메시아 운동을 벌인 사람들이 모두 처형되었으며(행 5:36-37), 빌라도 또한 저항운동에 대해 잔인하게 대처했기 때문이다(눅 13:1). 그는 심지어 빌라도가 그리스도에 대해 무죄선고를 하지 못하도록 군중을 동원해서 방해했다(요 19:12).

가야바는 초대 교회의 사도들에게도 심각한 위해를 가했다. 왜냐하면 사도들이 그리스도의 죽음을 대제사장과 사두개파의 모략으로 돌린다고 생각했기 때문이다(행 5:28). 그들은 사두개파로서, 정치권력을 유지하는 것을 최우선과제로 삼았다. 가야바 일가의 권력은 예루살렘이 함락되는 때까지 거의 지속되었다. 주후 44년 아그립바 I에 의해 대제사장으로 임명된 엘예호나이도 그의 가문이며, 주후 62년 예수 그리스도의 동생 야고보를 돌로 쳐 죽이는데 앞장섰던 대제사장 안나스

27) 이것은 유대인의 18 기도문 가운데 이단에 대한 저주 부분에 기록되어 있다.

도 그의 처남이었던 것을 보면 알 수 있다. 그와 반면 바리새파는 그리스도와 사도들에게 적대적이지 않았다. 그리스도에 대한 사형 판결에 바리새파가 전혀 참석하지 않았던 것, 바리새인 아리마대 요셉과 니고데모가 성심으로 그리스도의 장례에 동참했던 것이 그것을 말해준다. 그 뿐 아니라 바리새파의 거두 가말리엘은 사두개파들이 사도들에게 사형 판결을 내리려는 결정적인 순간에 변호하여 생명을 건져주기도 했던 것이다(행 5:33-40).

그리스도의 생애 ⑫

17. 성령이 비둘기 같이 내려오심

"예수께서 세례를 받으시고 곧 물에서 올라오실새
하늘이 열리고 하나님의 성령이 비둘기 같이 내려
자기 위에 임하심을 보시더니"(마 3:16)

공관복음 저자들은 모두 성령이 비둘기 형체로 내려온 사건을 언급한다. 마가는 '성령이 비둘기 같이 내려오심'을 그리스도가 보았다고 했고, 마태와 누가는 '성령이 비둘기 같이 내려와 자기(그) 위에 임하심을' 그리스도가 보았다고 했다(마 3:16, 막 1:9, 눅 3:22). 그리고 요한복음은 세례자 요한이 '성령이 비둘기 같이 하늘로부터 내려와서 그의 위에 머물렀음'을 보았다고 한다(요 1:33). 복음서 저자들의 진술을 종합하면 성령이 비둘기 형체로 내려와 그리스도 위에 머물렀음을, 그리스도와 세례자 요한 모두 보았다는 것이다. 그런데 성령이 그리스도에게 내려와 그의 위에 머무른 것은 천지 창조 이야기에서 하나님의 영이 '수면 위에 운행하시니라(hovering)' 는 묘사를 연상하게 한다. 여기에서 '운행하다' 로 번역된 히브리어 '라하프(רחף)' 는 어미 새가 새끼들이 있는 둥지 위를 너풀거리며 보호하는 것을 가리킨다. 구약 성경에는 하나님이 날개로 당신의 백성을 양육하며 보호한다는 표현이 많이 나온다(출 19:4, 룻 2:12, 시 91:4). 그 중에서 가장 인상적인 묘사는 "새가 날개 치며 그 새끼를 보호함같이 나 만군의 여호와가 예루살렘을 보호할 것이라"(사 31:5상)는 구절이다. 이처럼 새가 둥지 위를 너풀거리는 이미지를 열린, 하늘로부터 그리스도 위에 임한 비둘기 형체의 성령에 대입시켜 볼 때, 하나님의 새로운 창조 역사가 시작되었음을 느낄 수 있다. 더욱이 하늘이 열렸다(쪼개졌다)는 표현은 지상세계에 대한 하나님의 초자연적인 개입을 의미한다(마 3:16, 막 1:10, 눅 3:21). 그렇다면 어떻게 성령이 비둘기처럼 내려오신 것일까? 많은 사람들은 비둘기의 온유하고 평화로운 이미지를 가지고 조용히 내려왔을 것이라고 설명한다. 하지만 비둘기가 지상에 내려올 때는 나비처럼 사뿐히 내려오지 않는다. 테일러(J. E. Taylor) 같은 학자는 자신의 머리 위로 비둘기가 내려 왔던 개인적 체험을 예로 든다. 오순절 성령 강림 때 급하고 강한 바람 같은 소리가 온 집에 가득했던 것과 그리스도의 머리 위로 비둘기 같은 성령이 내려와 머물렀던 것을 같은 현상으로 간주한다.[28] 비둘기가 날개 치며 내려올 때 일어나는 바람이 급하고 강한 바람이라는 것이다. 어쨌거나 구약에서 성령이 임한 것은 예언자로의 부르심을 의미했다(벧후 1:20-21). 오순절 성령 강림으로 사도들이

---

28) 테일러는 비둘기가 급강하하면서 날개 칠 때 급하고 강한 바람 같은 소리가 난다고 한다. J. E. Taylor, op, cit. p. 274.

복음을 힘 있게 증언하게 된 것도 같은 원리이다. 그리고 "나사렛 예수의 일이니 그는 하나님과 모든 백성 앞에서 말과 일에 능하신 선지자이거늘"(눅 24:19)의 구절이 말해주는 것처럼 실제로 사람들은 그리스도를 예언자 가운데 한 사람으로 생각했다(마 16:14). 그리고 예언자들은 이적을 수행하는 능력이 있는 자로 가주되었다. 그런 점에서 샌더스(E. P. Sanders)는 그리스도를 '은사적 예언자'로 정의한다.[29] 한마디로 말해서 하늘로부터 성령이 내려와 머물렀다는 것은 그리스도가 예언자로 세워졌음을 보여주는 증거였던 것이다.[30]

---

29) E. P. Sanders, *Jewish Law from Jesus to Mishna*, SCM, 1990.
30) 김인철, 그리심, 세례자 요한, 262-263쪽.

히브리 숙어 ①

18. 평안을 빌라

"어느 집에 들어가든지 먼저 말하되
이 집이 평안할지어다 하라 만일 **평안을 받을 사람**이 거기 있으면 너희
의 평안이 그에게 머물 것이요
그렇지 않으면 너희에게로 돌아오리라"(눅 10:5-6).

שׁלוֹם

"이 집이 평안할지어다"는 전형적인 히브리어 숙어 가운데 하나이다. 여기서 '집'은 가옥을 의미하지 않고 가정 혹은 가족을 가리키며, '평안'은 평화 혹은 화목의 의미보다 안전과 건강을 의미한다. 이를테면 예수님의 가르침 가운데 "강한 자가 무장을 하고 자기 집을 지킬 때에는 그 소유가 안전하되"(눅 11:21)의 문장에서 '안전하되'는 히브리어로 '베샬롬(בשׁלוֹם)'이다. 그러니까 "이 집에 평안이 있으라"는 축복은 "이 가정의 식구들이 무사하고 건강하게 되어라"는 뜻의 축복인 것이다.

그런데 한글 성경 난외주를 보면 "평안을 받을 사람"은 헬라어 원

문에 "평안의 아들"이라고 되어 있다. 이것은 이 단어가 원래 히브리어로 발설되었다는 사실을 보여준다. 왜냐하면 이것이 히브리어에만 존재하는 숙어적 표현이기 때문이다. 히브리어에서 아들은 단순히 남자 후손을 의미하지 않고 '후손' '시민' '회원' '제자'의 다양한 의미로 쓰인다. 그러니까 평안의 아들은 죽음의 아들(죽어야 마땅한 자 – 삼상 20:31)이나 집의 아들(가족처럼 가까운 사람) 혹은 지옥의 아들(지옥에 갈 자), 대화의 아들(대화 상대), 식사의 아들(정결한 음식)처럼 "호의적이고 친절한 사람"이라는 의미로 사용된 숙어적 표현인 것이다.

"평안이 그에게 머물 것이요"는 "이 집에 평안 있으라"가 단순한 인사에 그치지 않고 실제로 이루어질 일임을 말해주고 있다. 이 말이 열두 제자의 파송사(마 10:1-15)와 칠십 제자의 파송사(눅 10:1-16)의 일부분임을 생각해보면 쉽게 이해가 된다. 제자들은 어느 집으로 초청받든지 먼저 그 가정에 평안이 깃들기를 축복한다. 그리고 숙식을 무상으로 제공받으면서, 머무는 마을의 병자들을 고친다. 그들이 무상으로 대접받는 것은 복음을 전하고 병 고치는 수고로 받을 마땅한 대가이다(눅 10:7). 그리고 그들을 대접하는 집 주인은 축복을 선물로 받는다. 집 주인의 식구 가운데 병자가 있다면 다른 집의 병자와 같이 당연히 고침 받게 될 것이다. 그것 또한 제자들을 접대한 집 주인이 받아야 마땅한 평안의 복 가운데 포함될 것이다. 그러니까 "평안의 아들이 아닌 사람(푸대접하는 사람)"에게는 제자들이 비는 평안의 복이 임하지 않을 것도 당연한 일이다.

그런데 예수님이 제자들에게 가르친 이 축복은 랍비들이 애용했던 축복과 흡사하다.

"네게 평안 있으라, 네 집에 평안 있으라, 네 모든 소유물에 평안 있으라"

이것은 또한 하나님이 고대 이스라엘 제사장들에게 가르쳐준 축복 기도문을 상기시켜 준다.

"여호와는 네게 복을 주시고 너를 지키시기를 원하며 여호와는 그의 얼굴을 네게 비추사 은혜 베푸시기를 원하며 여호와는 그 얼굴을 네게로 향하여 드사 평강 주시기를 원하노라 할지니라 하라 그들은 이같이 내 이름으로 이스라엘 자손에게 축복할지니 내가 그들에게 복을 주리라"(민 7:24-27).

히브리 숙어 ②

19. 이 말을 너희 귀에 담아두라

"이 말을 너희 귀에 담아두라 인자가 장차 사람들의 손에 넘겨지
리라 하시되 그들이 이 말씀을 알지 못하니
이는 그들로 깨닫지 못하게 숨긴바 되었음이라
또 그들은 이 말씀을 묻기도 두려워하더라"(눅 9:44-45).

'이 말을 너희 귀에 담아두라'는 숙어적 표현은 '지금부터 듣게 될 말을 주의 깊게 듣고 잘 기억해두라'는 의미이다. 구약 성경 출 17:14에서 단 한번 발견되는 이 표현을 과연 예수님이 어떤 의미로 사용하셨는지 살펴보는 것은 흥미 있는 일이다. 여호수아가 아말렉과의 전투에서 이겼을 때 하나님은 모세에게 이렇게 말씀하셨다.

"여호수아의 귀에 외워 들리라 내가 아말렉을 없이하여 천하에서 기억도 못하게 하리라."

여기서 '여호수아의 귀에 외워 들리라'는 히브리어 원문에 '여호수아의 귀에 담아두라'로 되어있어 예수님이 제자들에게 사용하신 "너희

귀에 담아두라"는 표현과 정확히 일치한다.

그런데 여호수아에게 주신 하나님의 말씀을 살펴보면, 아말렉과 이스라엘과의 전쟁이 대대로 계속되고, 하나님이 아말렉과 더불어 싸워 이스라엘이 완전한 승리를 얻게 될 것이 약속되어 있다(출 17:14, 16). 그러니까 "여호수아의 귀에 담아두라"는 말씀은 아말렉과의 전쟁이 한 번의 전투로 끝난 것이 아니므로 방심하지 말라는 경고와, 여호와께서 대대로 싸우실 것이므로 두려워하지 말라는 격려를 여호수아가 마음에 담아두어야 한다는 뜻으로 주어진 것이다.

그러면 예수님은 무슨 뜻으로 "너희 귀에 담아두라"는 말씀을 하셨을까?

사람들이 예수 그리스도의 초자연적인 이적 행사에 놀라 도취되어 있을 때(눅 9:43), 자신의 죽음과 부활을 예고하면서 이 말씀을 하셨다(마 17:22-23,막 9:30-32). 다시 말해서 초자연적인 능력을 보고 도취된 제자들이 장차 자신의 죽음에 절망하지 말 것을 경고하고, 부활의 약속을 기억하고 격려 받도록 하기 위해 이런 표현을 사용했던 것이다. 그러니까 예수님의 말씀을 풀어보면 "지금부터 너희들이 듣게 될 말을 귀담아 듣고 잘 기억해두어라. 내가 사람들에게 처형당하고 삼일만에 부활하게 될 것이다"가 된다. 이것은 무서운 아말렉 족속과의 전쟁에서 승리하고 백성들과 함께 기쁨에 도취되어 있던 여호수아에게 경고와 격려의 의미로 그 같은 표현이 주어졌던 것과 그림이 흡사하다.

그런데 예수님이 굳이 "너희 귀에 담아두라"는 숙어를 사용했던 것은 제자들 가운데 아무도 그 말씀을 깨닫지 못했고, 묻기조차 두려워했다는 공관복음 저자들의 기록에서 그 이유를 찾을 수 있다. 한 가지 흥미로운 것은 마태나 마가는 예수님의 이 표현을 생략하고 "예수께서 이르시되" 혹은 "가르치시며 말씀하셨다"라고 묘사하고 있다는 점이다. 이것은 예수님의 죽음과 부활 예고에 관한 누가의 기록이 마태와 마가의 것보다 훨씬 더 히브리적이라는 사실을 말해준다.

한걸음 더 나아가 누가의 기록이 마태와 마가의 것보다 더 히브리적이라는 사실은, 누가복음이 마태와 마가복음보다 더 유대 그리스도인들의 전승에 가깝고 시간적으로도 먼저 기록되었을 가능성을 높여준다. 소위 말하는 대로 마가복음이 원전이라면, 히브리 숙어적 표현이 없는 마가복음에 영향을 받은 이방인 누가가 이방인 독자들을 위해 굳이 그런 표현을 쓸 이유가 없다. 그리고 마태의 기록에서 그 표현이 생략된 이유도 설명될 수 없기 때문이다.

히브리 숙어 ③

20. 굳게 결심하시고

"예수께서 승천하실 기약이 차가매 예루살렘을 향하여
올라가기로 굳게 결심하시고"(눅 9:51).

한글 성경에 역동적 의미로 번역된 '굳게 결심 하시고'의 헬라어 본문은 '그의 얼굴을 굳게 하시고(set His face)'이다. 그러면 어떻게 해서 '얼굴을 굳게 하다'가 '굳게 결심하다'로 되었을까? 그것은 일반적인 의미에서 '두다(put)'로 번역할 수 있는 헬라어 단어(ἐστήρισεν)를 문맥에 맞추어 '굳게 하다'(fix)로 의역했기 때문이다. 그러나 '얼굴을 굳게 하다'이든 '얼굴을 두다'이든 헬라어 관용어법과는 거리가 멀다. 그런데 이 말을 히브리어로 번역해 놓으면 흔히 쓰는 숙어적 표현이 된다. 즉, '방향을 돌리시고' 혹은 '방향을 잡으시고'가 되는 것이다. 그러니까 예수님의 생애와 사역에 대해서 목격자의 증언을 수집했던 누가의 원 자료 속에 들어있던 히브리어 관용적 표현이, 헬라어 직역과정을 통해 다소 어색한 표현으로 바뀌었다가, 히브리 언어관습에 익숙하지 못했던 재 번역자들에 의해 본래의 의미와 다르게 해석되었으리라는 사실을 짐작해볼 수 있다.

어느 나라 언어에서든 특정한 신체부위와 관계된 단어를 독특한 의미로 사용하는 사례가 있는데, 히브리어도 예외는 아니다. 성경을 읽어보면 히브리어의 경우 얼굴은 곧 인격을 의미했다. 예를 들어 하갈이 사라의 얼굴을 피해서 도망갔다거나(창 16:6, 8), 야곱이 에서의 얼굴을 피해 달아났다는 것은(창 35:1, 7) 곧 사라와 에서를 피해 떠나갔다는 의미이다. 때때로 하나님이 분노하여 얼굴을 숨기시거나(신 31:17, 18 렘 33:5), 친절하게 얼굴을 비추시는데(민 6:25), 모두 그의 임재를 상징하기 위해 얼굴이라는 단어를 사용하고 있다. 심지어 모세는 하나님의 얼굴(פָּנֶיךָ)이 이스라엘과 함께 가시기를 바라고 있으며(출 33:15), 성소의 상위에 항상 진열하여 하나님께 드리는 떡을 '얼굴에게 드리는 얼굴의 떡(לֶחֶם פָּנִים לְפָנַים)'으로 표현하고 있으며(출 25: 30), 그 떡을 진열해 놓은 상도 '얼굴의 상(שֻׁלְחַן הַפָּנִים)'으로 부르고 있다(민 4:7). 그러니까 (그의) 얼굴은 곧 하나님 자신을 가리키는 단어인 것이다.

예수님이 '예루살렘을 향해 가기로 얼굴을 두셨다'는 것을 단순히 '예루살렘을 향해 가기로 방향을 돌리셨다'고 번역해도 무난하겠지만, (그의) 얼굴이 (하나님의) 인격을 상징한다는 의미에서 승천하실 날이 차신 하나님의 아들이 구원을 완성하기 위해 '예루살렘에 임하시기로 방향을 잡으시고'로 번역해도 좋을 듯하다.

덧붙여서 마태가 겟세마네 동산에서 기도하시는 예수님의 모습을 '얼굴을 땅에 대시고 엎드려 기도했다'(마 26:39)고 묘사한 사실을 생각해볼 만하다. 왜냐하면 엎드려 얼굴을 땅에 대고 드리는 기도는 전 인격을 쏟아 부어 드리는 겸손의 기도이기 때문이다. 이처럼 얼굴을 땅에 대고 드린 마지막 기도를 통해 예수님은 겸손히 자신의 인격을 땅에 내려놓았으며, 철저히 자신의 생명을 하나님께 드렸던 것이다.

그리고 변화산 위에서 그 얼굴이 해 같이 빛났다는 표현도 의미심장하다(마 17:2). 왜냐하면 그의 얼굴에서 빛이 비친다는 표현은 오직 하나님께만 붙일 수 있기 때문이다. 그것은 하나님을 만나고 돌아온 모세의 얼굴에 반사광이 비쳤던 것과 달리 그리스도의 신성을 보여주는 것이다.

히브리 숙어 ④

21. 불로써 소금 치듯 함을 받으리라

"만일 네 눈이 너를 범죄하게 하거든 빼버리라
한 눈으로 하나님의 나라에 들어가는 것이
두 눈을 가지고 지옥에 던져지는 것보다 나으니라
거기에서는 구더기도 죽지 않고 불도 꺼지지 아니하느니라
사람마다 불로써 소금 치듯 함을 받으리라"(막 9:47-49).

지옥의 형벌을 묘사하는 '불로써 소금 치듯 함을 받다'에 대해 많은 해석들이 있다.

그 중에 가장 대표적인 것은 정화(purification)의 개념으로 해석하는 것이다. 마치 제사장들이 새를 번제로 드릴 때 날개를 찢고 내장을 꺼낸 다음 소금을 뿌려 불에 얹는 것과 같다는 것이다. 지옥(게헨나 γέεννα)이라는 단어가 예루살렘 남쪽 힌놈의 아들의 골짜기를 가리키는 말에서 나왔고, 거기에서 쓰레기 태우는 연기가 늘 올라갔다는 사실에서 개연성 있는 해석으로 보이기도 한다. 따라서 영어 성경 NLT(New Living Translation)에서는 "For everyone will be purified with fire"라고 의역하고 있다. 물론 다른 영어 역본은 모두 "For everyone shall be salted with fire"로 직역하고 있다.

그런데 소금과 불을 정화 개념으로 해석하는 것은 단순히 헬라어 문법에 의존한 것일 뿐, 예수 그리스도가 활동하던 제 2 성전 시대 유대인들의 숙어 개념을 고려한 것은 아니다.

'사람마다 불로써 소금 치듯 함을 받다'의 헬라어 구절 'Πᾶς γὰρ πυρὶ ἁλισθήσεται(파스 가르 퓌리 할리스테세타이'를 히브리어로 바꿔놓으면 'כל איש באש ימלח(콜 이쉬 베에쉬 야멜라크)'가 된다.[31] 다시 말해서 헬라어 사본은 원래 히브리어 숙어를 직역해놓은 것이다. 그리고 히브리어에서 소금이라는 단어가 정화 혹은 보존의 의미로도 사용되었지만, 어떤 상황에서는 폐허와 파괴의 상징으로 사용되기도 한다. 예를 들어 아비멜렉이 세겜 성을 파괴하고 소금을 뿌린 것은 재건이 불능하도록 파괴한 것을 나타낸다(삿 9:45). 그리고 이사야가 '하나님의 공의가 폐하여지지 아니할 것'이라고 말하면서 사용한 '폐하다'의 어근은 'מלח 소금'이다(사 51:6). 그리고 모세가 이스라엘 백성들에게 준 언약의 저주 조항을 보면 "그 온 땅이 유황이 되며 소금이 되며…소돔과 고모라와 아드마와 스보임의 무너짐과 같음을 보고 물을 것이요"(신 29:23)라는 구절이 들어 있다. 여기서 '폐허가 되다'라는 의미로 '소금이 되며'라는 숙어적 표현을 사용한 것을 알 수 있다.

그러니까 '사람마다 불로써 소금 치듯 함을 받으리라'를 의역하면

---

31) Robert Lindsey, *A Hebrew Translation of the Gospel of Mark.*, 2nd ed. 1973, p. 125.

'사람마다 불로써 완전히 파괴되리라'가 된다. 예수 그리스도는 이처럼 지옥의 형벌이 회복 불능의 파괴 형태로 주어질 것을 예고했다. 죄의 대가로 생이 완전히 파괴되기 전에, 어떤 희생을 치르더라도 죄를 예방해야 한다는 경고의 메시지인 것이다.

"그가 음부에서 고통 중에 눈을 들어 멀리 아브라함과 그의 품에 있는 나사로를 보고 불러 이르되 아버지 아브라함이여 나를 긍휼히 여기사 나사로를 보내어 그 손가락 끝에 물을 찍어 내 혀를 서늘하게 하소서 내가 이 불꽃 가운데서 괴로워하나이다. 아브라함이 가로되 얘 너는 살았을 때에 네 좋은 것을 받았고 나사로는 고난을 받았으니 이것을 기억하라 이제 저는 여기서 위로를 받고 너는 고민을 받느니라 이뿐 아니라 너희와 우리 사이에 큰 구렁이 끼어 있어 여기서 너희에게 건너가고자 하되 할 수 없고 거기서 우리에게 건너올 수도 없게 하였느니라"(눅 16:23-26).

히브리 숙어 ⑤

22. 사흘 째 되던 날

"사흘 째 되던 날 갈릴리 가나에 혼례가 있어
예수의 어머니도 거기 계시고 예수와 그 제자들도
혼례에 청함을 받았더니"(요 2:1-2).

유대인들은 안식일(욤 샤바트 יום שבת)을 기점으로 일요일은 첫째 날(욤 리숀 יום ראשון), 월요일은 둘째 날(욤 세니 יום שני)과 같은 방식으로 요일을 계산한다. 그러니까 셋째 날(욤 슐리시 יום שלישי)은 화요일이 되는 것이다. 이처럼 유대인의 날짜 계산 관습으로 볼 때 예수 그리스도와 제자들이 혼례에 청함을 받았던 날-사흘 째 되던 날은 화요일이었다고 볼 수 있다. 그와 같은 추측을 뒷받침해주는 것은 유대인들이 화요일에 결혼하는 것을 선호한다는 점이다. 유대인들이 화요일을 길일로 보는 이유는 천지 창조이야기에서 '하나님이 보시기에 좋았더라'는 표현이 셋째 날에 두 번이나 나오기 때문이다(창

1:10, 12).

그런데 일주일 동안 계속되어야 할 결혼 잔치에 포도주가 동이 났다. 아마도 신랑 집에서 생각했던 것보다 더 많은 하객들이 참석했기 때문일 것이다. 예수는 유대인의 정결 예식(ritual purification)에 사용하기 위해 놓아둔 돌 항아리에 물을 가득 채우게 한 다음 포도주로 변하게 만들어 문제를 해결해주었다. 그것은 예수 그리스도가 제자들 앞에서 행한 첫 번째 기적이었다. 하객들은 물로 만들어진 기적의 포도주가 포도로 만든 처음 것보다 더 양질의 것이라고 평가했다. 요한은 예수의 그 기적 행사를 '그의 영광을 나타내심'으로 해석할 만큼 깊은 인상을 받았다(요 2:11).

왜냐하면 그 기적은 예수 그리스도의 사역이 낡은 유대교보다 더 우월하다는 것을 보여주는 것이었기 때문이다. 더구나 정결 예식에 사용하는 물 항아리가 기적의 포도주를 담는 항아리로 바뀐 것은 형식상의 정결이 예수 그리스도를 통해 내면의 기쁨으로 대치되는 것을 보여주는 상징적 사건이었다. 그런데 그 항아리들은 각각 약 75-113리터 정도의 물을 채울 수 있는 크기였다. 그러니까 예수 그리스도가 결혼 잔치에서 만든 포도주는 대략 600리터 정도였다고 볼 수 있다. 그 정도면 평민의 결혼 잔치에 사용하기에 충분한 양의 포도주였을 것이다.

예수 그리스도가 첫 번째 기적을 결혼 잔치에서 행한 일은 에덴동산에서 아담과 하와가 야훼 하나님의 축복 속에 결혼했던 것을 연상

시킨다. 마치 야훼 하나님이 신랑 아담의 배필을 초자연적 방법으로 예비하신 것처럼 예수 그리스도도 곤경에 빠진 신랑을 위해 초자연적인 방법으로 포도주를 마련해 주었던 것이다(천지 창조 때는 아담의 갈비뼈가 변하여 하와가 되었지만, 가나 결혼 잔치에서는 물이 변하여 포도주가 되었다).

이것은 요한복음 첫 장에서부터 예수 그리스도가 만물을 지으신 하나님으로 묘사되는 것과 무관하지 않다. 다시 말해서 요한은 만물이 예수 그리스도로 말미암아 지은 바 되었을 뿐 아니라, 육신을 입고 오신 그에 의해 창조의 원형으로 다시 새롭게 된다는 사실을 암시하고 있는 것이다. 특히 가나 혼인 잔치의 이적은 예수 그리스도의 메시아 되심을 설명하면서 물을 등장시키는 요한복음 저자의 독특한 증거 방식을 따라 기록된 것이다.

히브리 숙어 ⑥

23. 찬송하리로다 주의 이름으로 오시는 이여

"앞에서 가고 뒤에서 따르는 무리가 소리 높여 이르되
호산나 다윗의 자손이여 찬송하리로다
주의 이름으로 오시는 이여 가장 높은 곳에서
호산나 하더라"(마 21:9).

나귀 새끼

예수 그리스도는 생애 마지막 주간을 예루살렘 입성으로 시작했다. 감람산 벳바게에서 나귀 새끼를 탄 예수는 예루살렘으로 올라오는 길에 각지에서 온 유월절 순례 객들로부터 극진한 환영을 받았다. 위의 구절은 환영 인파들의 환영 인사이다. 여기에서 '호산나'는 '구원하소서'라는 뜻으로서 시 118:25에서 나오는 표현이다. 그런데 신구약을 통해 구원자는 곧 왕을 가리키므로, '호산나 다윗의 자손이여'라는 말은 예수 그리스도를 다윗의 후손으로 오신 왕-메시아로 칭송하는 말이 된다. 그리고 '찬송하리로다 주의 이름으로 오시는 이여'는 '주의 이름으로 (오심을) 환영합니다'라는 의미이다. 왜냐하면 이것이 히브리어 관용적 표현 '바루크 하바아 베셈 아도나이(ברוך בשׁם יהוה)'를 직역한 것이기 때문이다. '바루크 하바아'는 단순히 '환영합니다(welcome on arrival)'라는 숙어로서 '바루크(찬양하다, 축복하다)'와 '하바아(도착, 오심)'를 따로 떼서 번역하면 안 된다. 그러니까 군중들의 환영 인사를 의역하면 '구원하소서 다윗의 자손 왕이시여, 주의 이름으로 환영합니다. 지극히 높은 곳에서 구원하소서'가 되는 것이다.

예수 그리스도의 예루살렘 입성과 관계해서 한 가지 더 살펴볼 것은 나귀 새끼를 탄 행위의 의미이다. 마태는 이것을 예수 그리스도가 스가랴 선지자의 예언을 성취하는 것으로 보았다(마 21:5).

"시온의 딸아 크게 기뻐할지어다 예루살렘의 딸아 즐거이 부를지어다 보라 네 왕이 네게 임하시나니 그는 공의로우시며 구원을 베푸시며 겸손하여서 나귀를 타시나니 나귀의 작은 것 곧 나귀 새끼니라"(슥 9:9).

그런데 모든 번역본 성경에 '겸손하여서'라고 되어 있는 히브리어 단어 '아니(עני)'는 '가난하다'가 일차적 의미이다. 물론 가난한 자가 스스로 자기를 낮출 수밖에 없기 때문에 '겸손하여서'라고 번역할 수도 있다. 그러나 적어도 오늘날 가난과 질병 혹은 압제 당하는 것과 상관없이 정신적 수양의 최고 상태를 일컫는 의미에서의 겸손은 아니라는 점을 알 필요가 있다. 예수 그리스도가 '나는 마음이 온유하고 겸손하니'(마 11:29)라고 말했을 때도 같은 의미로 말한 것이다. 그는 잠잘 곳도 정해져 있지 않았으며(마 8:20), 먹을 것도 충분히 가지고 있지 않았다(마 14:17).

그러니까 예수 그리스도가 크고 멋있는 말을 탈 수 있지만 겸손히 나귀 새끼를 탄 것이 아니라, 가난해서 나귀 새끼를 빌려서 탈 수밖에 없었다는 뜻이다. 마태가 스가랴의 예언을 인용한 것도 그런 역설적 의미의 메시아를 드러내기 위해서였던 것으로 보인다. 즉, 스가랴가 예언한 메시야는 예루살렘 주민들이 크게 기뻐 환영해야 할 구원과 공의의 왕이지만 가난해서 나귀 새끼를 타고 입성할 분이라는 것이다. 그 예언처럼 그리스도는 예루살렘으로 올라가는 길에 늘어선 환영 인파들로부터 구원자-왕의 도착으로 환영받았으나, 가난해서 나귀 새끼를 타고 입성할 수밖에 없었다.[32)]

32) Lois Tverberg with Bruce Okkema, *Listening to the Language of the Bible*, p. 114.

히브리 숙어 ⑦

24. 나도 그들 중에 있느니라

"두세 사람이 내 이름으로 모인 곳에는
나도 그들 중에 있느니라"(마 18:20).

마태복음의 모티프 가운데 하나는 '하나님의 함께 하심'이다. 예수 그리스도의 탄생 때 받은 이름- '임마누엘'(1:23)이나 제자들이 받은 지상사명의 약속–'세상 끝 날까지 너희와 항상 함께 있으리라'가 그것을 말해준다. 위의 구절도 마찬가지이다. 그런데 비평학자들은 이 말씀이 그리스도의 신성을 드러내고 있다는 점에서 역사적 예수가 직접 한 말씀이 아니라, 그의 부활을 선포하는 제자들에 의해 만들어진 교리일 것이라고 생각한다. 과연 위의 구절은 제자들에 의해 선포된 이른바 그리스도의 천상 계시일까?

위의 구절과 관련된 구약 성경은 "내가 내 이름을 기념하게 하는 모든 곳에서 네게 임하여 복을 주리라"(출 20:24하)이다. 여기에서 중요한 것은 하나님의 임재와 그의 이름을 기념하는 장소이다. 그것들은 정확히 예수 그리스도의 선언과 내용상 일치하고 있다. 그런데 '내 이름으로(에이스 토 에몬 오노마 εἰς τὸ ἐμὸν ὄνομα)'는 '~ 때문에(for the sake of)' 혹은 '~을 위하여(for the purpose of)'라는 히브리어 관용적 표현 '레쉬미(לשמי)'로 해석되어야 한다.[33] 그런 관점에서 볼 때 두세 사람이 그리스도의 이름으로 모이는 장소는 그리스도를 경배하고 그의 가르침을 실천하기 위해 모이는 곳(교회)을 가리키는 것이다.

유대인들은 전통적으로 남자 열 명이 모여야 예배드리는 회당이 될 수 있는 것으로 보았다. 그러나 세월이 점점 흐르면서 그들은 출 20:24 말씀을 따라, 한 명이 있어도 하나님의 임재가 있는 것으로 생각하게 되었다(아보트 3:6).[34] 주전 1세기 저명한 랍비 힐렐(Hillel)은 출 20:24 말씀을 인용하면서 하나님의 임재가 있는 장소에 관해 이렇게 말했다.

"내 발걸음이 인도하는 아름다운 장소로, 네가 나의 집으로 들어오면 나도 네 집에 들어갈 것이다. 네가 만일 내 집으로 들어오지 않으면 나도 네 집에 들어가지 않을 것이다"(토세프타 수카).[35]

힐렐의 이 진술은 마 18:20에 나오는 예수 그리스도의 선언과 맥을 같이한다. 예수 그리스도의 가르침은 그보다 1세기 앞서 활동했던 힐렐의 가르침과 많은 부분이 닮아 있다. 예를 들면 "대접을 받고자 하

---

33) David Flusser, *Judaism and Origins of Christianity*, pp. 516-517.
34) 선조들의 어록, 조철수 역, *성서와 함께.* p. 112.
35) David Flusser, *ibid*, p. 519.

는 대로 남을 대접하라 이것이 율법이요 선지자니라"(마 7:12)는 그리스도의 가르침은 "너에게 싫은 일을 남에게 하지 말라 이것이 율법의 핵심이다"라는 힐렐의 가르침과 닮았다. 그리고 "나와 함께 모으지 않는 자는 헤치는 자니라"(마 12:30)는 그리스도의 말씀은 "사람들이 흩어버릴 때에 모으라"는 힐렐의 충고를 활용한 것으로 보인다.[36] 힐렐과 예수 그리스도에 관한 비교연구는 J.H. Charlesworth와 Loren L. Johns가 함께 편집한 <*Hillel and Jesus*>를 참고하면 좋을 것이다.

예수 그리스도는 그를 기념하기 위해 모인 장소에 함께 있을 것이라고 약속했다. 중요한 것은 이 말씀이 마태복음에 최초로 등장하지 않고 출 20:24에 나와 있으며, 힐렐을 포함한 많은 랍비들이 하나님의 임재가 있는 모임과 장소에 대해 이미 언급하고 있었다는 사실이다.

---

36) *Ibid.*, p. 523.

히브리 숙어 ⑧

25. 이 어떠한 말씀인고

"다 놀라 서로 말하여 이르되 이 어떠한 말씀인고 권위와 능력으로 더러운 귀신을 명하매 나가는도다 하더라"(눅 4:36).

예수 그리스도가 가버나움 회당에서 안식일에 귀신들린 사람을 고쳐주었을 때 사람들은 깜짝 놀랐다. 왜냐하면 그와 같은 방식으로 귀신을 쫓는 퇴마사를 본 적이 없었기 때문이다. 예수 그리스도 당시에 많은 퇴마사들이 있었다(마 12:27). 요세푸스에 의하면 갈릴리의 엘르아살은 베스파시안 황제와 여러 귀족들, 군인 들이 보는 앞에서 악령들린 사람을 치료했다. 먼저 그는 솔로몬이 처방한 식물의 뿌리를 담은 봉지를 환자 코에 들이대어 그 사람으로 하여금 냄새를 맡게 한 다음 귀신을 콧구멍으로 끌어내었다. 악령이 나오면서 환자가 쓰러지면 솔로몬의 주문을 암송하면서 악령으로 하여금 다시 그에게 들어가지 못하도록 맹세하게 했다. 그리고 악령에게 물이 가득 담긴 대야를 뒤집어 보라고 명령하므로 환자에게서 완전히 떠났음을 증명해 보였다고 한다(전쟁기, 8:46-48). 또 다른 기록에는 퇴마사들이 향을 피워 귀신을 쫓아내었다고 한다(토빗 3:8). 이처럼 일반 퇴마사들이 약품, 주문, 기도문 등을 사용한 것과 대조적으로 그리스도가 단순히 명령을 통해 귀신을 쫓아내었기 때문에 일반인들이 놀랐던 것이다.

그런데 헬라어로 '이 어떠한 말씀(로고스)인고'라고 번역된 구절은 '이게 무슨 일(드바르)인가?'로 번역하는 것이 옳다.[37] 왜냐하면 이 말을 히브리어로 바꾸어 놓으면 놀라운 일을 경험했을 때 표현하는 전형적 숙어 '마 하다바르 하제(מַה הַדָּבָר הַזֶּה)'가 되기 때문이다.[38]

다시 말해서 군중들이 놀랐던 것은 귀신을 쫓는 그리스도의 말씀(도구)이 아니라 그의 방식(태도)이었던 것이다. 그런데 예수 그리스도의 귀신을 쫓는 방식에 놀랐던 사람은 비단 군중들만이 아니었던 것 같다. 누가복음의 저자는 예수 그리스도가 베드로의 장모를 붙들고 있는 열병도 명령으로 낫게 했다고 기록하고 있다(눅 4:38-39). 이것은 예수 그리스도가 그녀의 손을 잡아 낫게 했다는 마태(마 8:14-15)와 마가(막 1:30-31)의 묘사와 사뭇 대조적인 것이다. 예수 그리스도의 가르침과 행적을 가장 히브리어 구문에 가깝게 기록한 누가복음의 저자가

---

37) Robert L. Lindsey, *Jesus, Rabbi and Lord*, Cornerstone Pub. p. 34 참조

38) 히브리어 성경, *United Bible Societies translation*, 1991, p. 77. 그리고 같은 성경 막 1:27에서 이 부분을 '마 제(이것이 무슨 일인가?)'라고 기록한 점을 참고할 필요가 있다. 히브리어에서 '드바르'는 '신명기(하드바림)'처럼 말씀을 가리키기도 하지만 사물이나 사건을 가리키기도 한다.

그리스도의 축사(exorcism) 방식에 놀라움을 표하고 있는 이유는 아마도 그가 의사 출신이었기 때문일 것이다.

중요한 것은 그리스도가 새로운 도구(주문)로써가 아니라 자신의 권위를 사용하여 귀신을 물리쳤다는 것이다. 그것은 그의 권위가 그의 초자연적 신분으로부터 나온 것임을 보여주는 것이었다. 군중들이 놀랐던 진짜 이유가 거기에 있었다. 귀신들이 그의 명령(권위)에 복종하여 떠나가는 것도 놀라웠지만, 귀신들을 떠나가게 만드는 그의 권위가 더욱 놀라웠던 것이다. 지금까지 예수는 나사렛에서 추방된 랍비 혹은 퇴마사에 불과한 자로 간주해 왔다(눅 4:28-30). 그런데 그들 눈앞에서 벌어진 사건은 그리스도에 대해 달리 생각해야 할 것을 강요하고 있었다. 그들이 서로에게 "이것이 무엇인가?"라고 물었던 것도 무리가 아니었다.

히브리 숙어 ⑨

26. 은혜로운 말을 놀랍게 여겨

"그들이 다 그를 증언하고 그 입으로 나오는 바
은혜로운 말을 놀랍게 여겨 이르되
이 사람이 요셉의 아들이 아니냐"(눅 4:22).

예수 그리스도가 안식일에 고향 회당에서 이사야의 예언을 가지고 자신이 메시아임을 선언하자 사람들이 분노했다. 그들은 예수를 낭떠러지에서 밀쳐 떨어뜨리려고 했다(눅 4:29). 아마도 그들은 먼저 떨어뜨린 다음 돌로 치려고 했을 것이다. 그것은 거짓 선지자를 동네 사람들이 책임지고 죽여야 하는 모세의 법을 따른 것이었다(신 13:1-18). 그들의 행동을 보면 비록 그리스도가 신성 모독하는 발언을 하지 않았을지라도 어린 시절부터 그를 지켜 보아온 동네 사람들로서 감당하기 힘든 주장이었음에 틀림없다. 그런데 그들의 행동은 얼핏 앞뒤가 맞지 않아 보인다. 왜냐하면 그들이 그리스도의 은혜로운 말에 놀랐다고 했기 때문이다. 그렇다면 은혜로운 말에 놀랐다는 것은 무슨 뜻인가? 그리고 그들이 다 그를 증언했다(spoke well)는 뜻은 무엇인가?

David Flusser 와 함께 복음서의 유대적 배경을 연구했던 Robert L. Lindsey는 그의 명저 *Jesus Rabbi & Lord*, 44-47쪽에서 다음과 같이 설명하고 있다. '은혜로운 말'에 해당하는 히브리어는 '디브레이 헤세드(דברי חסד)'이다. 그런데 히브리어에서 '헤세드(은혜)'는 종종 '사악한 것' 혹은 '치욕'을 가리킨다. 레위기 20:17에 형제간 근친상간은 '부끄러운 일(헤세두)'라고 했고, 잠언 14:34에는 죄가 백성을 '욕되게 한다(헤세드)'고 했다. 따라서 '은혜로운 말'이라는 헬라어 본문은 '사악한 말' 혹은 '배교적인 말'이라는 뜻으로 사용된 히브리어 숙어의 직역에 해당된다.[39] 그러니까 '증언하다(testifying in favor)'는 '쳐서 증언하다(testifying against)'라는 히브리어 '헤이두(העדו)'(왕상 21:10)에 대한 직역인 것이다. 따라서 위의 본문을 재번역하면 다음과 같이 된다는 것이다.

"그들이 다 그에 대하여 험담하고 그의 입으로 나오는 배교적인 말을 놀랍게 여겨 이르되 이 사람이 요셉의 아들이 아니냐."

나사렛 사람들이 그리스도를 거짓 선지자로 처형하려 했던 일은 그 후에도 사람들이 종종 표적을 보여 달라고 했던 것과 맥락을 같이 한다(마 12:38, 눅 11:16). 신명기 13장에 의하면 처형 되어야 할 거짓 선

39) 히브리어에서 '바라크(ברך)'는 축복하다는 뜻과 함께 저주하다는 의미로도 자주 사용된다(욥 1:5,11, 왕상 21:10).

지자들도 이적과 기사를 행한다고 되어 있기 때문이다. 그러니까 그리스도를 반대하는 자들은 이미 그를 정죄해놓고 필요한 증거를 찾고 있었던 것이다. 따라서 그리스도가 그들에게 표적을 보여주지 않은 것은 당연했다.

"그 때에 서기관과 바리새인 중 몇 사람이 말하되 선생님이여 우리에게 표적 보여 주시기를 원하나이다. 예수께서 대답하여 이르시되 악하고 음란한 세대가 표적을 구하나 선지자 요나의 표적 밖에는 보일 표적이 없느니라. 요나가 밤낮 사흘 동안 큰 물고기 뱃속에 있었던 것 같이 인자도 밤낮 사흘 동안 땅 속에 있으리라"(마 12:38-40).

히브리 숙어 ⑩

27. 내가 진실로 너희에게 이르노니

"예수께서 들으시고 놀랍게 여겨 따르는 자들에게 이르시되
내가 진실로 너희에게 이르노니
이스라엘 중 아무에게서도 이만한 믿음을
보지 못하였노라"(마 8:10).

'내가 진실로 너희에게 이르노니'에서 '진실로'에 해당하는 헬라어 '아멘(ἀμήν)'은 히브리어 '아멘(אמן)'의 음역(transliteration)이다. 강한 긍정과 동의를 표현하는 이 단어는 '믿음(에무나 אמונה)' 혹은 '진실(에메트 אמת)'이라는 단어와 연관되어 있다. 대개 이 단어는 상대방이 한 말이나 자신의 진술을 확정할 때, 어떤 사건을 확인할 때 사용된다. 예컨대 신명기 27장에는 이스라엘이 가나안에 들어간 다음 에발산에서 율법의 12저주문을 낭독하고, 모든 백성들로 매 번 '아멘'할 것을 명령하고 있다(신 27:11-26). 느헤미야서에는 에스라가 하나님을 송축할 때 모든 백성들이 '아멘' '아멘'하며 응답하고 함께 경배했다고

기록하고 있다(느 8:6).

복음서에는 '아멘'이 99번 기록되어 있으며, 대부분 '내가 너희에게 이르노니'라는 구절 앞에 나온다. 흥미로운 것은 영어권을 비롯한 대부분의 번역본에서 '아멘'을 부사로 취급해버렸다는 것이다. 따라서 '아멘'은 '진실로(truly)'로 시작하는 부사구 문장의 일부가 되어 있다. 만약에 그리스도가 그런 뜻으로 '아멘'을 사용했다면 당시 유대사회에서 아무도 쓰지 않는 표현을 제창한 셈이 된다. 과연 그리스도가 '아멘'을 그렇게 사용했을까 아니면 번역을 새롭게 검토할 필요가 있는 것일까?

Robert Lindsey는 이 문제에 새로운 빛을 던져준다.[40] 그는 복음서에 나와 있는 모든 용례들을 면밀히 검토한 결과 '아멘'과 '내가 너희에게 이르노니'는 별개의 문장인 것을 밝혀내었다. 다시 말해서 그리스도는 앞서 진술한 내용 혹은 일어난 사건에 대해 일단 '아멘'으로 확인한 다음 재차 그것에 대해 설명했다는 것이다. 그러니까 위의 본문의 경우 그리스도는 가버나움 백부장이 사람을 보내 말씀으로만 고쳐달라고 했을 때 '아멘'이라고 화답한 다음, 다시 그의 신앙을 칭찬하기 위해 '내가 너희에게 이르노니'라는 문장을 시작했던 갈릴리 나사렛 회당에서 주민들의 반대에 부딪쳤을 때도 마찬가지이다. 그리스도는 일단 '선지자가 고향에서 환영을 받지 못한다'(눅 4:24)고 한 다음 '아멘(정말 그렇다)'하며 진술을 확정했다. 그리고 "내가 너희에게 이르노니"라는 말로 구약 시대의 선지자들이 오히려 이방인들에게 환영받

40) 'Verily' or 'Amen'-What did Jesus Say? *Christian News from Israel*, Vol. XXV, No. 3.

았던 예를 들기 시작했던 것이다. 열 두 사도를 파송할 때도 마찬가지였다. 그는 사도들을 영접하지 않거나 가르침을 받지 않는 집이나 마을에서 나가 발의 먼지를 떨어버리도록 명령했다. 그런 다음 '아멘'으로 앞의 진술을 확정하고, 곧 이어 '너희에게 이르노니'라고 하면서 심판 날에 그 동네가 소돔과 고모라보다 더 큰 화를 입게 될 것이라고 예고한다. 이와 같은 예는 요한 계시록에서도 확인되는데 요한은 '속히 오리라'는 그리스도의 약속에 '아멘, 주 예수여 오시옵소서'로 화답했다(계 22:20). 따라서 위의 마태복음 본문에서 '아멘'을 살려 다시 번역해보면 아래와 같이 될 것이다.

"예수께서 들으시고 놀랍게 여겨 '아멘'하시고, 따르는 자들에게 이르시되 내가 너희에게 이르노니 이스라엘 중 아무에게서도 이만한 믿음을 보지 못하였노라"(마 8:10).

그리스도의 생애 ⑪

28. 가족을 미워하라

"무릇 내게 오는 자가 자기 부모와 처자와 형제와 자매와
더욱이 자기 목숨까지 미워하지 아니하면
능히 내 제자가 되지 못하고"(눅 14:26)

그리스도의 제자가 되는 자격에 대해 말하고 있는 이 구절의 난해한 단어는 '미워하다(미세오, μισέω)' 이다. 이 단어를 보면 마치 제자들이 가족과 자신에 대한 의무를 저버리도록 명령하고 있는 것처럼 보인다. 그러나 마태복음에 나오는 병행구절을 읽어보면 보다 명확한 뜻이 드러난다.

"아버지나 어머니를 나보다 더 사랑하는 자는 내게 합당하지 아니하고 아들이나 딸을 나보다 더 사랑하는 자도 내게 합당하지 아니하며 또 자기 십자가를 나를 따르지 아니하는 자도 내게 합당하지 아니하니라"(마 10:37-38).

이처럼 누가복음의 '미워하다' 는 단어가 마태복음에서 '더 사랑하지 않다' 가 된 것은 히브리어의 숙어적 표현 때문이다. 히브리어 동사 '싸네(שׂנא)' 는 적극적으로 미워한다는 뜻 외에 '덜 사랑하다' 혹은 '두 번째에 두다' 는 뜻을 가지고 있다. 예를 들어 모세의 율법은 두 아내를 거느린 사람의 상속문제를 다루면서 '사랑받는 아내' 와 '미움받는 아내' 에 대해 반복적으로 말하고 있다. 이때 '미움받는 아내' 는 '덜 사랑받는 아내' 를 가리키는 것이다(신 21:15-17). 이 같은 히브리어 숙어적 표현은 두 주인의 비유와 야곱과 에서의 이야기에도 들어있다.

"집 하인이 두 주인을 섬길 수 없나니 혹 이를 미워하고 저를 사랑하거나 혹 이를 중히 여기고 저를 경히 여길 것임이니라 너희는 하나님과 재물을 겸하여 섬길 수 없느니라"(눅 16:13).

"기록된바 내가 야곱은 사랑하고 에서는 미워하였다 하심과 같으니라"(롬 9:13, 말 1:2, 3).

그리스도는 부모 공경의 중요성과 결혼의 순결에 관해 강조했다(막 7:10-13, 10:1-12). 뿐 아니라 독신주의나 금욕주의에 대해서도 극히 예외적인 것으로 간주했다(마 19:10-12). 따라서 그리스도의 제자가 되기 위해 가족을 버리도록 요구하지 않았던 것으로 보인다. 그러나 베드로가 그리스도를 따르기 위해 모든 것을 버렸다고 했을 때, "하나님 나라를 위하여 집이나 아내나 형제나 부모나 자녀를 버린 자는 현세에 여러 배를 받고 내세에 영생을 얻지 못할 자가 없느니라"(눅 18:29-30)고 칭찬했다. 그렇다면 베드로가 버린 것은 무엇이었으며, 하나님 나라를 위하여 버린다는 것은 무엇을 뜻하는 것일까? 여기에 대해 사도 바울이 고린도 교회에 보낸 편지 중 "우리가 다른 사도들과 주의 형제들과 게바(베드로)와 같이 믿음의 자매된 아내를 데리고 다닐 권리가 없겠느냐"(고전 9:5)는 말에 유의할 필요가 있다. 베드로와 다른 사도들은 아무도 아내를 내버리지 않았으며, 오히려 동역자로서 함께 여행을 다니기까지 했던 것이다. 그런 점에서 '버리다(아피에미, ἀφίημι)' 는 단어도 '미워하다' 라는 단어처럼 '덜 사랑하다' 혹은 '두 번째에 두다' 는 의미로 사용되었음을 알 수 있다.

그러면 그리스도가 제자들에게 진정으로 요구한 것은 무엇이었을까? 적어도 그것은 다른 랍비들이 제자들에게 요구한 것과 성격을 달리한다는 것을 알 수 있다. 그리스도는 제자들이 자신을 따르는 일을 삶의 최우선 가치로 삼기를 원했다. 다시 말해서 그리스도를 따르는 일보다 생애에서 더 중요한 일이 없기를 바랐던 것이다. 그것은 오직 하나님께만 돌려질 수 있는 일이었다. '내 앞에 다른 신을 두지 말라' 는 첫 번째 계명처럼, '마음과 뜻과 힘을 다해 하나님을 사랑하라' 는 신명기의 쉐마처럼 그리스도는 제자들이 그를 따르기 원했던 것이다. 그러므로 '가족을 미워하고, 목숨까지 미워하라' 는 그리스도의 요구에는 그의 신성에 관한 주장이 들어 있는 것을 알 수 있다.

거액의 재산을 종교기관에 헌납하고 가족을 등지는 것이 제자도의 참 뜻이 아니다. 오히려 삶의 현장에서 그리스도를 하나님으로 섬기고 따를 때 진정한 제자도가 실천되는 것이다.

그리스도의 생애 ⑫

29. 오른편과 왼편

"인자가 자기 영광으로 모든 천사와 함께 올 때에
자기 영광의 보좌에 앉으리니 모든 민족을 그 앞에 모으고
각각 구분하기를 목자가 양과 염소를 구분하는 것 같이 하여 양은
그 오른편에 염소는 그 왼편에 두리라"(마 25:31-33)

유대 문화에서 오른편과 왼편은 옳은 편과 그른 편 혹은 우월한 것과 열등한 것에 대한 은유로 사용된다. 이스라엘의 조상 야곱은 요셉의 두 아들을 축복할 때 차남 에브라임의 머리에 오른손을 얹음으로써 왼손을 얹은 장남 므낫세보다 우월하게 될 것을 예고했다(창 48:15-20). 왼손잡이 사사 에훗은 오른 손을 쓰지 못하는 사람으로 간주되어 모압 군인들이 특별히 경계하지 않았다. 그 틈을 타 에훗은 모압 왕을 죽이고 전쟁을 승리로 이끌 수 있었다(삿 3:15-25). 이스라엘 11지파를 대상으로 내전을 일으켰던 사사 시대 베냐민 지파의 물매꾼들은 모두 왼손잡이였다. 그것은 베냐민 지파가 윤리적으로뿐 아니라 신체적으로

도 열등한 집단이었다고 낮추는 표현이다(삿 19:12-16). 전도서 저자는 지혜자의 마음이 오른쪽에 있고 어리석은 사람의 마음은 왼쪽에 있다고 말했다(전 10:2). 이와 반면 오른편은 언제나 탁월하고 좋은 것을 의미한다. 예컨대 하나님은 오른손으로 일하시며(출 15:12, 행 2:33), 예수 그리스도는 하나님의 오른 편에 앉으셨다(막 16:19). 사람의 오른손도 악기를 연주하며(시 137:5), 무기를 잡으며(겔 39:3), 어려운 이웃에게 구제하는 손이다(마 6:5). 심지어 눈도 오른 쪽이 더 중요하게 취급되었다(삼상 11:2, 마 5:29).

오른쪽과 왼쪽을 의와 불의, 우월함과 열등함으로 받아들이는 관습은 동서고금에서 보편적이다. 문화인류학의 발달로 오른쪽 우월주의가 대부분의 민족에게 있음이 확인되었다. 예컨대 일본에서는 결혼 후 여자가 왼손잡이인 것이 드러나면 남자가 쫓아낼 수 있었다. 인도와 중동 지방에서 오른 손은 악수하고 식사하는 손이며, 왼손은 용변 후에 뒤를 닦는 손이다. 서아프리카 야산티족은 선물을 왼손으로 주면 받지 않으며, 로마의 예언가들은 새가 왼쪽에서 날아오면 불길한 징조로 보았고, 남아프리카의 카피르족은 왼손잡이 자식을 고치기 위해 뜨거운 사막에 구덩이를 파고 아이의 왼손을 파묻게 했다. 뉴질랜드의 마오리족은 왼손잡이에게 돈을 맡기는 것이 안전하지 못하며, 왼손잡이를 배우자로 맞아들이는 것은 신분이 낮은 사람과 결혼하는 것을 의미했다. 언어에 있어서도 오른손과 왼손이 의미하는 것은 다르다. 예를 들어 영어에서 '왼손잡이 결혼' 은 비공식적인 결혼을 의미하고, '왼손잡이 아들' 은 후레자식을 가리키며, '왼손잡이 서약' 은 지킬 의사가 없는 서약이고, '친구에게 왼손을 내밀다' 는 표현은 배신을 의미한다. 중국에서도 서자혈통을 가리킬 때 '좌족(왼편족속)이라고 표현한다.[41] 이처럼 오른쪽과 왼쪽의 차이가 차별의 개념으로 자리 잡게 된 이유는 분명히 밝혀지지 않았다. 흥미로운 것은 석기 시대부터 지금까지 인류의 오른손잡이와 왼손잡이의 비율은 평균 10:1을 유지하고 있다는 것이다.[42] 그러니까 오른손잡이 우월주의는 결국 다수의 원리에 의해 만들어진 것이다. 그리고 오른손잡이가 많은 이유는 오랜 세월 기능적으로 오른손을 더 많이 사용한 결과에 의한 유전으로 보인다. 그러나 왜 오른손을 더 잘 사용하게 되었는지 그 이유는 분명하지 않다.

히브리어에서 오른쪽은 '야민(ימין)' 인데 바다를 가리키는 '얌(ים)' 에서 파생한 단어이다. 흥미로운 것은 히브리어 형성에 영향을 준 아카드어, 우가릿어, 아랍어 모두 바다를 가리키는 '얌' 을 어원으로 하고 있다는 점이다. 그리고 왼쪽을 가리키는 단어인 '슈몰(שמאל)' 은 불운을 의미하는 '샴(שם)' 을 어원으로 하고 있다.[43] 근동에서 해가 뜨는 동쪽이 방위를 결정하는 기준이 되었던 점을 생각하면 오른쪽은 남쪽이 된다. 따라서 오른쪽은 메소포타미아와 아라비아의 남쪽에 바다가 있었던 데서 생성된 단어라고 볼 수 있다. 어쨌거나 유대 문화에서 오른쪽과 왼쪽을 우월함과 열등함의 은유로 사용했던 것은 관습일 뿐 그 자체로서 진리가 될 수 없다. 다시 말해서 왼손잡이가 열등하거

---

41) 최창모, 금기의 수수께끼, 한길사, pp. 248-255.
42) 스텐리 코렌(Stanley Coren)의 연구, 위의 책에서 인용. p. 257.
43) 최창모, 위의 책, p. 254.

나 왼쪽(북쪽)으로 가면 불운이 닥치게 되는 것이 아니다. 최후 심판의 경우도 마찬가지이다. 의인을 오른 편에, 악인을 왼편에 둔다는 표현은 유대인의 언어 관습을 따른 것일 뿐이다. 왼손잡이로서 탁월한 능력을 발휘하는 사람들도 많다. 대 문호 토마스 카알라일, 만유인력의 법칙을 발견한 아이작 뉴턴, 상대성원리를 발견한 아인슈타인, 레오나드로 다빈치, 빌 게이츠 모두 왼손잡이였다. 왼손잡이에 대한 편견과 차별을 성경적이라고 생각해서는 안 된다.

그리스도의 생애 ⑬

30. 보살핌 받는 날

"날이 이를지라 네 원수들이 토둔을 쌓고 너를 둘러 사면으로 가두고
또 너와 및 그 가운데 있는 네 자식들을 땅에 메어치며
돌 하나도 돌 위에 남기지 아니하리니
이는 네가 보살핌 받는 날을 알지 못함을
인함이니라 하시니라"(눅 19:43-44)

예수 그리스도는 생의 마지막 한 주간을 보내기 위해 예루살렘에 입성하면서 임박한 심판을 경고했다. 포위 공격 끝에 예루살렘이 함락되고 주민들이 끔찍하게 살육 당하게 되리라는 것이다. 그런데 그처럼 예루살렘이 비극적 최후를 맞게 되는 이유는 아무도 그 날을 모르기 때문이라고 했다. 여기서 문제가 되는 표현은 '보살핌 받는 날(καιρὸν τῆς ἐπισκοπῆς)'이다. 문자대로라면 '보살핌 받는 날'은 멸망의 날이 아니라 구원의 날이 되어야 한다. 그럼에도 불구하고 '보살핌 받는 날'이 최후의 날을 의미하는 것은 히브리어 숙어의 이중적 의미에서 비롯된 것이다. 먼저 생각할 것은 한글 성경 개역개정판에서

'보살피다' 로 번역된 헬라어 동사 '에피스코페(ἐπισκοπή)' 의 원 의미는 '방문하다' 이며, 이 단어에 해당하는 히브리어 동사는 '파카드(פקד)' 라는 사실이다. 그것은 시 8:4를 히브리서 저자가 인용하는 과정에서 '돌보시나이까(파카드)' 를 '돌보시나이까(에피스켑토마이)' 로 번역한 것을 보면 알 수 있다.

그런데 구약 성경에서 '파카드' 가 하나님이 인간을 방문하는 행위를 가리킬 때는 우선 '구원' 의 의미로 사용되었다. 예를 들어 하나님이 방문하시면 불임여성들이 잉태하게 되며(창 21:1, 삼상 2:21), 종살이하던 이스라엘 민족이 이집트에서 탈출하게 되며(출 3:16, 13:19), 흉년으로 굶주린 땅에 양식이 있게 된다(룻 1:6). 예언자들은 이처럼 '구원을 위한 여호와의 방문' 에 '날' 의 개념을 덧붙여 하나님께로부터 구원이 임하는 때를 '여호와의 날' 혹은 '그 날' 로 묘사했다. '그 날' 은 대개 이스라엘을 적들로부터 구원하기 위해 여호와가 찾아오시는 날을 의미했다. 그런데 이스라엘이 점점 야훼 하나님을 배신하고 불순종의 길을 걸어가면서 '여호와의 날' 혹은 '그 날' 은 '심판의 날' 의 의미로 사용되었다. 그러니까 야훼 하나님이 이스라엘을 찾아오시되 구원하기 위해서가 아니라 심판하기 위해서라는 것이다. 예를 들어 아모스는 "화 있을진저 여호와의 날을 사모하는 자여 너희가 어찌하여 여호와의 날을 사모하느냐 그 날은 어둠이요 빛이 아니라 마치 사람이 사자를 피하다가 곰을 만나거나 혹은 집에 들어가서 손을 벽에 대었다가 뱀에게 물림 같도다"(암 5:18-19)라고 예언했다. 요엘도 "슬프다 그 날이여 여호와의 날이 가까웠나니 곧 멸망같이 전능자에게로부터 이르리로다"(욜 1:15)며 '여호와의 날'을 심판의 날의 의미로 사용했다. 스가랴는 이 둘을 번갈아가며 사용했다. "내가 목자들에게 노를 발하며 내가 숫염소들을 벌하리라(파카드) 만군의 여호와가 그 무리 곧 유다 족속을 돌보아(파카드) 그들을 전쟁의 준마와 같게 하리니"(슥 10:3)

이처럼 구약 성경에서 심판과 구원의 이중적 의미로 사용된 '여호와의 찾아오심' 표현은 신약시대에도 변함없이 사용되었던 것이다. 예를 들어 예수 그리스도가 나인 성 과부의 죽은 아들을 살려낸 이야기를 기록할 때 누가는 백성들의 찬양을 소개하면서 "또 하나님께서 자기 백성을 돌보셨다(에피스켑토마이)"라고 기록하고 있다(눅 7:17). 그리고 세례자 요한의 아버지 사가랴의 찬양을 인용하면서 "찬송하리로다 주 이스라엘의 하나님이여 그 백성을 돌보사(에피스켑토마이) 속량하시며"(눅 1:68)라고 쓰고 있다. 따라서 히브리어 동사 '파카드'를 직역한 헬라어 '에피스코페'는 문맥에 따라 '보살피다' 혹은 '심판하다'로 의역되어야 한다. 따라서 예수 그리스도의 예루살렘 멸망에 관한 예언에서 예루살렘이 '보살핌 받는 날을 알지 못한다'로 의역한 것은 '심판 받는 날을 알지 못한다'로 고치는 것이 옳다.[44] 그렇게 번역하는 것이 옳은 또 하나의 이유는 예수 그리스도의 예언이 예레미야의 인용으로 보이기 때문이다.

"그것들은 헛것이요 망령되이 만든 것인즉 징벌할 때(방문할 때)에 멸망할 것이나"(렘 10:15).

---

44) 한글개역개정 눅 19:44에서 '보살핌'으로 번역해놓고, 난하주에는 "심판, 벧전 2:12 참조"라고 되어 있다. 그런가하면 벧전 2:12 본문에는 "오시는 날에"로 번역해놓고 난하주에 "또는 심판하시는"으로 주를 달았다.

그리스도의 생애 ⑤

31. 저주하며 맹세하여 이르되

"베드로에게 이르되 너도 진실로 그 도당이라
네 말소리가 너를 표명한다 하거늘 그가 저주하며 맹세하여 이르되
나는 그 사람을 알지 못하노라 하니 곧 닭이 울더라"(마 26:73-74)

갈릴리 유대인들은 예루살렘의 유대인들로부터 정통성을 인정받지 못했다. 예로부터 갈릴리는 이방 지역으로 분류되었으며(사 9:1), 구약에서 메시야의 출현 예언과 관련이 없는 지역이라는 것(요 1:46, 7:41-42)이 일반적인 이유였다. 갈릴리 유대인들에 대한 차별주의는, 예루살렘 패망 이후 갈릴리로 이주해왔던 바리새파 유대인들의 글에서도 드러난다. 랍비 문헌에는 갈릴리 사람들이 종교교육이 부족하고, 종교의식에 대해 무심하며, 토라를 경시하는 사람들이라고 기록되어 있다. 이를 뒷받침하듯이 주후 70년경 랍비 요하난 벤 자카이가 "갈릴리여, 갈릴리여, 너는 토라를 미워하는 구나"라고 탄식했다는 기록이 전해진

다. 그러나 그런 내용들은 2세기의 랍비들에 의해 와전된 것이고, 실제로 갈릴리 사람들은 종교에 열심이었다. 그러면서 갈릴리 사람들은 헬라 문화에 개방적이어서, 예수의 제자들 가운데 빌립이나 안드레는 헬라식 이름을 가졌다. 예루살렘 유대인들이 갈릴리 유대인들을 무시했던 또 하나의 이유는 발음 때문이었다. 아람어 방언을 주로 사용하는 갈릴리 유대인들의 히브리어 억양과 발음이 유대 지방 유대인들의 것과 달랐던 것이다.

그런 이유로 불경 혹은 신성모독과 관계된 실수를 저지르지 않도록, 예루살렘 종교 지도자들은 갈릴리 유대인들이 예루살렘에 와서 성경 읽는 것조차 금지시켰을 정도였다고 한다. 탈무드에 나오는 다음의 이야기는 예루살렘 유대인들이 갈릴리 유대인들의 발음을 조롱했다는 사실을 극명하게 보여준다.[45] 한번은 갈릴리 사람이 예루살렘 시장에 와서 아마르(amar)를 달라고 하자 사람들이 그를 비웃기 시작했다. "이 멍청한 갈릴리 놈아, 네 놈이 원하는 게 타고 다닐 거(chmâr 나귀)냐? 마실 거(chamar)냐? 입을 거('amar 양털)냐? 아니면 제사에 쓸 거(immar 양)냐?" 갈릴리 사람들은 히브리어의 다양한 후음(guttural sound)을 구별해서 사용하지 못했던 것 같다.

대제사장의 뜰에서, 베드로는 독특한 억양과 발음 때문에 나사렛 예수의 일파로 의심 받는다. '네 말소리가 너를 표명한다' 는 것은 '네 말투가 너를 배신하고 있다' 는 뜻이다. 그래서 전통적 영어 역본인

45) 게르트 타이센, 역사적 예수, 다산글방, 255쪽.

KJV, RSV는 모두 '너의 말투(억양)' 이 너를 배신하고 있다' 로 번역했다. 두려움에 잡힌 베드로는 자신이 나사렛 예수 일파가 아님을 입증하기 위해 '저주하고 맹세' 했다. 이 말은 얼핏 베드로가 위기를 모면하기 위해 그리스도를 '저주' 하고, 자신이 그와 무관함을 '맹세' 한 것처럼 들릴 수 있다. 하지만 히브리어 관용어법으로 읽으면, 저주하고 맹세한 것은 하나의 행위로서 '저주의 맹세' 를 했다는 의미이다. 즉, 나사렛 예수와 자신이 상관없으며, 사실이 아닐 경우 자신이 저주받는다는 맹세인 것이다. 셈족들은 종종 자신의 목숨을 걸고 맹세를 했는데, 유대인도 예외는 아니었다.

이세벨은 24시간 이내 엘리야를 죽일 것이고, 그렇게 되지 못하면 자신이 저주 받겠다고 맹세했다. "내가 내일 이맘때에는 반드시 네 생명을 저 사람들 중 한 사람의 생명과 같게 하리라 그렇게 하지 아니하면 신들이 내게 벌 위에 벌을 내림이 마땅하니라"(왕상 19:2). 다윗은 나발에게 모욕을 당했을 때도 저주의 맹세를 했다. "내가 그에게 속한 모든 남자(벽에 오줌 누는 자) 가운데 한 사람이라도 아침까지 남겨두면 하나님은 다윗에게 벌을 내리시고 또 내리시기를 원하노라"(삼상 25:22). 그렇다면 베드로가 '저주하고 맹세하여' 라는 말이 과연 '저주의 맹세' 였을까? 우리는 그 예를 민수기에서 찾을 수 있다. 어떤 여인이 부도덕한 행위로 의심 받을 때, 제사장은 그 여인과 남편을 성막으로 오게 한다.

그리고 여인이 무죄를 맹세하기 전에 제사장은 이렇게 선언한다. "네 남편 아닌 사람과 동침하였으면, 제사장이 그 여인에게 저주의 맹세(하쉐부아트 하알라)를 하게하고, 여호와께서.......네가 네 백성 중에 저주거리 맹세거리(레알라 울레쉐부아)가 되게 하실지라"(민 5:20-21). 이 구절에서 '저주의 맹세'와 '저주거리 맹세거리'는 평행구이다. 그리고 '저주거리와 맹세거리' 또한 중언법(hendiadys)으로서, 같은 말을 반복한 것으로 보아야한다. 따라서 베드로가 저주하고 맹세한 것은 '저주의 맹세'를 한 것이었다고 밖에 볼 수 없다.

랍비 용어 ①

32. 폐하러 온 것이 아니요 완전하게 하려 함이라

"내가 율법이나 선지자를 폐하러 온 줄로 생각하지 말라
폐하러 온 것이 아니요 완전하게 하려 함이라
진실로 너희에게 이르노니 천지가 없어지기 전에는
율법의 일 점 일획도 결코 없어지지 아니하고
다 이루리라"(마 5:17-18).

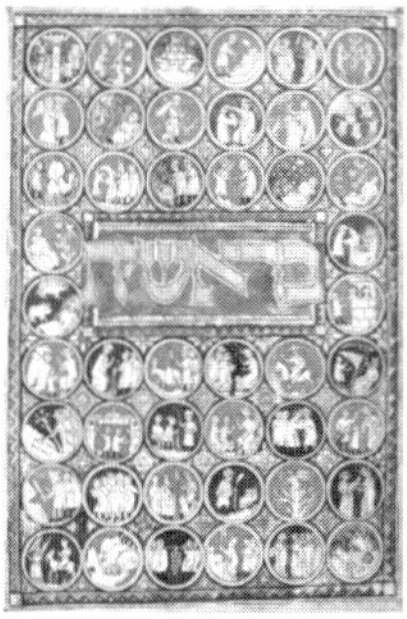

예수 그리스도는 안식일을 지키는 것이나, 식사 때 손 씻는 문제 등으로 자주 율법사들과 바리새인들로부터 비난받았다. 그러나 그리스도가 모세의 율법을 범했거나 잘못 가르친 적은 한 번도 없다. 그럼에도 불구하고 율법을 어기고 있다고 비난받았던 이유는, 소위 바리새인들이 구전율법이라고 부르는 전통적 실천규칙(할라코트 הלכות)을 하나님의 말씀과 같은 권위로 받아들이지 않으셨기 때문이다. 이들의 비난에 대해 예수님은 율법을 폐하러 온 것이 아니요 완전하게 하려 함이라고 맞받아쳤던 것이다. 실제로 예수님이 모세의 율법을 토대로 가르친 윤리 기준을 보면 바리새인들의 것보다 훨씬 더 엄격한 것을 알 수

있다(마 5:21-48).

'율법을 폐하다' 혹은 '완전하게 하다'는 율법 학자들이 논쟁을 벌일 때 사용하던 기술적 용어였다. 그러니까 율법을 폐하는 것은 율법을 잘못 해석하는 것이고, 완전하게 하는 것은 바르게 해석하는 것이었다. 예를 들어 한 랍비가 "당신은 율법을 폐하고(파괴하고) 있소"라고 비난하면 다른 랍비가 "나는 율법을 완전하게(완성)하고 있소"라고 응수하는 따위의 토론용 숙어였던 것이다. 아마도 그들이 잘못된 율법 해석을 '폐하다'는 단어로 표현했던 것은 하나님의 말씀이 잘못 해석되면 지켜질 수도 없다는 생각에서 나왔던 것 같다. 그리고 그런 오류는 하나님의 말씀을 업신여기는 이방인들의 행위와 같게 취급했던 태도에서 비롯되었을 것이다.

그런데 율법의 일점(κεραία) 일획(ἰῶτα)은 무엇을 가리키는 것일까? 예수 그리스도 당시에 마침표 같은 문장부호가 없었으며, 히브리어 모음부호도 없었으므로 일점은 철자법의 장식(tittle)을 가리키고, 일획은 가장 작은 철자 유드(yud)를 가리킨다고 보아야 한다. 그러니까 예수님은 기록된 말씀의 철자 하나에까지 신적인 권위가 담겨진 것으로 선언하여 자신을 변호했던 것이다.

그런데 천지가 없어질지라도 하나님의 말씀은 없어지지 않는다는 그리스도의 가르침은 랍비들의 성경주석에서도 비슷한 표현으로 발견된다. 이처럼 그리스도가 그들의 표현 방식을 빌려온 것은 하나님의 말씀의 권위를 전적으로 인정한다는 사실을 보여주기 위해서였을 것이다. 더 중요한 것은 그리스도가 자신의 예언을 모세의 율법과 같이 절대적인 하나님의 말씀으로 선포한 것이다. 이로써 예수님은 자신의 신성을 드러내고 있다.

"천지는 없어질지언정 내 말은 없어지지 아니하리라"(마 24:35).

왼쪽으로부터 히브리어 철자 유드, 장식이 붙은 유드, 라멧, 장식이 붙은 라멧

랍비 용어 ②

33. 매면 매일 것이요

"내가 천국 열쇠를 네게 주리니 네가 땅에서 무엇이든지 매면
하늘에서도 매일 것이요 네가 땅에서 무엇이든지 풀면
하늘에서도 풀리리라 하시고"(마 16:19)

'매다'와 '풀다'에 쓰인 헬라어에 해당하는 히브리어는 아싸르(אסר)와 히티르(התיר)이다. 헬라어로 번역된 구약 성경(LXX)에서 이 단어는 원래 "결박하다, 구금하다(삿 16:11, 왕하 17:4)" 와 "수레를 타다(창 46:29)" 였으나, 예수님 당시에는 율법의 실천과 관계해서 "금지하다"와 "허락하다"는 기술적 용어로도 사용되었다. 예를 들어 안식일에 일하지 말라는 계명에는 짐을 나르지 않아야 한다는 규정이 있고, 그 규정을 지키는 세부조항에는 금지된(매인, 묶인) 행동과 허락된(풀린) 행동이 들어있다. 거기에서 안식일에 짐을 머리에 이고 가거나, 등에 지고 가거나, 손에 들고 가는 행동은 묶여있었고, 가슴에 안고 가는 행동은 풀려있

었다.

M. Nedarim 6:5-7에 의하면 어떤 사람이 우유를 마시지 않기로 서원하였을 때 우유 마시는 행위는 묶인 것이지만 유장(치즈 만들 때 나오는 즙)을 마시는 행위는 풀린 것이었다. 같은 원리로 랍비 요세(Yose)는 어떤 사람이 고기를 먹지 않기로 서원했을 때 고기 끓인 국물 마시는 행위는 풀린 것으로 보았다. 랍비 예후다(Yehuda)는 어떤 사람이 포도주를 마시지 않기로 서원했을 때 포도주가 들어간 요리를 먹는 것은 풀린 것으로 해석했다.

그러면 예수님은 무슨 의미로 베드로에게 이 말씀을 하셨던 것일까? 지상에서 예수님은 율법의 해석자로서 제자들이 어떤 행동을 해서는 안 되며, 어떤 행동을 할 수 있는지 결정할 권위를 가지셨다. 예를 들면 안식일에 제자들이 밀밭에서 이삭을 따먹는 행위를 허락해(풀어)주었고(눅 6:1-4), 안식일에 병 고치지 못하도록 묶여있는 구전 율법 조항을 풀어버렸던 것이다(눅 6:6-10). 그런데 얼마 있지 않아 하늘로 돌아가시게 된 예수님은, 자신이 가졌던 그 율법 해석(실천지침)의 권위를 베드로에게 위탁한 것이다. 천국 열쇠를 그에게 준다는 말씀이 그것을 말해주고 있는데, 성경에서 열쇠는 언제나 권위를 상징했기 때문이다

"내가 또 다윗 집의 열쇠를 그의 어깨에 두리니 그가 열면 닫을 자가 없겠고 닫으면 열 자가 없으리라"(사 22:22).

그러니까 베드로는 예수님을 대신해서 천국 백성들이 율법을 지키거나 공동체의 규칙을 지킬 때 금지조항과 허가조항을 결정하는 권위

를 물려받게 된 것이다. 실제로 베드로는 가룟 유다의 자살로 궐석이 된 사도 한 명을 선출하도록 허락했고(행 1:15-22), 이방인들이 구원받기 위해 할례와 같은 의식법을 지켜야 하느냐 혹은 그렇지 않아도 되느냐는 토론이 일어났을 때 이방인 신자들을 율법의 멍에로부터 풀어주었다(행 15:6-11). 그러니까 예수님의 말씀을 쉽게 풀면 다음과 같이 되는 것이다.

"내가 제자들을 지도하는 권위를 네게 주리니 네가 교회에서 무엇이든지 금지조항으로 묶으면 하나님도 금지하실 것이요 네가 교회에서 무엇이든지 허락하는 일은 하나님도 허락하실 것이다"

랍비 용어 ③

34. 나의 멍에를 메고 내게 배우라

"수고하고 무거운 짐 진 자들아 다 내게로 오라
내가 너희를 쉬게 하리라 나는 마음이 온유하고 겸손하니
나의 멍에를 메고 내게 배우라
그리하면 너희 마음이 쉼을 얻으리니
이는 내 멍에는 쉽고 내 짐은 가벼움이라 하시니라"(마 11:28-30).

이 구절은 삶의 무게에 눌려 신음하는 인생들을 향한 그리스도의 자비로운 초청으로 알려져 왔다. 왜냐하면 '무거운 짐 지다' '수고하다' '쉬게 하리라' 등의 표현만 보면 다른 해석이 나올 것 같지 않기 때문이다. 더 나아가 그의 멍에를 멘다는 것이 두 마리 황소가 함께 멍에를 메고 밭을 가는 이미지와 겹쳐지면 인생의 고통을 함께 져주시는 구세주의 은총으로 해석될 수밖에 없을 것이다. 그러나 만약에 이 구절이 지친 사람들을 도와주겠다는 그리스도의 약속이라면 굳이 그에게 배우도록 권고하는 이유가 무엇일까 생각해볼 필요가 있다.

주후 1세기 유대인들에게 '멍에를 메고 배우는 것'은 스승의 삶과

가르침에 자신의 모든 것을 맡기는 제자의 태도를 의미했다. 그러니까 제자들은 단순히 랍비에게 배우는 자가 아니라 스승의 가르침에 전적으로 순종하며 그와 운명을 같이하도록 헌신하는 자를 의미했다. 그리하여 그들의 최종 목표는 스승과 같이 되는 것이었다. 흥미로운 것은 위의 구절이 집회서(Ecclesisticus)로 잘 알려진 주전 2세기 외경 벤 시라(Ben Sira)의 한 부분과 병행을 이룬다는 점이다.

> "내게 나아오라 너 배우지 못한 자여…네 목에 (지혜의) 멍에를 멜지어다…적은 노력으로 큰 안식을 얻게 되리니…"(51:23-27).

> "내게로 오라…나의 멍에를 메고 내게 배우라…쉼을 얻으리니"(마 11:28-29).

그러니까 위의 구절에서 진정한 스승 그리스도는 그의 제자가 되려는 자들에게 참된 만족을 약속하고 있는 것이다. 그는 자신의 성품(온유와 겸손)을 율법의 수여자였던 모세의 성품 – 온유함(겸손)이 지면의 모든 사람보다 더함[46] – 에 견주면서 '모세와 같은 선지자'[47]로 오신 메시아임을 암시하고 있다. 더 나아가 그의 멍에와 짐이 쉽고 가볍다고 말함으로써 당시 유대인들의 어깨를 무겁게 만들고 있는 바리새인들의 멍에를 간접적으로 고발하고 있다. 그리스도가 바리새인들의 가

---

46) 민 12:3에서 모세의 성품은 온유 혹은 겸손으로 모두 번역이 가능하다.
47) 신 18:15, 18에서 하나님은 장차 모세와 같은 선지자를 보내겠다고 약속하셨다. 기름 부어진 자로서의 메시아는 선지자이기도 하다.

르침에 대해 비판적이었던 것은 잘 알려진 사실이다.

"또 무거운 짐을 묶어 사람의 어깨에 지우되 자기는 이것을 한 손가락으로도 움직이려 하지 아니하며…시장에서 문안 받는 것과 사람에게 랍비라 칭함을 받는 것을 좋아하느니라"(마 23:4, 7).

무엇보다도 그리스도는 먼저 자신의 가르침에 제자들이 전적으로 복종하고 헌신하기를 요구하고 있다. 그런 자들에게 약속되는 것은 단순히 쉬운 삶이 아니라 진정한 안식이다. 그리고 그 안식은 하나님만이 주실 수 있는 것이다.

"이미 믿는 우리들은 저 안식에 들어가는도다"(히 4:3상).

랍비 용어 ④

35. 헤아림을 받을 것이니라

"비판을 받지 아니하려거든 비판하지 말라
너희가 비판하는 그 비판으로 너희가 비판을 받을 것이요
너희가 헤아리는 그 헤아림으로
너희가 헤아림을 받을 것이니라"(마 7:1-2).

저울

이웃 사랑에 대한 예수 그리스도의 이 가르침은 토라에 나오는 동해형벌의 원리에서 나온 '되어주는 대로 되질 받는 מדה כנגד מדה (믿다 케네게드 믿다)'원칙에 바탕을 두고 있다. 즉, '눈에는 눈으로, 이에는 이로'의 원칙이다. 그리고 그리스도의 가르침은 남에게 잘못한 만큼 되돌려 받게 된다는 랍비들의 가르침과도 맥을 같이하고 있다. 랍비들은 하나님의 징벌 속에 '믿다 케네게드 믿다'의 원리가 들어있는 것을 인해 하나님을 찬양했으며(산헤드린 90조), 누구든지 이웃에게 잘못한 만큼 하나님께로부터 벌을 받는다고 가르쳤던 것이다. 이것은 "너희가 사람의 잘못을 용서하면 너희 하늘 아버지께서도 너희 잘못

을 용서하시려니와 너희가 사람의 잘못을 용서하지 아니하면 너희 아버지께서도 너희 잘못을 용서하지 아니하시리라"(마 6:14-15)는 예수 그리스도의 가르침 속에도 들어있다.

그런데 예수 그리스도의 가르침은 당시 랍비들의 가르침을 넘어선다. 왜냐하면 단순히 행동으로 드러난 잘못뿐 아니라 내면의 잘못된 태도까지 다루고 있기 때문이며, 이웃에게 해를 끼치지 않는다는 차원을 넘어 심판 주 하나님의 자리를 침범하는 죄를 짓지 않도록 경고하고 있기 때문이다. 특히 이웃을 비판하는 태도가 위선으로 발전할 수 있음을 경고하고 있다. "외식하는 자여 먼저 네 눈 속에서 들보를 빼어라 그 후에야 밝히 보고 형제의 눈 속에서 티를 빼리라"(마 7:5)는 구절이 그것을 말해준다. 여기서 '형제의 눈 속에서 티를 빼다'는 기꺼이 다른 사람의 오류를 지적하는 행위로서 선악간의 판단이 전제되어 있기 때문이다.

아울러서 예수 그리스도는 기도와 금식, 선행에 대한 보상도 'מדה כנגד מדה(믿다 케네게드 믿다)'의 원리에 따라 하나님께로부터 주어지는 것으로 가르쳤다. 아무리 적은 선행일지라도 반드시 보상을 받는다는 것이다. "또 누구든지 제자의 이름으로 이 작은 자 중 하나에게 냉수 한 그릇이라도 주는 자는 내가 진실로 너희에게 이르노니 그 사람이 결단코 상을 잃지 아니하리라 하시니라"(마 10:42)는 가르침이 그것을 말해준다. 그런데 만일 선행이나 금식 때문에 사람들에게서 칭찬을 받았다면 더 이상 하나님으로부터의 보상은 없게 될 것이었다.

그러므로 마땅히 하나님의 백성들은 하나님으로부터의 보상만 생각하고 자신들의 선행과 경건한 행동을 숨겨야 했다. 그럼에도 불구하고 그것들을 드러내는 자는 위선자로 간주되었다.

> "사람에게 보이려고 그들 앞에서 너희 의를 행하지 않도록 주의하라 그리하지 아니하면 하늘에 계신 너희 아버지께 상을 얻지 못하느니라…그들은 자기 상을 이미 받았느니라…너는…은밀한 중에 보시는 너의 아버지께서 갚으시리라…그들은 자기 상을 이미 받았느니라…너는…은밀한 중에 보시는 네 아버지께서 갚으시리라…그들은 자기 상을 이미 받았느니라…너는…은밀한 중에 보시는 네 아버지께서 갚으시리라"(마 6:1-18).

랍비 용어 ⑤

36. 이것이 크고 첫째 되는 계명이요

"그 중의 한 율법사가 예수를 시험하여 묻되 선생님,
율법 중에서 어느 계명이 크니이까 예수께서 이르시되
네 마음을 다하고 뜻을 다하여
주 너의 하나님을 사랑하라 하셨으니
이것이 크고 첫째 되는 계명이요"(마 22:35-38).

모세 오경에 크고 작은 계명에 대한 직접적 언급이 없음에도 불구하고 바리새인들은 율법 조항을 경중에 따라 나누기를 좋아했다. 이를테면 부모공경은 장수의 보상이 주어지는 큰 계명으로(출 20:12), 새 사냥에서 새끼를 풀어주고 어미만 취하는 것은 가벼운 계명으로 보았다(신 22:7). 따라서 율법사가 큰 계명이 무엇이냐고 물은 것은 예수 그리스도를 논쟁으로 끌어들이기 위한 것이었다. 놀랍게도 그리스도는 유대인 남자들이 하루에 두 번-잠자리에 들 때와 일어날 때 암송하는 쉐마를 인용하여 대답하므로 불필요한 논쟁에 말려들지 않았다. 쉐마(שמע)는 신 6:4-9을 가리키는 이름이자 구절의 첫 단어로서 '듣다(샤마 שׁמע)'는 의미의 동사를 문장에 맞게 발음한 것이다.

> "들어라 이스라엘아, 우리 하나님 여호와는 한 분이신 여호와시다. 네 하나님 여호와를 네 온 마음과 네 온 영혼과 네 온 힘을 다해 사랑하라"(신 6:4-5, 필자 직역)

유대인 남자들이 아침저녁으로 쉐마를 암송하는 이유는 스스로 근신하여 하나님의 계명을 지키기 위한 것이다. 히브리어 동사 '쉐마(שׁמע)'는 단순히 귀로 듣는 것만을 의미하지 않고 듣고 행하는, 청종하는 것을 의미한다. 구약 성경에 '들어라'는 단어로 시작하는 문장이 많은 이유도 그 때문이다. 예수 그리스도가 자주 '귀 있는 자는 들을지어다'라는 말과 함께 가르침을 준 것도 같은 이유에서다(마 11:15, 13:9,43, 막 4:23, 눅 14:35). 더 나아가 그리스도는 듣는 것과 행하는 것이 일치될 때 비로소 구원받는 믿음인 것을 강조했다(마 7:24, 26). 주의 동생 야고보가 행함이 없는 믿음이 죽은 것이라고 강조했던 이유도 이 때문이다(약 2:14, 17, 20, 26).

초대 교회가 예루살렘에 모여 장시간 토론했던 주제도 이방인 신자들(Gentile Christians)의 율법 준수와 관계된 것이었다. 왜냐하면 초대 교회 지도자들은 모두 유대인 신자들(Judeo-Christians)로서 정통교리(Orthodoxy)보다는 정통실천(Ortho praxy)에 비중을 두었기 때문이다.

주전 1세기에 활동했던 랍비 힐렐은 바벨론에서 이주해온 노동자 출신이었다. 수업료를 낼 수 없을 만큼 가난했던 그가, 겨울철 어느 랍비 집의 지붕에 엎드려 귀동냥으로 강의를 듣다가 얼어 죽을 뻔 했다는 이야기는 너무도 유명하다. 배움에 열중한 나머지 혼기를 놓쳐버린 그는 랍비가 된 다음에도 한동안 독신으로 있었다. 어느 날 그가 결혼하게 되었을 때 제자들은 호기심이 들었다. 과연 스승이 결혼 첫날밤에 쉐마를 암송하고 잠자리에 드느냐 하는 것이었다.

왜냐하면 평소 힐렐은 제자들에게 결혼 첫날밤에는 쉐마를 암송하지 않고 잠자리에 들어도 용서가 된다고 가르쳤기 때문이었다. 결혼 잔치를 다 마치고 돌아온 그는 결혼 첫날밤 쉐마를 암송했느냐는 제자들의 질문에 그렇다고 대답했다. 왜 제자들에게는 하지 않아도 된다고 가르쳤으면서 정작 자신은 쉐마를 암송했느냐고 묻는 질문에 힐렐은 이렇게 대답했다고 한다. "물론 나도 결혼 첫날밤에는 암송하지 않아도 된다고 생각했다. 그런데 저절로 그것이 생각났다."

신부와 첫날밤을 치르는 순간에도 쉐마를 암송한 그는 단순히 생활습관으로서가 아니라 진정 쉐마의 정신을 이해했던 사람이었던 것이다.

랍비 용어 ⑥

37. 주의 발치에 앉아

"그에게 마리아라 하는 동생이 있어 주의 발치에 앉아 그의 말씀을 듣더니"(눅 10:39)

마르다와 마리아의 이야기는 복음서에서 많은 억측과 오해를 불러일으키는 본문 가운데 하나이다. 손님맞이에 분주했던 언니 마르다를 돕지 않고 예수님의 가르침을 경청하는 데만 마음을 쏟았던 마리아의 행동은 독자들의 오해를 불러일으키기에 충분하다. 더욱 이해가 안가는 부분은 마리아를 내보내 자신을 돕게 해달라는 마르다의 요청을 예수님이 거절했다는 것이다. 아마도 예수님의 일행은 마르다의 집에 꽉 들어찰 정도로 많았을 것이다. 따라서 그녀가 신경 써야할 일이 한두가지가 아니었던 것이다. 그럼에도 불구하고 예수님이 오히려 마리아가 아닌 마르다를 나무라셨던 이유가 무엇일까?

예수님보다 약 백 년 전에 활동했던 랍비 요세 벤 요에제르(Yose ben Yoezer)는 다음과 같은 말을 남겼다.

"네 집을 지혜자(랍비)들의 모임 장소가 되게 하고, 그들의 발 먼지를 뒤집어 쓸 것이며, 그들의 가르침에 목말라할지어다"(M. Avot 1:4).

여기서 집을 지혜자들의 모임 장소가 되게 하라는 말은 랍비들의 일행을 집으로 초청해 대접하라는 뜻이며, 그들의 발먼지를 뒤집어쓰라는 말은 배움을 위해 랍비들을 따라가라는 의미이고, 그들의 가르침에 목말라 하라는 말은 랍비들의 가르침을 소중히 여겨 자신의 소유로 삼으라는 뜻으로 풀이될 수 있다. 그런데 먼지를 뒤집어쓰라는 말은 당시 대부분의 도로가 비포장이었고, 랍비의 일행이 비포장도로를 걸을 때 먼지가 일어났던 상황을 머리에 그려보면 이해가 된다. 일정한 장소에 자신의 학교를 세울 만큼 넉넉하지 못한 랍비들은 예수님처럼 돌아다니며 사람들의 신세를 져가면서 가르칠 수밖에 없었다.

그리고 "발먼지를 뒤집어쓰라"는 말은 전통적으로 "발 아래 앉으라"는 말로 해석되었는데, 일상적인 삶을 떠나 랍비를 따라다니는 것만이 유일한 배움의 길이 아니었기 때문이다. 따라서 요세 벤 요에제르의 말을 한 문장으로 요약하자면 "랍비를 네 집으로 모셔 발치에 앉아 듣고 배우기에 힘쓰라"가 된다.

그러니까 마리아가 예수님의 발치에 앉았다는 것은 다른 제자들처럼 수업 중이었다는 의미이다. 복음서 저자 중 유일하게 마르다와 마리아의 이야기를 기록한 누가는 나중에 사도행전에서 바울의 간증을 기록할 때도 같은 단어를 사용했다.

"나는…가말리엘의 문하에서 우리 조상들의 엄한 교훈을 받았고"(행 22:3).

여기서 '문하'라는 헬라어 단어(πόδας)가 곧 '발치'와 같은 단어이다.

이상에서 알 수 있는 것은 마리아가 이미 제자로 헌신되어 있었기에 손님 접대하는 일을 위해 말씀 배우는 일을 포기할 수 없었다는 것이다. 마르다의 요청을 점잖게 거절하시는 예수님의 말씀에 이 모든 것이 드러나 있다. 즉, 마르다는 섬기는 일에 헌신되어 있고, 마리아는 말씀 사역에 헌신되어 있기에 비록 동생이라고는 하나 수업 중에 내보낼 수가 없다는 뜻인 것이다.

> "주께서 대답하여 이르시되 마르다야 마르다야 네가 많은 일로 염려하고 근심하나 몇 가지만 하든지 혹은 한 가지 만이라도 족하니라 마리아는 이 좋은 편을 택하였으니 빼앗기지 아니하리라 하시니라"(눅 10:41-42).

랍비 용어 ⑦

38. 하물며 너희일까보냐

"그러나 내가 너희에게 말하노니
솔로몬의 모든 영광으로도 입은 것이 이 꽃 하나만 같지 못하였느니라
오늘 있다가 내일 아궁이에 던져지는 들풀도
하나님이 이렇게 입히시거든 하물며 너희일까보냐
믿음이 작은 자들아…너희가 악한 자라도
좋은 것으로 자식에게 줄줄 알거든
하물며 하늘에 계신 너희 아버지께서 구하는 자에게
좋은 것으로 주시지 않겠느냐"(마 6:29-30, 7:11)

예수 그리스도의 가르침은 당시 유대교 랍비들의 성경 해석방법, 특히 주전 1세기에 활동했던 힐렐의 것과 많은 면에서 닮아 있다. 위의 본문에서 사용된 '가벼운 것과 무거운 것(칼 바호메르 קל וחמר)'의 해석원칙도 그 중 하나이다. '칼 바호메르'란 가벼운 것과 무거운 것을 비교해서 진리를 해석하는 방법으로서, 가벼운 것으로부터 무거운 것으로 나아가거나 거꾸로 가기도 한다. 그러니까 들풀과 사람을 비교하면서 하나님이 들풀 하나도 솔로몬의 찬란한 의복보다 더 아름답게

입히시는데 들풀보다 더 중요한 하나님의 자녀들을 왜 입히시지 않겠느냐는 식이다. 악한 자와 하늘 아버지를 비교하는 경우도 마찬가지이다. 대체로 이 해석법은 '하물며'라는 단어가 사용되지만 '얼마나 더 하겠느냐(카마 베카마 כמה וכמה)' 혹은 '어찌(헤이크 היך)'라는 표현이 쓰이기도 한다. 이처럼 칼 바호메르 방법의 해석과 가르침은 구약 성경에 기원을 두고 있으며, 신약의 서신에서도 종종 발견된다.

> "내가 너희의 반역함과 목이 곧은 것을 아나니 오늘 내가 살아서 너희와 함께 있어도 너희가 여호와를 거역하였거든 하물며 내가 죽은 후의 일이랴"(신 31:27).

> "하나님이 참으로 땅에 거하시리이까 하늘과 하늘들의 하늘이라도 주를 용납하지 못하겠거든 하물며 내가 건축한 이 성전이오리이까"(왕상 8:27).

> "그러므로 네게 있는 빛이 어두우면 그 어둠이 얼마나 더 하겠느냐"(마 6:23하).

> "자기 아들을 아끼지 아니하시고 우리 모든 사람을 위하여 내어주신 이가 어찌 그 아들과 함께 모든 것을 우리에게 주시지 아니하겠느냐"(롬 8:32).

> "그들의 넘어짐이 세상의 풍성함이 되며 그들의 실패가 이방인의 풍성함이 되거든 하물며 그들의 충만함이리요…네가 원 돌감람나무에서 찍힘을 받고 본성을 거슬러 좋은 감람나무 가지에 접붙임

을 받았으니 원 가지인 이 사람들이야 얼마나 더 자기 감람나무에 접붙이심을 받으랴"(롬 11:12, 24).

"또 우리 육신의 아버지가 우리를 징계하여도 공경하였거든 하물며 모든 영의 아버지께 더욱 복종하며 살려 하지 않겠느냐"(히 12:9).

그런데 예수 그리스도는 다른 랍비들보다 칼 바호메르의 원칙을 더 창의적으로 사용했다. 다시 말해서 그리스도는 종종 가벼운 것(칼)이나 무거운 것(호메르)이 같다는 식으로 사용했던 것이다. 예를 들어 그리스도는 바리새인들이나 율법사들이 보다 중요한 계명과 덜 중요한 것을 임의로 구분하고 자가당착에 빠진 모순을 통렬히 지적했던 것이다(마 23:16-24). 한 마디로 그리스도는 모든 계명이 같은 비중으로 취급되고 지켜져야 한다고 가르쳤다.

"그러므로 누구든지 이 계명 중의 지극히 작은 것 하나라도 버리고 또 그같이 사람을 가르치는 자는 천국에서 작다 일컬음을 받을 것이요 누구든지 이를 행하며 가르치는 자는 천국에서 크다 일컬음을 받으리라"(마 5:19).

랍비 용어 ⑧

39. 추수할 것은 많되 일꾼이 적으니

"이르시되 추수할 것은 많되 일꾼이 적으니
그러므로 추수하는 주인에게 청하여
추수할 일꾼들을 보내 주소서 하라"(눅 10:2)

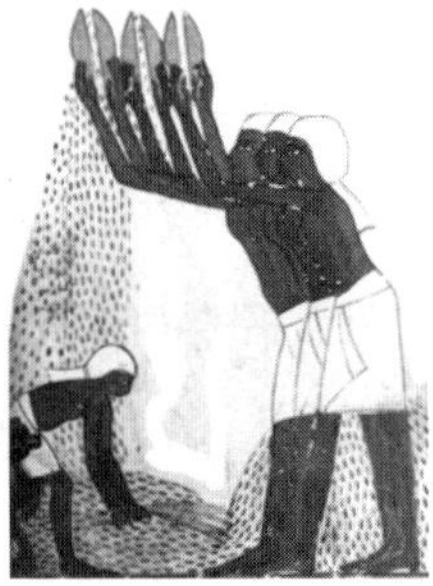

예수 그리스도는 70인의 제자들을 각 동네와 지역으로 먼저 보내면서 추수할 일꾼들을 더 보내어주도록 '추수하는 주인' 에게 요청하라고 했다. 여기서 추수할 주인은 누구를 가리키는 것일까? 저명한 랍비들의 어록집인 'פרקי אבות(피르케이 아보트)' 에 실린 글들에서 그 단서를 찾을 수 있다. 참고적으로 피르케이 아보트에는 그리스도의 가르침과 서로 병행을 이루고 있는 랍비들의 가르침이 많이 수록되어 있다. 이것은 그리스도와 랍비들이 서로의 가르침을 모방했다는 것을 의미하지 않는다. 비록 '피르케이 아보트(선조들의 어록)' 가 주후 220년에 편찬된 미쉬나의 한 부분이기는 하지만 고대로부터 전승되어온 내용들을 담고 있기 때문이다. 따라서 그리스도나 랍비들이 고대로부터 내려온 가르침을 원전으로 삼았다고 보는 것이 바람직하다.

그리스도의 추수하는 주인 이야기와 유사한 랍비의 가르침은 다음과 같다.

"랍비 타르폰은 말한다. 날이 짧고 할 일은 많은데, 일꾼들은 게으르다. 임금(일당)이 높으니 집주인이 재촉한다"(선조들의 어록 2:15)[48]

자세히 살펴보면 그리스도의 가르침 가운데 '추수할 것'과 '적은 일꾼'과 '추수하는 주인'이 랍비 타르폰의 가르침에서 '할 일'과 '게으른 일꾼들'과 '집주인'으로 대치되어 있는 것을 알게 된다. 더 나아가 그리스도의 가르침 가운데 '추수할 것(קציר 카찌르)'와 랍비 타르폰의 어록 가운데 '짧고(קצר 카짜르)'는 어원이 같다. 그리고 비유의 형식과 의미에서 양쪽의 가르침은 다음과 같이 매우 닮아 있다.

① 할 일이 많다 ② 일꾼들 때문에(게으름, 인력 부족) 제 때 일을 마치기 어렵다 ③ 고용주(추수하는 주인, 집주인)는 일이 빨리 마쳐지기를 원한다 ④ '날이 어두워지기 전에 해야 할 일'은 추수작업을 연상시킨다(마 20:1-16 참조) ⑤ 영적 진리에 대한 비유이다

위의 비교에서 우리는 '추수하는 주인(בעל הקציר)'이 곧 '집주인(בעל הבית)'[49]이라는 것을 알게 되는데, 피르케 아보트에 나오는

48) 조철수 역주, 선조들의 어록, 성서와 함께, p 98의 것을 필자가 재 번역하였음.

랍비 타르폰의 또 다른 어록은 그가 곧 하나님을 가리킨다는 것을 보여준다.

“만약 네가 토라를 많이 공부했으면 큰 보답이 네게 주어질 것이다. 네 고용주(בעל המלאכה)는 믿고 네가 일한 임금을 너에게 줄 것이다. 의인들이 받을 보답은 미래에 온다는 것을 알아라”[50]

유대인들은 토라 연구를 선행과 같은 가치의 것으로 보았기 때문에 상급이 주어질 것으로 믿었다.

이제 그리스도의 ‘추수하는 주인과 일꾼의 비유’에 담긴 의미를 살펴본다.

그리스도는 복음을 전하러 떠나는 제자들을 추수일꾼에 비유했다. 그들은 한 명이라도 더 하나님 나라 백성이 되게 하기 위해 최선을 다해야 했다. 그리고 추수 때를 놓치지 않기 위해 – 심판의 때가 이르기 전에 일을 끝내도록 서둘러야 했다. 전도자들의 숫자가 적다고 낙심할 일이 아니었다. 필요한 일꾼을 보충하는 것은 추수하는 주인 – 하나님의 몫이었다. 그들은 그것을 하나님께 기도로 요청해야 했다. 그런데 그리스도의 명령에는 포도원 주인의 비유나 랍비 타르폰의 어록에 나오는 임금(일당) 이야기가 빠져 있다. 그것은 추수의 긴급성을 말해준다. 그들은 추수가 끝나기까지 보수에 대한 생각조차 하지 않을 정도로 일에 몰두해야 하는 것이다. 일을 하다 말고 임금을 생각하는 것은

---

49) 하나님을 집 주인으로 묘사하는 유대인의 어법은 히 3:5-6, 딤전 3:15, 딤후 3:19-21에도 나와 있다.

50) 같은 책. p 99.

랍비 타르폰의 지적처럼 게으른 일꾼의 전형이기 때문이다. 일을 끝내고 나면 추수하는 주인-하나님이 후하게 주실 것이었다.

비유 ①

40. 낙타와 바늘귀

"그 사람이 큰 부자이므로 이 말씀을 듣고 심히 근심하더라
예수께서 그를 보시고 이르시되 재물이 있는 자는
하나님의 나라에 들어가기가 얼마나 어려운지
낙타가 바늘귀로 들어가는 것이
부자가 하나님의 나라에 들어가는 것보다 쉬우니라 하시니
듣는 자들이 이르되
그런즉 누가 구원을 얻을 수 있나이까"(눅 18:23-26).

부자가 하나님의 나라에 들어가기가 어렵다는 예수님의 가르침에 청중들은 경악을 금치 못했다. 왜냐하면 부자는 하나님의 특별한 은총을 받은 사람이므로 당연히 하나님 나라에 들어갈 줄로 생각했기 때문이었다. 그도 그럴 것이 구약에서 물질적 풍요는 하나님이 의인들에게 내리시는 보상 가운데 하나였다. 따라서 청중들이 '그런즉 누가 구원을 얻을 수 있나이까'라고 물은 것은 부자도 들어가지 못하는 하나님의 나라에 가난한 사람들이 어떻게 들어갈 수 있을까 라는 것이었다.

최근 예수 그리스도의 '낙타와 바늘귀' 가르침에 대해 이천년 기독교 역사상 전혀 나타나지 않았던 해석이 돌아다니며 주목을 끌고 있다. 다름 아닌 낙타를 밧줄로, 바늘귀를 성문으로 해석하는 것이다. 그렇게 해석하는 사람들은 신약의 사본 필사과정에서 밧줄(카밀로스 κάμιλος)이 낙타(카멜로스 κάμηλος)로 잘못 기록되었다고 주장한다. 그러니까 그리스도의 원래 가르침은 부자가 천국에 들어가기가 밧줄이 바늘귀를 통과할 만큼 어렵다고 했다는 것이다. 그런가하면 바늘귀를 성문으로 해석하기도 한다. 즉, 사람과 짐승이 함께 통과하는 큰 성문은 낮 시간에 사용되고, 사람 하나 겨우 들어갈 수 있는 작은 성문은 밤에 사용되는데 그것을 바늘귀 문이라고 불렀다는 것이다. 그래서 그리스도의 원래 가르침은 낙타가 바늘귀 문으로 들어가기가 어렵다는 말씀이었다고 주장한다. 이처럼 낙타가 밧줄로 둔갑한 이론은 영어권에서 주장되고 있으며, 바늘귀 문을 주장하는 해설가들은 한걸음 더 나아가 고대의 상인들이 밤에 바늘귀 문으로 낙타를 끌어들이려고 무진 고생했다는 이야기까지 만들어냈다.

그런데 중요한 것은 예수님이 활동하셨던 당시 이스라엘 어느 도시에도 바늘귀문이라는 성문이 없었다는 점이다. 성지를 방문하는 순례자들이 흔히 접할 수 있는 성문은 빨라야 십자군 시대의 것이다. 그리고 예수 그리스도가 아람어 혹은 히브리어로 말씀하셨을 것을 감안할 때 밧줄을 가리키는 어떤 단어도 낙타(가말 גמל)와 혼동될 가능성이 없다.

낙타와 바늘귀는 예수님이 흔히 사용하신 수사적 과장법(hyperbole)

에서 그 해석의 실마리를 찾아야 한다. 과장법은 전달하고자 하는 의미를 확대 혹은 축소된 이미지에 투영하는 것이다. 예컨대 눈에 들보 박힌 사람(마 7:3), 죄지은 눈을 뽑고 손을 자르는 것(마 5:29, 30)처럼 쥐새끼도 통과하지 못할 바늘귀에 낙타의 이미지를 대비시킨 것이 과장법이다. 그러니까 예수님은 재물에 마음이 뺏긴 사람이 천국에 들어가도록 자신을 드리지 못한다는 교훈을 주신 것이다. 만약에 부자가 절대로 천국에 들어가지 못한다면 나사로가 죽어 아브라함의 품에 안겨있다는 말씀을 하지 않으셨을 것이다. 왜냐하면 아브라함은 부자였기 때문이다. 과연 예수님을 찾아왔던 젊은 부자 관리는 자신의 재물 때문에 영생에 이르는 길을 포기하므로 부자가 천국에 들어가기가 낙타가 바늘귀로 들어가기 보다 더 어렵다는 그리스도의 말씀을 입증하고 말았다.

비유 ②

41. 저 여우에게 이르되

"곧 그 때에 어떤 바리새인들이 나아와서 이르되
나가서 여기를 떠나소서 헤롯이 당신을 죽이고자 하나이다
이르시되 너희는 가서 저 여우에게 이르되
오늘과 내일은 내가 귀신을 쫓아내며 병을 고치다가
제 삼일에는 완전하여 지리라 하라
그러나 오늘과 내일과 모레는 내가 갈 길을 가야 하리니
선지자가 예루살렘 밖에서 죽는 법이 없느니라"(눅 13:31-33).

세례자 요한을 목 베어 죽였던 헤롯 안디바(주전 4~주후 39년)가 정말로 예수 그리스도를 죽이려 했는지 알 수 없다. 그러나 예수 그리스도는 그를 피해 갈릴리를 떠나라는 바리새인들의 충고를 따르지 않았다. 오히려 헤롯 안디바를 여우로 부르면서, 자신이 가야할 길을 흔들림 없이 가겠다는 말을 전하라고까지 했다. 많은 학자들은 여우를 가리키는 단어 '알로펙스(ἀλώπεξ)'가 헬라어로 교활한 사람을 가리키는 수사적(figurative) 표현이라고 말한다. 따라서 예수 그리스도가 헤롯 안

디바를 여우라고 부른 것은 교활한 인물이라는 의미였다는 것이다. 그러나 유대인의 언어관습에서 여우가 어떤 수사적 의미로 사용되었는지 먼저 살펴볼 필요가 있다.

여우를 가리키는 히브리어 '슈알(שׁוּעָל)'도 교활한 사람을 가리키는데 사용되었다. 주후 2세기의 랍비 엘리아자르 벤 시므온은 아가서 2:15 주석에서 여우가 애굽 사람들처럼 교활하다고 해석했다.[51] 역시 주후 2세기에 활동했던 랍비 아키바도 여우의 교활함에 대한 이야기를 소개하고 있다.[52] 그런데 히브리어 '슈알'의 두 번째 수사적 의미는 '별 것 아닌 존재'이다. 이 경우 여우는 항상 짐승의 왕 사자와 대조된다. 예를 들면 '여우의 머리가 되느니 사자의 꼬리가 되겠다'고 하거나, '사자들도 많은데 왜 여우에게 묻느냐?'라고 표현하는 것이다.[53]

예수 그리스도가 헤롯 안디바를 교활한 인물로 묘사했는가 혹은 별 것 아닌 인물로 묘사했는가는 그의 행적을 살펴보면 알 수 있다. 그는 언제나 자신이 큰 인물로 비쳐지기를 원했지만 뒷감당을 못했다. 예를 들면 그의 생일에 춤으로 흥을 돋구어준 헤로디아의 딸에게 나라의 절반이라도 주겠다고 큰 소리쳤다가 본의 아니게 세례자 요한을 목베어 죽였다. 그리고 자신의 조카 헤롯 아그립바 I(주전 10-주후 44년)가 왕(king)이 되어 나타나자 분봉왕(tetrarch) 신분을 벗어나려고 로마에

51) 아가서 랍바 2:15, 1.
52) 바빌론 탈무드, 베라코트 61하
53) 예루살렘 탈무드, 셰비트 39상, 9장 할라카 5.

힘을 썼다가 역풍을 맞아 폐위되어 프랑스 리용 지방으로 유배되었다. 그는 세례자 요한을 두려워했으며(막 6:20), 예수 그리스도가 세례자 요한의 환생인간인줄 착각하여 두려워했다(막 6:14). 그러나 예수 그리스도가 체포되어 자신의 앞에 서자 업신여기고, 조롱하고, 빛난 옷을 입혀 빌라도에게로 보내버렸다(눅 23:11). 그는 겁이 많고 어리석었지만 언제나 사치와 허영을 좋아하는 작은 인물이었다(마 11:8).

예수 그리스도는 갈릴리 분봉 왕 헤롯 안디바를 여우라고 부름으로써 별 것 아닌 인물로 단정지었다. 그는 백성들의 절대 지지를 받고 있던 예수 그리스도를 죽일 수 있다고 생각했을 지 모르나 그럴 인물이 못되었던 것이다. 그가 정말로 교활했다면 자신의 권력과 명예를 모두 잃기까지 어리석게 행동하지 않았을 것이다.

비유 ③

42. 무엇을 보려고 광야에 나갔더냐

"그들이 떠나매 예수께서 무리에게 요한에 대하여 말씀하시되
너희가 무엇을 보려고 광야에 나갔더냐
바람에 흔들리는 갈대냐
그러면 너희가 무엇을 보려고 나갔더냐
부드러운 옷입은 사람이냐
부드러운 옷을 입은 사람들은 왕궁에 있느니라
그러면 너희가 어찌하여 나갔더냐 선지자를 보기 위함이었더냐
옳다 내가 너희에게 이르노니 선지자보다 더 나은 자니라…
내가 진실로 너희에게 말하노니 여자가 낳은 자 중에
세례 요한보다 큰 이가 일어남이 없도다"(마 11:7–9, 11상).

요단강 주변 광야

예수 그리스도는 세례자 요한이 강인한 사람이었음을 증언하기 위해 반대의 이미지-바람에 흔들리는 갈대를 동원했다. 그런데 그 갈대가 '부드러운 옷을 입은 왕궁 사람들'을 가리키고 있는 데 비해, 그 선지자-세례자 요한을 가리키는 어떤 사물은 생략되고 있다. 그것은 그

리스도의 증언을 듣고 있는 청중들이 생략된 그 물체에 대해 잘 알고 있었음을 보여준다. 다시 말해서 그리스도는 당시에 잘 알려진 비유-갈대와 상수리나무 이야기를 세례자 요한과 헤롯 안디바의 일당을 묘사하는데 사용했던 것이다.[54] 이것은 유대인 신약학자 데이비드 플루서(David Flusser)가 말한 것처럼, 랍비들의 비유를 잘 알지 못하면 그리스도의 가르침을 이해하기가 어렵다는 사실을 보여준다.

가냘픈 갈대와 거대한 상수리나무가 함께 강가에 심겨졌다. 거센 바람이 불 때마다 상수리나무는 땅에 단단히 박혀있는 뿌리로 버텨내곤 했다. 그러나 어느 날 몰아친 돌풍에 그만 뿌리째 뽑혀 넘어지고 말았다. 그러나 갈대는 작은 바람에도 이리 저리 눕기 때문에 살아남을 수 있었다. 이 이야기에는 현실과의 타협을 거부하고 버티다 쓰러지는 상수리나무와, 끊임없이 현실과 타협하므로 명맥을 유지하는 갈대의 생존 방식이 대조를 이루고 있다. 아마도 청중들은 '그러면 너희가 무엇을 보러 나갔더냐'라는 질문에 이어 '거센 바람에도 넘어지지 않는 상수리나무냐'라고 물을 줄 기대했을 것이다. 그러나 그리스도는 생뚱맞게 '부드러운 옷 입은 사람이냐? 부드러운 옷을 입은 사람들은 왕궁에 있느니라'는 말로 청중들의 주의를 환기시켰다.

그러니까 '너희가 무엇을 보려고 광야에 나갔더냐?'라는 그리스도의 질문에는 '너희가 세례자 요한을 보려고 광야에 나갔던 것은 그의 상수리나무처럼 강직한 면모 때문이었지 않느냐? 그가 목숨을 부지하기

---

54) Ron Mosley, *Yeshua*, Messianic Jewish Publishers, p. 23.

위해 갈대처럼 헤롯에게 타협할 것이라고 생각하느냐?'라는 의미가 들어 있다. 그렇기에 곧 이어 '부드러운 옷 입은 사람들은 왕궁에 있느니라(타협을 좋아하는 사람들은 헤롯당들이며, 요한은 그와 같은 인물이 아니다)'라는 말로 청중들과 공감대를 형성했던 것이다. 흥미로운 것은 아직 세례자 요한이 처형되지 않았음에도 불구하고, 그가 상수리나무와 같은 최후를 맞게 될 것이 암시되고 있다는 점이다. 여자가 낳은 자 중에 가장 큰 사람 요한은 이제 곧 거목이 쓰러지듯 죽게 될 것이다. 그가 헤롯의 잘못을 지적하다 죽음을 자초하게 되었을 정도로, 그의 입은 한 번도 불의 앞에서 침묵하거나 참되지 않은 말을 뱉지 않았다. 만약에 그를 선지자로 생각한다면, 그의 죽음이 그의 진실한 선지자 됨을 보여주는 것이라고 여긴다면, 그리스도에 대한 그의 증언이 참되었음도 기억해야 한다는 것이다.

비유 ④

43. 독수리가 모이느니라

"그들이 대답하여 이르되 주여 어디오니이까 이르시되
주검 있는 곳에는 독수리가 모이느니라"(눅 17:37)
"번개가 동편에서 나서 서편까지 번쩍임 같이 인자의 임함도 그러하리라
주검이 있는 곳에는 독수리들이 모일 것이니라"(마 24:27-28)

대머리 독수리

그리스도의 재림 예언에 붙어 있는 이 구절은 수많은 주석가들의 상상력을 자극해왔다. 맨슨(T.W Manson) 같은 학자는 마치 독수리들이 시체를 향해 신속하게 날아드는 것처럼 마지막 날에 그리스도의 심판도 신속하게 이루어질 것에 대한 비유라고 생각했다.[55] 어떤 학자들은 시체가 있는 곳에 독수리가 보이는 것처럼 그리스도의 재림이 가시적으로 이루어질 것에 대한 비유라고 생각하며, 또 다른 학자들은 세계대전으로 시체가 세상에 즐비하게 널려져 있을 때 그리스도가 올

55) F. F. Bruce, 예수의 난해한 말씀들, 요단출판사, p. 275.

것이라는 비유로 해석한다. 부르스(F. F. Bruce)는 심판을 부르는 상황이 되면 어디서나 그리스도를 볼 수 있게 되는 것에 대한 비유라고 설명한다.[56)]

그런데 위의 구절들은 "그 새끼들도 피를 빠나니 시체가 있는 곳에는 독수리가 있느니라"(욥 39:30)를 배경으로 하고 있다. 여기서 '시체'를 의미하는 히브리어는 '할랄림(הללים)' 으로서 칼에 베어진 사람 즉, 자상을 입은 자 혹은 칼에 맞아 죽은 자를 가리킨다. 그것이 바로 누가복음이 단순히 육체를 의미하는 단어 '소마(σώμα)' 를 사용하고 있는데 비해, 마태복음에서 시체를 의미하는 단어 '프토마(πτώμα)' 로 표현하고 있는 이유이다(한글 개역개정은 주검이라는 단어로 통일했다). 그리고 독수리는 '네세르(נשר)' 로서, 동물의 사체를 먹고 사는 콘도르(condor) 과의 독수리(vulture)들을 가리킨다. 이 독수리들은 털갈이하는 기간을 제외하고는 대머리 상태로 있다(미 1:16). 그러니까 주검 있는 곳에 독수리가 모인다는 말은 시체가 있는 곳에 독수리가 함께 있다는 뜻이다. 따라서 독수리를 로마 군대의 문장으로 해석하여 세계 제국에 의한 종말로 해석하는 것은 옳지 않다. 왜냐하면 로마의 문장에 새겨진 독수리(eagle)는 동물의 사체를 먹지 않기 때문이다. 그렇다면 주검과 독수리와의 관계로 묘사된 이 비유에는 어떤 의미가 담겨 있는 것일까? 그 해답은 이 비유에 앞서 제자들이 그리스도에게 던진 "주여 어디오니이까?"라는 질문에서 찾을 수 있다. 마태복음에 나와

---

56) 같은 책, p. 276.

있지 않은 이 질문은 누가복음에서 그리스도의 재림 때 일어날 휴거에 관한 가르침에 이어 기록되어 있기 때문이다.

"내가 너희에게 이르노니 그 밤에 둘이 한 자리에 누워 있으매 하나는 데려감을 얻고 하나는 버려둠을 당할 것이요 두 여자가 함께 맷돌을 갈고 있으매 하나는 데려감을 얻고 하나는 버려둠을 당할 것이니라"(눅 17:34-35).

그러니까 제자들은 휴거에 관한 가르침을 듣고 궁금증을 떨쳐 버릴 수가 없었다. 그들이 어디로 데려감을 당하는지 알고 싶었던 것이다. 그러나 그리스도는 그들의 질문에 직설적으로 대답하는 대신 숙어적 표현을 사용했다. 즉, 주검이 있는 장소와 독수리가 모이는 장소를 따로 생각할 수 없는 것처럼, 제자들이 있는 장소에 그리스도가 함께 있게 될 것이라는 것이었다.[57] 이런 해석에 대해 린지(Robert Lindsey)는 좀 더 학문적 접근을 시도한다. 그리스도의 재림에 관한 이 가르침은 승천하기 직전 감람산에서 제자들과 나눈 대화에 들어있었을 것이라는 것이다.[58] 그리스도와 제자들이 결국에는 한 장소에 있게 될 것이라는 이 가르침은, "내가 다시 와서 너희를 내게로 영접하여 나 있는 곳에 너희도 있게 하리라"(요 14:3하)는 말씀을 떠올리게 한다.

57) JP, Vol. 5, No. 2. p. 19.
58) Robert Lindsey, *Jesus, Rabbi and Lord*, p188.

비유 ⑤

44. 간청함을 인하여 주리라

"내가 너희에게 말하노니 비록 벗됨으로 인하여서는
일어나서 주지 아니할지라도 그 간청함을 인하여
일어나 그 요구대로 주리라"(눅 11:8)

기도하는 사람 고대조각

간청하는 기도의 비유에는 고대 유대인들의 소박한 환대정신이 들어있다. 오늘날처럼 숙박업소가 잘 마련되어 있지 않던 고대에서 여행자들은 친지의 집에서 묵을 수밖에 없었다. 가능하면 밝을 때 도착하려고 했겠지만, 이런 저런 이유로 늦어지는 경우가 많았다. 그처럼 밤중에 들이닥친 손님에 대해서 집주인이 잠자리 뿐 아니라 식사까지 제공하는 것이 통례였다. 만약 자기 집에 음식이 없을 경우 이웃집에 요청하는 것도 허용되었다. 왜냐하면 그 방문객은 가정의 손님인 동시에 그 마을의 손님으로 간주되었기 때문이다. 그런 관점에 비추어볼 때 이 비유에 나오는 이웃 사람은 한밤중에라도 마땅히 일어나서 떡을 나누어 주어야 했다. 그리스도의 가르침 중에 "비록 벗됨을 인하여서는 주지 아니할지라도"라는 말이 "당연히 벗됨을 인하여서 주어야 한다"는 뉘앙스를 풍기는 이유가 그 때문이다.

끈질긴 요청을 나타내는 헬라어 '간청(아나이데이아 ἀναίδεια)'의 원래 의미는 '뻔뻔스러움'이다. 이 비유에서 모두가 잠든 한밤중에 찾아와 떡을 빌려달라고 졸라대는 행위를 뻔뻔스럽다고 말한다. 그와 동시에 식구들이 잠자리에 들었다는 핑계로 떡을 못주겠다는 이웃도 뻔뻔스럽기는 마찬가지일 것이다. 결국 떡 가진 사람의 뻔뻔스러움은 떡을 빌리러 온 사람의 뻔뻔스러움에 지고 만다. 왜냐하면 떡 안 빌려주려다가 잠든 식구들을 깨울까봐 염려하기 때문이다. 그런데 이 뻔뻔스러움을 가리키는 히브리어 '후쯔파(חצפה)'는 유대 문화에서 하나님께 응답받는 기도의 자세로 칭송되었다.

예수 그리스도보다 1세기 앞서 활동했던 랍비 호니는 기적을 불러오는 기도자로 명성이 높았다. 가뭄이 들면 사람들이 호니에게 찾아가 하나님이 비를 내려주시도록 기도를 부탁했다. 그럴 때면 호니는 땅에 원을 그리고 그 속에 앉아 전능자에게 기도하곤 했다. 그의 별명이 '원을 그리는 사람'이었던 것도 그 때문이었다. 그리고 그의 기도는 단순했다. "하나님이 비를 내려주실 때까지 저는 여기서 움직이지 않겠습니다" 그가 이처럼 기도할 때마다 즉시 비가 왔다고 한다. 예수 그리스도보다 1세기 늦게 활동했던 랍비 아키바도 뻔뻔스러운 기도에 대해 이야기했던 것으로 전해진다. 한 번은 가뭄이 들었을 때 그의 스승 엘리에젤이 금식하며 기도했지만 응답이 없었다. 그런데 아키바가 기도를 시작하자마자 비가 쏟아졌다. 자연히 스승과 제자 사이에 서먹한 긴장이 감돌 수밖에 없었다. 그러자 아키바가 사람들에게 이렇게 말했다고 한다. "왕에게는 예의바른 딸과 뻔뻔스러운 딸이 있습니다. 예의바른 딸이 왕에게 무엇을 요청할 때 빨리 허락이 되지 않지만, 뻔뻔스러운 딸이 요구하는 것은 즉각 허락됩니다. 그 이유는 아버지가 예의바른 딸과 더 오래 이야기하고 싶어 하고, 집요한 딸은 빨리 눈앞에서 사라지게 하고 싶기 때문입니다"[59)]

뻔뻔스러운 기도는 성경에서 종종 발견된다. 홍수 심판이 예고되었을 때 아무런 기도를 하지 않았던 노아와 달리, 아브라함은 소돔과 고모라에 내릴 불 심판에 대해 적극적으로 기도했다. 아브라함은 자신을 '티끌이나 재와 같은 존재' 로 낮추면서 뻔뻔스럽게 다섯 번이나 요구사항을 관철시켰다(창 18:22-32). 모세도 이스라엘 백성들이 금송아지 우상을 만들어 경배한 죄로 전멸하게 되었을 때 기도로 상황을 반전시켰다. 그는 이스라엘 백성들의 속죄를 위해 뻔뻔스럽게도 자신의 이름을 책에서 지워달라고까지 했다(출 32:7-14, 32). 예수 그리스도께 칭찬받았던 사람들은 모두 뻔뻔스러운 믿음의 소유자였다. 열 두 해를 혈루증으로 고생하던 여자는 부정한 몸으로 뻔뻔스럽게 예수 그리스도의 옷자락에 손을 대었다. 명백히 그녀는 정결규정을 어기고 자신의 부정을 옮긴 것이었다. 그럼에도 불구하고 그녀는 뻔뻔스러운 믿음으

59) L. Finkelstein, *Akiba, Ssholar, Saint and Martyr*(New York:Atheneum, 1975) 105f

로 병 고침을 얻었다(눅 8:43-48). 예수의 발을 자신의 머리털로 씻기고 향유를 부었던 한 여인은 뻔뻔스럽게도 초대받지 않은 자리에 나타나 그 일을 했다. 더구나 그녀는 행실이 좋지 않기로 소문난 상태에서 뻔뻔스럽게도 그리스도의 명성에 금이 갈 행동을 했던 것이다. 그럼에도 불구하고 그녀는 그 일로 죄 사함을 얻었다(눅 7:36-50).

여리고 성문 가까이 있었던 맹인 거지는 사람들의 제지에도 아랑곳하지 않고 뻔뻔스럽게 그리스도를 불러 세웠다. 그 결과 그는 광명을 찾았다(눅 18:35-43). 귀신 들린 딸을 두었던 수로보니게 여인은 자녀의 떡을 개들에게 줄 수 없다는 그리스도의 거절에 포기하지 않았다. 뻔뻔스럽게도 그녀는 자녀가 먹다 남긴 부스러기를 먹는 개로 자처하며 은총을 구했다. 그리고 그녀는 자신이 원하던 것을 얻었다(막 7:24-30). 뻔뻔스러움의 극치는 불의한 재판관에게서 올바른 판결을 얻어낸 과부의 비유에 들어있다. 그녀의 뻔뻔스러운 요청은 하나님조차 두려워하지 않는 권력가의 마음을 움직였다. 그리스도는 이 비유를 간청하는 기도의 중요성을 가르치는데 사용했다(눅 18:1-8). 밤중에 찾아온 친구의 비유에는 이처럼 기도에 관한 유대인의 관점이 들어 있는 것이다. 그러나 뻔뻔스러움의 진정한 의미는 인간의 공로가 아니라, 하나님의 은총 밖에는 의지할 곳이 없다는 절박함이다.

비유 ⑥

45. 불의의 재물로 친구를 사귀라

"주인이 이 옳지 않은 청지기가 일을 지혜 있게 하였으므로
칭찬하였으니 이 세대의 아들들이 자기 시대에 있어서는
빛의 아들들보다 더 지혜로움이니라
내가 너희에게 말하노니 불의의 재물로 친구를 사귀라
그리하면 그 재물이 없어질 때에
그들이 너희를 영주할 처소로 영접하리라"(눅 16:8-9)

옳지 않은 청지기의 비유는 예수 그리스도의 난해한 가르침 가운데 하나이다. 이 비유가 난해한 이유는 첫째로, 어떤 계층의 사람을 겨냥한 비유인지 얼핏 보아서 알 수 없다는 데 있다. 비유에는 대체로 겨냥하는 개인이나 그룹이 있기 마련이다. 예를 들어 선한 사마리아인의 비유는 한 율법사를 겨냥한 것이고(눅 10:25), 포도원 농부의 비유는 서기관들과 대제사장을 대상으로 한 것이다(눅 20:19). 그러나 이 비유의 앞뒤 문맥에서 전혀 그런 것이 발견되지 않는다. 둘째로, 비유의 전개에 있어서 그리스도 특유의 예상을 뒤엎는 반전이 들어 있기 때문이다. 대부분의 청중과 독자들은 주인이 옳지 않은 청지기를 법정에 끌

고 갈 것으로 기대했을 것이다. 그러나 예수 그리스도는 주인이 오히려 그 청지기의 영리함을 칭찬하는 것으로 끝을 맺었다. 셋째로, 비유의 결론 부분에 제 2성전 시대의 특수한 용어가 사용되었기 때문이다. 다시 말해서 8절에서 사용된 '빛의 아들들' 과 9절에서 사용된 '불의의 재물' 은 에세네파의 문서에서 쉽게 발견되는 기술적 용어이다. 따라서 예수 그리스도 당시의 청중이 아닌 독자들은 그리스도가 이 비유를 통해 누구에게, 무엇을, 왜 말하려고 했는지 알기가 어렵다.

그런데 위의 세 가지 난해한 요소는 결국 서로 연결되어 있으며, 일관된 주제의 가르침을 주고 있다. 물론 이 비유를 푸는 열쇠는 '빛의 아들들' 과 '불의의 재물' 이라는 에세네파의 용어이다. 쿰란 문서에 의하면 '빛의 아들들' 은 에세네파를 가리키는 말로서 그들 이외 세상의 모든 '어둠의 아들들' 과 대조를 이룬다. 극단적인 이원론에 잡혀있던 그들은 하나님이 정하신 날에 그들 이외 모든 사람이 심판 받을 것으로 보았던 것이다. 그리고 '불의의 재물' 역시 쿰란 문서에 나오는 용어로서 '불의한 자들의 재물' 이라는 의미이다.[60] 그들은 '빛의 아들들' 이외의 누구와도 금전 거래를 하지 않았으며, 공동체 외의 사람들이 주는 음식도 먹지 않았다. 왜냐하면 불의한 자들과 음식 교제를 하거나 재물의 거래를 함으로써 부정하게 된다고 보았기 때문이다. 그러니까 그리스도가 '불의의 재물로 친구를 사귀라' 는 명령에는 '금전거

60) 쿰란 훈련규칙 6:2의 어떤 사본에 재물을 뜻하는 히브리어 '혼(הון)' 이 다른 사본에서는 '마몬(ממון)' 으로 표기되어 있다. 따라서 플루서 같은 학자는 제 2 성전 시대에 두 단어가 같은 뜻으로 사용되었던 것으로 본다. David Flusser, *Judaism and the Origins of Christianity*, Magness Press, p. 153.

래를 통해 친구를 만들어라' 는 의미가 담겨있다. 그것은 '이 세대의 아들들이 빛의 아들들보다 더 지혜롭다' 는 선언과 일맥상통하는 것이다. 다시 말해서 재물을 가지고도 어려운 이웃을 돕거나 빌려주지도 않는 빛의 아들들(에세네파)보다 차별 없이 상부상조하는 일반인들이 재물을 더 잘 사용한다는 것이다. 그리고 자기들만을 위해 재물을 사용하는 에세네파들은 어려울 때 도와줄 친구를 만들지 못했다는 점에서 지혜롭지 못하다는 것이다. 결국 그들은 주후 70년 성전 파괴이후 로마 군대가 반란군 근거지 소탕을 위해 광야의 은둔공동체를 모두 파괴할 때 누구의 도움도 받지 못한 채 스러지고 말았다.

그럼에도 불구하고 이 비유를 읽는 독자들의 마음이 여전히 개운치 않을 수 있다. 왜냐하면 옳지 못한 청지기를 본받아야 하는 부담감 때문이다. 그러나 그리스도의 비유 중에 종종 부도덕한 사람이나 혐오스러운 동물이 등장하는 것을 생각해보아야 한다. 예를 들어 돌아온 탕자의 비유가 아버지의 재산을 탕진해도 좋다는 것을 가르치기 위한 것이 아니다. 그리고 "뱀 같이 지혜로워라" 고 했을 때 사람이나 짐승을 물어 해치는 존재가 되라는 뜻이 아닌 것이다. 옳지 못한 청지기의 비유도 마찬가지이다. 주인의 재산으로 자신의 앞날을 준비해도 된다는 가르침이 아닌 것이다. 오히려 비난 받아야 마땅한 그가 도덕적으로 흠 없다고 자부하는 빛의 아들들보다 현명하게 여겨진 것은 아이러니이다. 그 아이러니를 통해 그리스도는 청중들이 그 옳지 못한 청지기보다 어리석어서는 안 된다는 역설적 교훈을 준다. 덧붙여서 '불의의 재물' 을 '부정한 재물' 로 해석하면 안 된다는 것을 말해 두고 싶다. 만약 재물 자체가 부정한 것이라면 재물을 사용해서 친구를 만들라는 그리스도의 가르침이 정결규례에 익숙해있던 원 청중들에게 이상하게 들렸을 것이기 때문이다. 그리고 구제를 위해 재물을 사용하라는 명령으로 해석하는 것도 자연스럽지 않다. 왜냐하면 당시 유대인들에게 구제는 일상적인 일이었기 때문이다. 그처럼 이 비유를 구제에 대한 명령으로 보는 해석은 도덕적 감화의 목적으로 중세교회 때부터 시도된 것으로 보인다.

가장 중요한 것은 여기에서 주인이 누구를 가리키느냐 하는 것이다. 랍비들은 종종 하나님을 집주인 혹은 관대한 부자로 묘사했다. 옳지 않은 청지기 비유에서도 주인은 하나님을 가리켰을 가능성이 크다. 이야기 결론부에서 '그들이 너희를 영주할 처소로 영접하리라'고 했는데, 랍비들은 하나님을 가리키는 용어로 '그들'을 자주 사용했다(미쉬나 Sot. 1:7;미쉬나 Qid. 1:10; T. Ta'an 4:9; 미쉬나 아보트 4:5;3:8;4:4).[61] 영화로까지 만들어졌던 소설 '인터스텔라'에서 주인공이 난관에 부딪칠 때마다 도와준 '그들'이 하나님을 암시하는 것인지도 모른다. 어쨌거나 그리스도는 재물을 잘 사용함으로써 '영원한 처소에 들어갈 수 있다'고 가르치셨다. 랍비들도 재물을 잘 사용해서 이생과 내생을 얻을 수 있다고 가르쳤다. 헬무트 틸리케는 이 비유에 결론으로 이렇게 말했다. "우리의 돈지갑이 찬송가 책보다 천국과 지옥에 대해 더 많은 관계를 맺을 수 있다."[62]

---

61) 이진희, 유대적 배경에서 본 복음서, 컨콜디아사, 304쪽.
62) 헬무트 틸리케, 기다리는 아버지, 이계준 역, 컨콜디아사, 133쪽.

비유 ⑦

46. 나는 참 포도나무요

"나는 참 포도나무요 내 아버지는 농부라...
나는 포도나무요 너희는 가지라 그가 내 안에,
내가 그 안에 거하면 사람이 열매를 많이 맺나니
나를 떠나서는 너희가 아무 것도 할 수 없음이라
사람이 내 안에 거하지 아니하면 가지처럼 밖에 버려져 마르나니
사람들이 그것을 모아다가 불에 던져 사르느니라"(요 15:1, 5–6)

이스라엘 땅은 대부분 석회암으로 덮여 있다. 그 석회암이 풍화되어 만들어진 적토(Terra Rosa)는 포도나무 재배를 위한 최적의 토양이 된다. 지중해성 기후와 어우러진 가나안의 7 대 작물 가운데 하나가 포도였으며(신 8:8), 모세 시절 그 땅을 정탐하러 갔던 정탐꾼들이 포도나무 가지를 증거물로 베어 왔다는 사실이 그것을 말해준다(민 13:20-24). 포도농사는 자연스럽게 포도주 생산으로 이어져 왕국시대 주요 수출품 가운데 하나가 되기도 했다. 이처럼 포도가 일상생활에 가까이 있었던 관계로 예언자들은 이스라엘을 하나님의 포도나무에 즐겨 비유하곤 했다. 그 비유들에서 포도나무는 모두 부정적인 이미지

로 사용되었다. 다시 말해서 이스라엘은 농부의 노력과 기대를 배신하고 몹쓸 열매를 맺어 뽑히기 직전의 포도나무에 비유되었던 것이다(사 5:1-7, 겔 15:1-8, 호 10:1).

예수 그리스도의 참 포도나무 비유는 예언자들의 예언에 뿌리를 두고 있으며, 부정적 이미지와 대조적으로 긍정적 이미지를 보여주고 있다. 이 비유에서 그리스도는 제자들을 통해 하나님의 기대에 맞게 열매 맺는 참 포도나무이다. 그리고 참 포도나무 그리스도와 연합한 가지-제자들이 열매 맺는 참 하나님의 백성이다. 과거 예언자들이 목말라 찾던 참 포도열매의 시대가 그리스도를 통해 열리게 된다는 가르침이다. 두 말할 것도 없이 그리스도에게 붙어있지 않는 가지들은 말라서 불쏘시개가 될 것이다. 그들이 마른 가지처럼 버려지는 이유는 생명력 없는 나무-종교집단에 붙어있기 때문이다. 포도나무는 덩굴 식물인 관계로 가지가 땅에 닿으면 새로운 뿌리를 내리게 되어 있다. 이스라엘 땅에서 우기에 젖은 땅에 닿은 포도나무 가지는 새로운 뿌리를 내리고, 새로운 가지를 뻗기 시작한다. 그러나 새로 자라나기 시작한 가지는 건기가 돌아오면 새로운 뿌리로부터 충분한 수분을 공급받지 못해 말라 죽어버리게 된다.[63] "내 안에 거하지 아니하면 가지처럼 밖에 버려져 마르나니"라는 구절이 그것을 말해준다. 이처럼 열매 없는 포도나무가 불쏘시개 외에 전혀 목재로서 가치가 없다는 교훈은 에스겔의 비유에서 따온 것으로 보인다(겔 15:2-6). 아마도 최후의 만찬

63) James W. Fleming, *The Gospel of John*, Biblical Resources, p. 97-98.

에서 행해진 것으로 보이는 이 가르침은 참 이스라엘 논쟁에 종지부를 찍고 있다.

예수 그리스도의 비유에 감추어진 또 하나의 대조는 당시 예루살렘 성전 입구 기둥 꼭대기 부분에 장식된 황금 포도나무 가지이다. 요세푸스는 그 웅장한 크기와 정교한 솜씨가 보는 이들의 찬탄을 자아낼 만한 것이었다고 적었다.[64] 미쉬나에 의하면 때때로 사람들이 황금 잎이나, 포도 알, 포도송이 등을 사는 형식으로 헌금했다고 한다. 그러면 제사장들은 헌금자의 이름을 황금 잎에 새겨 높이 달아주었다.[65] 마치 그들은 하나님이 찾으시는 참 포도처럼 보였을 것이다. 아마도 성전에 출입하는 모든 사람들은 높이 달린 황금 잎사귀들에 새겨진 이름이 부러웠을 지도 모른다. 그렇게 함으로써 대제사장 일가는 성전이 참 포도나무라는 인상을 심어줄 수도 있었을 것이다. 그와 반하여 예수 그리스도는 그 조형물이 아닌 자신이 참 포도나무임을 강조하고 있다. 다시 말해서 그 조형물에 이름을 새겨 넣었다고 해서 참 포도나무에 붙어있지 않다는 것이다. 그리고 조형물의 일부가 되었다고 해서 열매를 풍성히 맺게 되는 것도 아니다. 하나님이 찾으시는 영적 도덕적 열매는 그리스도의 가르침을 실천함으로써 맺게 된다는 것이다.

주후 70년 예루살렘이 로마의 티투스 장군에 의해 함락되었을 때 성전도 파괴되었다. 로마 군인들은 성전에 있던 보물들을 모두 약탈했

---

64) 요세푸스, 김지찬역, 유대고대사, 생명의말씀사, 15권 11장 p. 355-356.
65) Phlip Blackman, ed. Mishina,Middot, 3:8, New York; Judaica Press.

으며, 성소의 황금 촛대(메노라)를 승전 기념품으로 가져갔다. 로마인들은 그 승리를 영원히 기념하기 위해 로마에 티투스 개선문을 세우고 그 위에 메노라 탈취 장면을 조각했다. 성전 입구의 황금 포도나무도 그 때 약탈당했던 것으로 보이며, 예루살렘에 남아 있던 그 헌금자들도 목숨을 잃었을 것이다. 그리고 황금 잎사귀에 새겼던 헌금자들의 이름마저 영원히 사라졌다. 그로써 참 포도나무 비유의 마른 가지에 대한 예언은 성취되었다. 그리고 그리스도께 붙어 많은 열매를 맺는 가지에 대한 예언도 불과 1세기가 지나지 않아 성취되었다.

비유 ⑧

47. 한 알의 밀이 죽지 아니하면

"명절에 예배하러 올라온 사람 중에 헬라인 몇이 있는데.....
예수께서 대답하여 이르시되 인자가 영광을 얻을 때가 왔도다
내가 진실로 진실로 너희에게 이르노니
한 알의 밀이 땅에 떨어져 죽지 아니하면 한 알 그대로 있고
죽으면 많은 열매를 맺느니라"(요 12:20, 23, 24)

유월절 기간의 1세기 예루살렘은 세계 각지에서 온 순례자들로 북적거렸다. 그 중에는 유대교로 입교하기 전의 이방인들도 있었다. 이들은 '경건한 헬라인(행 17:4, 12)'으로서, 유대교의 기본적 가르침들을 실천하려 했다(행 10:2; 16:13-14; 18:4). 명절에 예루살렘을 찾는 것도 그런 동기에서였다. 그리스도를 만나기 원했던 그 헬라인들은 이른바 경건한 이방인들이었다. 그리스도는 그들이 만나기 원한다는 말을 듣고, 밀알의 비유를 제자들에게 주었다. 그 비유에서 밀알의 죽음은 일차적으로 그리스도를 가리키며(23절), 이차적으로 그의 제자들을 가리킨다(25절). 같은 이유로 '많은 열매'는 그리스도와 제자들을 통해 영생을

얻게 될 신자들을 가리킨다고 볼 수 있다. 나중에 바울도 고린도 교회에 보낸 편지에서, 신자들이 죽음을 통해 부활에 이를 것을 씨앗의 비유로 설명했다. "그러나 이제 그리스도께서 죽은 자 가운데서 다시 살아나사 잠자는 자들의 첫 열매가 되셨도다......누가 묻기를 죽은 자들이 어떻게 다시 살며 어떠한 몸으로 오느냐 하리니 어리석은 자여 네가 뿌리는 씨가 죽지 않으면 살아나지 못하겠고"(고전 15:20,35,36).

예수 그리스도의 밀알 비유와 바울의 씨앗 비유는, 헬라인 혹은 헬라 문화권의 신자들을 대상으로 했다는 점에서 공통점이 있다. 아마도 그리스도와 바울은 '씨앗의 죽음과 소생'이라는 이미지가 헬라인들에게 친숙하다는 것을 알았을 것이다. 이것과 관계된 헬라의 대표적 종교 행사는 엘레우시스 제의였다. 엘레우시스 제의는 일 년에 두 번, 봄과 가을에 아테네에서 23km 떨어진 엘레우시스까지 행진하는 축제 행사였다. 이중 가을에 행해지는 8일 동안의 큰 제의는 봄에 예비 의식을 마친 사람이라면 누구든지, 헬라어를 말할 수 있는 사람이라면 여자와 노예든 참여할 수 있는 권리가 있었다.[66]

이 제의는 농업과 풍요의 여신 데메테르가 지하세계로 끌려간 딸 코레(페르세포네)를 찾아 엘레우시스로 왔다는 신화를 바탕으로 만들어진 것이다. 제우스의 형제이자 지하세계의 신 플루톤(하데스)은 페르세포네에게 석류 4알을 먹게 하는데 성공한다. 그래서 그녀는 일 년에 4개월을 지하세계에 가서 살아야 하고, 그 기간 동안 데메테르는 땅에

66) 미르치아 엘리아데 지음, 이용주 옮김, 세계종교사상사 1, 이학사, 449쪽.

서 식물이 자라지 못하게 한다. 그리고 페르세포네가 어머니에게로 돌아오는 기간 동안 땅에는 곡식과 과일이 풍성하게 된다. 엘레우시스 제의는 바로 식물의 죽음과 소생을 상징하는 비의인 것이다. 이 제의가 가지는 의의는 죽음을 두려워하는 인간들에게 영생불사의 영감을 불어넣는데 있다. [데메테르에게 바치는 찬가]의 저자는 "행복하도다. 대지 위에 사는 인간으로 이 비의를 목격한 자여! 그러나 입문하지 못한 자와 제의에 참여하지 못한 자는 죽은 다음 어두운 명계에서 같은 행운을 누리지 못할 것이다(480-482행)"[67] 이 제의와 관계된 유물은 주전 5세기 후반의 것으로 추정되는 엘레우시스 부조(Eleusinian Relief)이다.[68] 이 부조에는 트립톨레모스(Triptolemus)가 데메테르로부터 씨앗을 받는 것이 묘사되어 있으며, 트립톨레모스의 머리 위에 손을 얹은 페르세포네의 모습이 묘사되어 있다.[69] 엘레우시스 비의에 관한 기록에도 데메테르에게 바치는 씨앗들이 상자에 넣어 운반되었다고 한다. 주후 3세기 교부였던 히폴리투스는 엘레우시스 밀교에 대해 이렇게 말했다. "아테네인들은 엘레우시스 제전의 최고급 단계에 들어가는 사람들에게, 가장 높은 신비한 진리들에 입문한 사람에게 적합한 강력하고 놀라우며 가장 완전한 비밀을 보여주었는데, 그것은 '수확한, 침묵의 곡물 이삭'의 비밀 또는 신비였다."[70]

엘레우시스 제의는 대략 주전 15세기에서 시작되어, 로마가 기독교

---

67) 앞의 책, 442쪽
68) 아테네 국립 고고학 박물관에서 소장품.
69) 트립톨레모스는 데메테르로부터 비의에 관한 것을 전수 받은 인물 중 하나이다.
70) Hippolytus, 《Refutation of all Heresies》, in ANF, vol. 5; 5, 3.

를 공인한 주후 4세기까지 2000년 동안 명맥을 유지한 제의였다. 따라서 그리스도와 바울을 포함한 1세기 유대인들이 모두 알고 있었을 것이다. 그리스도는 이 제의의 핵심 소재인 씨앗의 죽음과 소생을 자신의 죽음과 부활로 바꾸어 가르쳤을 개연성이 있다. 그러므로 영생은 엘레우시스 비의를 깨닫는 데서 얻어지는 것이 아니라, 그리스도를 통해 얻어지는 것을 밀알의 비유로 가르쳤을 것이다.

비유 ⑨

48. 건축자들의 버린 돌이 모퉁이의 머리 돌이 되었다

"예수께서 이르시되 너희가 성경에 건축자들이 버린 돌이 모퉁이의 머리 돌이 되었나니 이것은 주로 말미암아 된 것이요 우리 눈에 기이하도다 함을 읽어 본 일이 없느냐....이 돌 위에 떨어지는 자는 깨지겠고 이 돌이 사람 위에 떨어지면 그를 가루로 만들어 흩으리라 하시니"(마 21:42,44)

과수원 망대

건축자들의 버린 돌은 건물을 지을 때 사용하고 남은 잡석이다. 그리고 모퉁이의 머리 돌은 건물의 주춧돌을 가리킨다. 그렇다면 건축자재로 쓸 수 없는 돌이 어떻게 주춧돌이 되었을까? 이 말을 이해하기 위해서는 먼저 그리스도께서 인용한 시편과 이사야 구절들을 살펴볼 필요가 있다. "건축자가 버린 돌이 (집) 모퉁이의 머리(돌)가 되었나니 이는 여호와께서 행하신 것이요 우리 눈에 기이한 바로다"(시 118:22-23). "그러므로 주 여호와께서 이같이 이르시되 보라 내가 한 돌을 시온에 두어 기초를 삼았노니 곧 시험한 돌이요 귀하고 견고한

기촛 (돌)이라 그것을 믿는 자는 다급하게 되지 아니하리로다"(사 28:16). "그가 성소가 되시리라 그러나 이스라엘 두 집에는 걸림돌과 걸려 넘어지는 반석이 되실 것이며...."(8:14). 초기 그리스도인들은 하나님의 나라를 큰 집으로 보았던 유대인의 개념을 이어 받았다. 당연히 그리스도인들은 그 집이 세워지는 모퉁이 돌을 그리스도로 보았다. 구약성경에는 모퉁이 돌을 주춧돌의 의미로 사용한 구절들이 있다. 욥기 38:6에서 '모퉁이 돌'로 번역된 אֶבֶן פִּנָּתָהּ(에벤 피나타)'와, 스가랴 4:7에서 '머릿 돌'로 번역된 הָאֶבֶן הָרֹאשָׁה(하에벤 하로샤)가 그것이다. 더구나 그리스도는 나귀를 타고 예루살렘으로 들어올 때, 백성들로부터 "호산나 다윗의 자손이여"라는 환영을 받았다. 왕이신 구원자 하나님을 향한 그 간구는 시편 118:25절을 그리스도에게 적용한 것이다. 따라서 '건축자의 버린 돌' 구절에 뒤이은 '호산나 기도'를 같은 맥락에서 이해하는 것이 자연스럽다. 게다가 그리스도는 성전 지도자들에게 버림 받으셨다가 하나님 나라의 머리가 되셨다. 따라서 모퉁이 돌을 주춧돌로 해석하지 않을 이유가 없었다. 베드로는 대제사장 문중을 향해 "이 예수는 너희 건축자들의 버린 돌로서 (집) 모퉁이의 머릿돌이 되었느니라"(행 4:11)고 담대히 외쳤다. 건축자들을 종교 지도자들로 해석했던 것이다. 히브리어로 건축자들은 '보님(בּוֹנִים)'이며, 돌은 '에벤(אֶבֶן)'이고, 아들은 '벤(בֵּן)'이다. 악한 농부와 아들의 비유는 히브리어로 훌륭한 언어유희가 된다.[71] 바울은 주춧돌의 개념을 더욱 발전시켜 "그리스도 예수께서 친히 모퉁이 돌이 되셨느니라 그의 안

---

71) Randall Buth and Brian Kvasnica, *Temple Authorities and Tithe Evasion*, p. 76. Jesus' Last Week, Brill 2006.

에서 건물마다 서로 연결하여 주 안에서 성전이 되어가고 너희도 성령 안에서 하나님이 거하실 처소가 되기 위하여 그리스도 예수 안에서 함께 지어져 가느니라"(엡 2:20하-22)고 말했다. 베드로 전서에는 이사야 28:16과 시편 118:22과 이사야 8:14을 나란히 인용되기도 했다(벧전 2:6-8).

위의 설명은 그리스도가 건물의 모퉁이 돌로 해석된 과정을 설명해준다. 하지만 여전히 잡석이 모퉁이 돌이 된 언어적 배경은 과제로 남는다. 그런데 히브리어 성경 시 118편 22절의 '모퉁이의 머리돌(로쉬 피냐)'은 '망대의 머리(돌)'로 번역이 가능하다. '피냐(פִּנָּה)'라는 단어가 '모서리' 혹은 '망대'의 의미로 사용되기 때문이다(습 1:16; 3:6). 그래서 '로쉬 피냐'는 '모퉁이의 머리(돌)' 혹은 '망대의 머리(돌)'로 번역될 수 있는 것이다. 그리스도의 비유에 나오는 포도원에는 망대가 세워져 있었다. 만약에 건축자들의 버린 돌이 '망대의 돌'이 되었다면, 의미상 아무런 문제가 없다. 포도원의 망대는 잡석을 쌓아 올린 정도로 충분히 훌륭하기 때문이다. 따라서 건축자들이 버린 돌은 망대의 기초 석으로 얼마든지 사용 가능하다.[72] 건축자의 버린 돌이 '망대의 돌'이 될 수 있는 것은 이사야 28장에 나오는 '시험한 돌'로도 설명이 가능하다. 대부분의 영어 역본에서 '시험한 돌(tested/tried stone)'로 번역된 '에벤 보한(אֶבֶן בֹּחַן)'은 '망대의 돌'로 번역이 가능하다. 왜냐하면 명사 '바한(בַּחַן)'은 '시험' 혹은 '망대'라는 의미를 모두 가지고 있기 때문이다.

---

72) 조철수, 예수 평전, 김영사, 557쪽.

이상과 같은 설명을 바탕으로 하나의 유추가 가능하다. 우선 이사야 28장에서 시온의 기초석은 망대의 돌을 가리킨다. 그 다음, 시 118편은 건축자들의 버린 돌이 망대의 돌일 가능성이다. 이 구절에서 '모퉁이'와 '망대'의 두 가지 뜻을 가진 명사 '피냐'가 사용된다. 시간이 흐르면서, 건물의 주춧돌을 가리키는 '하에벤 하로샤'나 '에벤 피냐타'가 망대의 기초 혹은 건물의 주춧돌을 가리키는 '로쉬 피냐'와 함께 사용된다. 그리스도인들은 '로쉬 피냐'를 앞에서 설명한 이유들 때문에 건물의 주춧돌로 받아들인다.

정결 규정 ①

49. 하루살이는 걸러내고

"맹인 된 인도자여 하루살이는 걸러내고
약대는 삼키는 도다"(마 23:24).

마태복음 23장에는 바리새인들과 서기관들에 대해 "화 있을 진저"로 시작하는 예수 그리스도의 일곱 가지의 저주가 나온다. 그리고 그 저주들은 모두 그들의 일곱 가지 위선적 행동 혹은 모습을 배경으로 하고 있으며, '하루살이와 약대' 비유는 네 번째 저주에 들어있다. 그런데 하루살이는 걸러내고 약대는 삼킨다는 것이 무슨 뜻이며, 바리새인들과 서기관들의 위선적 행동을 어떻게 보여주고 있는 것일까? 먼저 하루살이와 약대가 모두 유대인의 음식 규정에서 부정한 것들로 간주되고 있다는 점을 알 필요가 있다. 레위기의 정결과 부정에 관한 규례에는 "날개가 있고 기어 다니는 곤충은 혐오해야 한다"(레 11:23)

고 가르치고 있으며, 만일 부정한 벌레가 물이 담긴 그릇에 떨어지면 마실 수 없다고 규정하고 있다(레 11:34). 따라서 바리새인들은 마실 물을 정결하게 보관하기 위해 파리 같은 날벌레가 물에 빠져 죽기 전에 건져 내느라고 신경을 썼다. 그런데 하루살이가 팥알 크기보다 작은 경우에는 정결 규례에 제한을 받지 않았다.[73] 그런데 약대는 먹을 수 없는 동물 가운데 가장 큰 것으로서 실제로 어떤 바리새인도 약대를 먹지는 않았다(레 11:4). 따라서 그리스도의 가르침은 비유이다.

그런데 예수 그리스도의 하루살이 비유는 정결규례에서 문제가 되지 않을 정도로 작고 눈에 띄지 않는 하루살이는 가려내면서, 큰 몸집의 부정한 동물인 약대를 서기관과 바리새인들이 가려내지 못한다는 설정으로 사람들의 흥미를 끈다. 그리고 하루살이를 걸러내면서까지 정결한 음료수를 마시려는 그들이, 거대한 약대가 담긴 물을 약대와 함께 마셔버린다는 데서 웃음을 자아낸다. 그리고 모두가 다 보는데서 부정한 동물을 먹은 그들이, 다른 사람들에게 정결 규례를 강요한다는 이중성의 폭로로 청중들의 분노를 불러일으킨다.

다시 말해 예수의 가르침은 바리새인들이 율법의 세부규정 실천에 지나치게 신경을 쓴 나머지 큰 것은 놓치고 있다는 어리석음의 폭로를 넘어, 그들의 위선적 행동을 드러내는데 초점이 맞춰져 있다. 그리스도의 가르침은 그리스도가 서기관들과 바리새인들을 향해 '맹인 된 인도자'라고 부르는 것과 맥을 같이 한다. 맹인은 눈 뜬 사람에 의해

73) IVP 신약배경주석, p. 126.

인도를 받아야 할 사람이지 인도할 사람이 아니다. 그럼에도 불구하고 그들이 눈 뜬 사람을 인도할 수 있다고 믿는다면 비극이 아닐 수 없다. 그런 자들을 착각에서 빠져나오게 해주는 길은 구약 시대 선지자들이 했던 것처럼 충격요법을 사용하는 것이다. 마치 예루살렘의 멸망을 예고했던 선지자들이 "화 있을 진저"라고 저주 신탁(Owe Oracle)을 외쳤던 것처럼 그리스도도 서기관과 바리새인들의 위선적 행동에 "화 있을 진저"라는 마지막 메시지를 전달했던 것이다. 그런데 그들이 사회의 극빈층에 속하는 과부의 재산을 삼켰다는 사실을 약대 삼킨 비유와 연관 지어 볼 때 심각성이 더해진다.

> "그들은 과부의 가산을 삼키며 외식으로 길게 기도하는 자니 그 받는 판결이 더욱 중하리라 하시니라"(막 12:40).

정결 규정 ②

50. 내게 손을 댄 자가 누구냐

"이에 열두 해를 혈루 증으로 앓는 중에
아무에게도 고침을 받지 못하던 여자가 예수의 뒤로 와서
그의 옷 가에 손을 대니 혈루증이 즉시 그쳤더라
예수께서 이르시되 내게 손을 댄 자가
누구냐 하시니"(눅 8:43-45상).

불치병을 앓고 있던 여자가 손을 댄 것은 예수 그리스도의 옷 술(찌찌트 ציצית)이었다. 옷 술은 겉옷의 가장 자리에 실을 꼬아 만든 단(tassels)으로서 유대인 남자들이 하나님의 계명을 지켜 행하도록 자각하는 표시였다. 그것은 다른 민족에게 자신의 유대인 됨을 드러내는 성별의 표시인 동시에 하나님을 전심으로 섬기려는 성결의 상징이었다. 따라서 옷 술(찌찌트)을 단 남자는 일단 의롭게 살려는 사람으로 간주되었다. 그러니까 그 여자는 예수 그리스도가 하나님께 성별된 사람이자 경건한 능력의 소유자로 믿었으므로

그곳에 손을 대었던 것이다. 그런데 예수 그리스도는 왜 그 여자를 공중 앞으로 나오게 했을까? 복음서에는 그 여자가 떨며 나아와 옷 술에 손을 댄 이유와 병 나은 것을 실토했다고 되어 있다. 그 여자가 떨며 나아온 것은 군중으로부터 격리되었어야 할 부정한(unclean) 환자로서, 유대인의 법을 어기고 예수 그리스도의 옷을 만졌기 때문이다. 만약에 그 여자가 혈루 증만 고쳐서 돌아갔다면 예수 그리스도의 인격과는 상관없이 옷자락에 대한 추억만이 남았을 것이다. 그리고 그 여자의 치유를 통해 예수 그리스도가 누구인지 알려질 수 없었을 것이다. 그녀는 정결 법을 어긴 일의 죄책감을 치유 받는 동시에 예수 그리스도와의 인격적 관계 안으로 들어올 필요가 있었던 것이다.

그런데 옷 술과 관계된 모세의 율법은 다음과 같다.

> "여호와께서 모세에게 말씀하여 이르시되 이스라엘 자손에게 명령하여 대대로 그들의 옷단 귀에 술을 만들고 청색 끈을 그 귀의 술에 더하라 이 술은 너희가 보고 여호와의 모든 계명을 기억하여 준행하고 너희를 방종하게 하는 자신의 마음과 눈의 욕심을 따라 음행하지 않게 하기 위함이라 그리하여 너희가 내 모든 계명을 기억하고 행하면 너희의 하나님 앞에 거룩하리라"(민 15:37-40).

여기서 끈의 색깔이 청색인 것은 하늘-하나님의 보좌를 상징하는 것으로서 하나님에 대한 경외를 의미한다. 그런데 찌찌트의 히브리어 자음을 숫자 값으로 환산하면 모두 600이 된다(צ는 90x2, י는 10x2,

ת는 400). 그리고 찌찌트에 달려있는 여덟 개의 실과 다섯 개의 매듭의 숫자를 모두 합치면 토라에 보존된 613개의 계명과 일치하는 숫자가 된다고 유대인들은 설명한다. 게다가 한 술 더 떠서 옷단 귀에 술을 만들 때 다섯 개의 매듭 사이에 긴 끈을 다른 끈에 7번, 8번, 11번, 13번 감는다. 이때 7+8+11의 합계는 26이 되어 야훼를 나타내는 히브리어 자음(יהוה)의 숫자 값이 된다. 그리고 나머지 13은 '하나'를 뜻하는 '에하드(אחד)'의 자음 숫자 값이다. 따라서 26과 13이라는 두 숫자를 통해서 "하나님은 한 분이시다(יהוה אחד)"는 신명기의 쉐마(신 6:4-9)를 상기시키고 있다.[74)]

예수 그리스도는 경건한 사람으로 비쳐지기 위해 옷 술(ציצית)을 길게 하는 바리새인들을 책망하셨다(마 23:5). 그들은 경건의 모양은 갖추었지만 경건의 능력은 소유하지 못한 사람들이었다.

74) 왕대일, 이 법대로 할 것이라, 그 말씀 1999. 5월호, p. 42.

정결 규정 ③

51. 이미 목욕한 자

"베드로가 이르되 내 발을 절대로 씻지 못하시리이다
예수께서 대답하시되 내가 너를 씻어 주지 아니하면
네가 나와 상관이 없느니라
시몬 베드로가 이르되 주여 내 발뿐 아니라
손과 머리도 씻어 주옵소서
예수께서 이르시되 이미 목욕한 자는
발밖에 씻을 필요가 없느니라
온 몸이 깨끗하니라"(요 13:8-10상).

유월절 전날 만찬석상에서 예수 그리스도는 제자들의 발을 씻기기 시작했다. 유대인들의 관습으로 볼 때 발을 씻는 것은 외출에서 돌아온 직후-식사 전에 행해진다(눅 7:44). 따라서 예수 그리스도가 식사 도중에 제자들의 발을 씻은 것은 통상적인 세정관습을 따른 것으로 보기 어렵다. 그 뿐 아니라 발을 씻어줌으로써 제자들과의 관계가 성립된다고 말한 것과(13:3), 제자들끼리 서로 씻어주게 하기 위해 모범을 보였다는 진술(13:15)은 단순히 발을 씻어주기 위한 행동이 아니었음

예루살렘 성전 남쪽 입구 계단 옆에서 발굴된 정결예식용 저수조(미크베, מקוה)

염해 남서쪽에 있는 마사다에서 발굴된 미크베. 이런 저수조가 이스라엘 전역에서 약 120개 발굴되어 있다.

을 알게 해준다.

예수 그리스도가 제자들의 발을 씻겨준 것은 유월절 식사와 무관하지 않다. 유대인들이 유월절 축제에 참가하기 위해서 먼저 정결예식을 치러야 했다(요 11:55). 제사장들이 자원자에게 물을 뿌려주는 이 예식은 일주일에 두 번 밖에 행해지지 않았기 때문에 서둘러 유월절 전에 예루살렘에 입성해야 했고, 정결하게 된 다음에는 부정에 오염되지 않도록 조심해야 했다(민 19:19, 요 18:28). 예수 그리스도가 제자들의 발을 씻어준 이야기가 오직 요한복음에만 기록되어 있고, 요한복음이 성전파괴 이후에 기록된 점을 감안하면 요한은 예수가 제자들의 발을 씻겨준 것이 성전에서의 정결예식을 대신한 것으로 암시하고 있는 것처럼 보인다. 다시 말해서 요한은 옛 성전 아래에서의 정결이 새 성전이신 그리스도 아래에서의 정결로 대치되었음을 보여주고 있는 것이다. 흥미로운 것은 외경 복음서에 이것과 관계된 이야기가 나온다는 점이다. 즉, 어떤 바리새파 대제사장이 성전에 들어온 예수 그리스도에게 "너는 목욕도 하지 않았고 네 제자들은 발도 씻지 않았는데 도대체 어떻게 이 정결한 영역에 들어와 거룩한 기물들을 바라볼 수 있다는 말이냐?"라고 비난을 퍼부었다는 것이다(NTApoc 1:81-82).

공관복음에 나오는 성만찬의 제정 – 떡과 포도주로 예수 그리스도의 죽음을 기념하는 의식의 제정이 요한복음에는 나오지 않는다. 그 대신 세족예식을 통한 사랑의 관계형성이 성만찬의 의미로 기록되고 있다. 다시 말해서 공관복음에서 예수 그리스도의 살과 피를 상징하는 음식이 죄와 부정을 정결케 하는 상징으로 기록되고 있는 것에 비해 요한복음에서는 예수 그리스도의 발을 씻어주는 사랑의 행위가 죄와 부정으로부터 정결케 하는 상징으로 기록되고 있다는 점이다. 그리고 이미 그리스도를 통해 정결하게 된 제자들이 서로 발을 씻어주는 사랑의 행위를 통해 서로를 정결하게 한다.

베드로는 세족의 의미에 대해 그리스도로부터 "네가 지금은 알지 못하나 이후에는 알리라"(요 13:7)는 예언을 들었다. 말년에 베드로가 쓴 편지에서 발견되는 다음의 구절은 분명 예수 그리스도가 제자들의 발을 씻기던 유월절 식사와 관계있어 보인다.

> "무엇보다 뜨겁게 서로 사랑할지니 사랑은 허다한 죄를 덮느니라"(벧전 4:8).

정결 규정 ④

52. 오른 편 귀를 베어버리니

"이에 시몬 베드로가 칼을 가졌는데 그것을 빼어
대제사장의 종을 쳐서
오른 편 귀를 베어버리니 그 종의 이름은 말고라"(요 18:10)

그리스도가 체포되던 날 밤 겟세마네 동산에서 베드로가 대제사장의 종 말고(Malchus)의 오른 편 귀를 베어버린 사건은 4복음서에 모두 기록되어 있다. 비록 요한복음에만 베드로와 말고의 이름이 기록되어 있지만 4 복음서 저자들 모두 이 사건을 중요하게 다루었다는 것이 흥미롭다. 그와 동시에 베드로가 왜 여러 사람 중에서 말고를 공격했으며, 왜 하필 귀를 베었을까 궁금해진다. 먼저 대제사장의 종 말고는 평범한 종이 아니라 당시 유대 사회에서 세간 하코하님(סגן הכהנים)이라고 알려진 대제사장 수석 보좌관을 가리킨다.[75] 따라서 베드로는 그리스도의 수제자로서 적의 우두머리를 공격한 것이다. 그리고 많은 사람이 추측하는 것처럼 베드로가 말고의 목을 베려다 실패한 것이 아니라, 의도적으로 그의 귀를 잘랐던 것으로 보인다. 왜냐하면 신체의 일부가 손상된 사람은 성전에서 봉사할 수 없기 때문이다. 그러니까 그리스도가 떨어진 귀를 다시 붙여주지 않았더라면, 말고는 대제사장의 수석 보좌관 자리를 잃어버리고 말 운명이었던 것이다. 베드로는 바로 그 점을 노리고 치명적 고통을 안겨줄 심산으로 그의 귀를 잘랐던 것이다.

장애인이 성전에서 사역할 수 없다는 규정은 레 21:16-24에 명문화되어 있다. 70인역에 의하면 그런 사람은 심지어 제물 가까이 갈 수도 없었다. 이 규정은 제 2성전 시대에도 지켜졌는데, 요세푸스의 글에 주전 40년 안티고누스가 힐카누스 II의 귀를 잘라 왕과 대제사장 자리에 복귀하지 못하도록 한 사건이 나온다.[76] 미쉬나에 의하면 귓바퀴 전체가 아니라 귓불만 떨어져 나가도 성전에서 봉사할 수 없는 사람으로 취급했던 것을 알 수 있다.[77] 따라서 베드로가 말고의 귀를 자른 사건은 그와 같은 유대 문화의 배경 속에서 이해되어야 한다.

흥미로운 것은 그리스도가 말고의 귀를 다시 고쳐주신 것이다. 그리고 그 이야기는 누가복음에만 기록되어 있다. "예수께서 일러 이르시되 이것까지 참으라 하시고 그 귀를 만져 낫게 하시더라"(눅 22:51)

---

75) Ron Mosley, *Yeshua*, Messianic Jewish Publishers, p. 25.
76) 요세푸스 II, 김지찬 역, 생명의 말씀사, p. 266-267.
77) Philip Backman, ed. *Mishina*, New York Judaica Press 1983, Parah 3:8

그와 반면 마태와 요한은 "칼을 칼집에 꽂으라"(마 26:52, 요 18:11)고 기록했고, 마가는 오히려 그리스도가 무리들에게 항변한 것만 기록했다(막 14:48-49). 아마도 누가는 잃어버린 자를 찾아 구원하러 오신 그리스도의 모습을 거기에서도 발견했는지 모른다. 히브리어로 왕을 의미하는 단어(멜레크, מלך)를 이름의 어간으로 갖고 있던 말고가, 진정한 왕이신 그리스도를 따르게 되었는지 알 수 없다.

어쨌거나 그리스도는 말고의 귀를 온전케 해줌으로써 불필요한 복수 행위를 금지시켰으며, 하나님의 뜻에 온전히 복종하는 모범을 보여주었다. 베드로는 그 사건으로 대제사장의 종들에게 얼굴이 알려지게 되었으며, 말고의 친척 되는 종은 대제사장 가야바의 집 뜰에서 불을 쬐고 있던 그를 대번에 알아보았다. 급기야 베드로는 그리스도를 부인함으로써 위기를 모면했지만, 그리스도를 끝까지 따르겠다는 약속을 지키지도 못한 채 물러서야 했던 것이다(요 18:25-27).

정결 규정 ⑤

53. 좋은 생선과 나쁜 생선

"또 천국은 마치 바다에 치고 각종 물고기를 모는 그물과 같으니 그물에
가득하매 물 가로 끌어내고 앉아서
좋은 것은 그릇에 담고 못된 것은 내 버리느니라
세상 끝에도 이러하리라 천사들이 와서
의인 중에서 악인을 갈라내어 풀무 불에 던져 넣으리니
거기서 울며 이를 갈리라" (마 13:47-50)

그리스도의 천국 비유에서 흔히 볼 수 있는 것이 분리개념이다. 즉, 천국에 들어갈 자와 지옥에 들어갈 자 혹은 상 받을 의인과 심판받을 악인이 이 세상에 섞여 살지만 마지막에는 따로 분리된다는 것이다. 예컨대 밀과 가라지 비유, 슬기로운 다섯 처녀와 미련한 다섯 처녀 비유, 양과 염소의 비유 등에서 그런 개념을 발견할 수 있다. 당연히 좋은 생선과 나쁜 생선의 비유에서도 의인과 악인이 영원히 분리되는 것을 보게 된다.

그런데 위의 생선 비유에서 좋고 나쁜 것을 가리는 기준이 무엇인

가가 중요하다.

이 비유를 처음 대하는 대부분의 사람들은 크고 싱싱한 것이 좋은 생선이며 작고 상처난 것이 나쁜 생선이라고 생각할 것이다. 그러나 문제는 생선비유에서 나쁜 생선을 폐기 처분한다는데 있다. 만약에 나쁜 생선이 작거나 덜 싱싱한 것을 의미한다면 헐값에 팔거나 연기에 쐬어서 훈제 생선을 만들 수도 있을 것이다. 실제로 예수님 당시에 갈릴리 해변 막달라의 큰 생선 가공공장에서는 훈제 생선을 만들어 전국에 유통을 시켰다. 아람어 막달라는 히브리어로 믹달(מגדל)인데 탑을 의미한다. 그러니까 높은 건물을 보기 힘들었던 갈릴리에서 생선공장의 높은 굴뚝을 가리키던 명칭이 지역 이름이 된 경우라고 보면 된다.

그러면 나쁜 생선은 어떤 것을 가리켰는가?

유대인들에게 있어서 나쁜 생선은 모세가 가르친 정결한 음식 코드에 규정된 비늘과 지느러미 없는 생선이다. 그것들은 아무리 크고 싱싱하다고 해도 팔거나 먹을 수 없었다. 그러니까 생선 비유에 나오는 각종 물고기를 모는 그물은 당시의 그물 중에서 저인망이라고 보아야 하며, 그물에 끌려온 각종 물고기는 여러 수심대에 서식하던 생선들인 것이다. 그 중에는 유대인들이 먹을 수 있는 것과 없는 것들이 섞여 있었을 것이다. 따라서 어부들은 그물을 끌어올린 다음 두 종류의 생선을 갈라놓아야만 했던 것이다. 결국 예수님의 생선 비유는 천국에 들어갈 자와 지옥으로 떨어질 자가 장차 확실히 갈라지게 될 것을 유대인의 정결한 음식 규례를 가지고 생생하게 설명한 것이다.

지금도 유대인들은 이 음식 규례를 철저히 지킨다. 소위 크셔룻(קשרות) 음식이라고 해서 육류, 조류, 어류에 관한 모세 율법에 맞는 음식만 먹는다. 그런데 진정한 코셔 음식이 되려면 재료의 선택에서부터 관리와 조리 방법까지 철저히 코드에 맞춰 지켜져야 한다. 뉴욕의 유대인 밀집지역에 있는 한 해산물 식당(Sea Food Restaunrant)은 몰려드는 손님으로 큰 돈을 벌었는데, 입구에는 〈랍비가 검증한 코셔 생선만 취급합니다〉라는 팻말이 붙어 있었다.

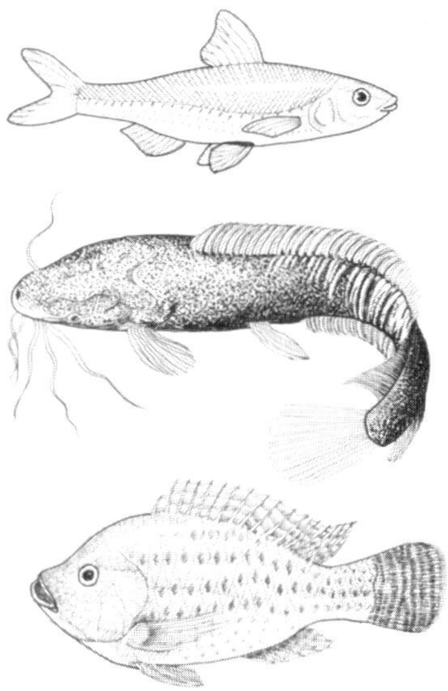

위로부터 갈릴리 정어리, 메기, 베드로 고기

정결 규정 ⑥

54. 개들이 와서 헌데를 핥더라

"그런데 나사로라 이름하는 한 거지가 헌데 투성이로
그의 대문 앞에 버려진 채 그 부자의 상에서 떨어지는 것으로 배불리려
하매 심지어 개들이 와서 그 헌데를 핥더라"(눅 16:20-21)

애완견을 가까이하는 현대문명과 달리 성서시대에 개의 이미지는 매우 부정적이다. 유대인의 정결 관습으로 볼 때 개는 식용으로 쓰기에 부정하며, 부정한 것을 먹고 살기 때문에 접촉해서는 안 되는 동물로 간주되었다(출 22:31). 비록 개들이 양떼를 지키는 데 사용될 만큼 충성스럽지만(욥 30:1), 그 부정함 때문에 가축 중에서 가장 천한 동물로 인식되었다(시 68:23, 전 9:4). 따라서 히브리 속담에서도 자연스레 개가 부정적인 이미지로 등장한다. 예를 들어 하나님이 혐오하시는 제사를 드린다는 의미의 "개의 목을 꺾는 것"(사 66:3), 저주받은 죽음을 맞게 될 것이라는 의미의 "개들이 네 피 곧 네 몸의 피도 핥으리라"

(왕상 21:19), 성매매로 번 돈이라는 의미의 "창기의 번 돈과 개 같은 자의 소득"(신 23:18), 미련한 일을 반복한다는 의미의 "개가 그 토한 것을 도로 먹는 것 "(잠 26:11), 천한 존재라는 의미의 "거룩한 것을 개에게 주지 말며"(마 7:6), 죽음보다 삶이 귀하다는 의미의 "산개가 죽은 사자보다 낫다"(전 9:4), 떼를 지어 다니는 악인들이라는 의미의 "개처럼 울며 성으로 두루 다니고"(시 59:6) 등이 그것이다.

예수 그리스도가 거지 나사로의 비유에서 개들이 그 헌데를 핥았다고 했을 때 청중들은 극심한 혐오감을 느꼈을 것이다. 왜냐하면 나사로가 단순히 재물의 저주를 받아 거지가 되었을 뿐 아니라 부정한 병을 앓는 중에 개들이 그 헌데를 핥았기 때문이다. 아마도 청중들은 그 개들이 자신들의 신체 일부를 핥을 것 같은 상상에 심기가 불편했을 것이다. 평소에도 유대인들이 개를 만나면 피하거나 돌을 던져 달아나게 함으로써 부정에 접촉되지 않으려 했다.

물론 개는 페니키아 전통 종교에서 치료의 신 '굴라'의 화신이었다. 개가 헌데를 핥으므로써 치료 효과를 보았던 것이다. 그러니까 나사로는 가난했기 때문에, 의원에게 가지 못하고 개가 핥도록 몸을 내 맡겼다고 할 수 있다. 그렇다면 나사로는 종교적으로도 부정한 사람으로 손가락질 당해야 했다. 그런데 예수 그리스도는 그 나사로가 죽어 아브라함의 품에 안겼다며 이야기를 반전시켰다. 청중들은 부정한 상태로 죽은 나사로가 낙원에 갔다는 사실에 적지 아니 놀랐을 것이다. 나사로는 정결규례의 관점에서 볼 때 개와 같은 수준에 있었기 때문이다. 그보다 더 충격적이었던 것은 부자가 지옥에 떨어졌다는 대목이었다. 아마도 청중들은 부자가 낙원에 가고 나사로가 지옥에 떨어졌다고 했으면 마음이 편했을 지도 모른다. 그러나 그리스도는 의도적으로 그들의 고정관념을 흔들어 놓았다. 가장 충격적인 대목은 음부에서 부자가 나사로를 시켜 얻으려고 했던 요청마저 모두 거절되었다는 것이다. 부자는 살았을 때 나사로에게 음식 찌꺼기를 던져 주었으며, 나사로보다 더 정결하게 살았음에도 불구하고 사후세계에서 은총을 입지 못했다. 그 부자는 동족인 나사로를 적어도 부정한 개들에게서 건져주어야 했던 것이다.

그런데 그리스도의 비유는 거기에서 끝나지 않고 부자의 유족들에게로 이어진다. 부자의 요청에 의하면 그들도 음부의 불꽃 가운데로 떨어질 운명이었고, 모세와 선지자의 가르침을 진정으로 실천하지 않는 사람들이었다. 그리스도는 결국 부자의 유족들을 등장시켜 청중들의 어리석음과 위선을 꼬집고 있는 것이다. 한마디로 청중들이 아브라함의 후손이라는 것이나 정결규례를 지키며 산다는 것은 사후 세계에서 은총을 입는 조건이 아님을 분명히 하고 있다. 예수 그리스도는 모든 유대인들이 중요하게 여기는 율법의 실천 -구제와 선행의 중요성을 다시 한 번 강조하고 있는 셈이다.

정결규례의 관점에서 볼 때 개와 같은 수준이었지만 하나님의 은총을 입은 사람이 또 하나 있다. 그 사람은 바로 귀신 들린 딸을 두었던 이방 여인이다. 그녀는 "자녀의 떡을 취하여 개들에게 던짐이 마땅하지 아니하니라"는 예수 그리스도의 거절에도 불구하고 "주여 옳소이다마는 개들도 제 주인의 상에서 떨어지는 부스러기를 먹나이다"라고 간청했다. 그리고 마침내 그리스도는 그녀의 믿음을 칭찬하며 귀신을 쫓아주었다(마 15:26-28). 그리스도가 정결규정을 어겼거나 불필요한 것으로 가르친 적은 한 번도 없다. 그럼에도 불구하고 그리스도는 의식상의 정결을 유지하는 것으로 율법을 다 지킨 것처럼 착각하는 동시대의 유대인들에게 나사로 이야기와 이방 여인의 딸을 고친 사건을 통해 경각심을 불러일으키려 했던 것으로 보인다.

금언 ①

55. 악한 자를 대적하지 말라

"또 눈은 눈으로 이는 이로 갚으라 하였다는 것을
너희가 들었으나 나는 너희에게 이르노니
악한 자를 대적하지 말라 누구든지 네 오른편 뺨을 치거든
왼편도 돌려대며"(마 5:38,39)

예수 그리스도의 이 가르침은 얼핏 평화주의(pacifism)에 대한 선언처럼 들린다. 따라서 악한 자의 폭력에 저항하지 말라는 이야기로 해석되기도 한다. 그 전형적인 예가 러시아의 저명한 문호 톨스토이와 인도 독립의 아버지 간디이다. 톨스토이는 예수 그리스도의 가르침을 평화주의 선언으로 이해했으며, 간디는 톨스토이에게서 깊은 감명을 받고 비폭력 무저항주의를 제창했던 것이다. 더 나아가서 어떤 이들은 "살인하지 말라"는 계명을 지키기 위해 양심적으로 병역의무를 거부하기도 한다.

그런데 히브리어에서 '살인하다(라짜 רצח)'와 '죽이다(하라그

הרג)'는 전혀 다른 말이다. '살인하다'는 고의적으로 사람을 죽이는 불법 행위를 가리키지만, '죽이다'는 합법적인 사형집행, 전투 중의 인명 살상, 정당방위, 가축의 도살을 가리킨다. 탈무드 산헤드린 72조에 보면 "만약 누군가가 너를 살해하려고 하면 그 의도를 알아차리고 먼저 죽일 것이다"라고 가르치고 있다. 그런데 예수 그리스도가 살인죄에 대해 언급하면서 '형제에게 분노하는' 행위까지 포함시킨 것은 매우 흥미롭다. 왜냐하면 '분노하다'에 해당하는 히브리어 '하라(חרה)'는 '악한 자를 대적하지 말라'고 할 때 사용되는 '대적하다'와 같은 단어이기 때문이다. 다시 말해서 예수 그리스도의 '악한 자를 대적하지 말라'는 가르침은 시 37:1,7,8과 잠 24:19에 나오는 숙어 '악을 행하는 자들로 인해 불평하지 말라'에 대한 인용이며, '형제에게 분노하지 말라'는 말과 같은 의미의 가르침인 것이다.[78]

결국 예수 그리스도는 악한 자가 이미 저지른 죄의 심판을 하나님께 맡기고 스스로 복수하지 말 것을 가르치신 것이다. 왜냐하면 악한 자에 대한 심판은 하나님께 속한 것이기 때문이다(시 37:2, 9, 10, 13-15, 17, 20). 이것은 "너는 그가 내게 행함같이 나도 그에게 행하여 그가 행한 대로 그 사람에게 갚겠다 말하지 말지니라"(잠 24:29)는 잠언의 교훈을 반영하는 것이다. 그러므로 악한자를 대적하지 말라는 가르침은 악한 자의 행동을 방관 내지 수용하라는 가르침이 결코 아니다. 만약 악한 자의 행동을 수수방관하면 더 많은 희생자를 낳게 될 뿐 아니

78) David Bivin and Roy Blizzard, Jr. *Understanding the Difficult Words of Jesus*, Destiny Image Publishers, p 70.

라, 그의 악행에 동참하는 결과가 되고 말 것이다. 그러나 악한 자가 곤경에 처했을 때 불쌍히 여길 뿐 아니라 적극적으로 도와주는 것은 그리스도인들의 덕목이다(마 5:44). 그것은 그리스도인들이 악에 대해 어떤 태도를 취한 것인가를 가르친 사도들의 가르침에 드러나고 있다.

> "마귀를 대적하라"(약 4:7).

> "내 사랑하는 자들아 너희가 친히 원수를 갚지 말고 하나님의 진노하심에 맡기라 기록되었으되 원수 갚는 것이 내게 있으니 내가 갚으리라고 주께서 말씀하시니라 네 원수가 주리거든 먹이고 목마르거든 마시게 하라 그리함으로 네가 숯불을 그 머리에 쌓아 놓으리라 악에게 지지 말고 선으로 악을 이기라"(롬 12:19-21).

금언 ②

56. 구하는 자에게 주며

"네게 구하는 자에게 주며 네게 꾸고자 하는 자에게 거절하지 말라"(마 5:42)

오른 빰을 치는 자에게 왼 빰을 돌려대며, 속옷을 가지려고 고발하는 자에게 겉옷까지 가지게 하고, 억지로 오 리를 가게 하면 십 리를 동행하라는 말씀(마 5:39-41)에 이어 나오는 이 구절은 우리들을 불편하게 만든다. 왜냐하면 이렇게 살 자신이 없기 때문이다. 마치 이 명령은 우리로 하여금 이 세상에서 아무것도 가져서는 안 될 것 같은 인상을 준다. 따라서 종교 개혁가 마틴 루터는 이 구절을 포함한 예수 그리스도의 산상보훈이 하나도 문자대로 지켜질 수 없는 것으로 간주했다. 과연 예수 그리스도는 우리들이 모든 것을 남에게 주어 버리고 빈털터리로 살도록 가르친 것일까?

먼저 이 구절에 나오는 '구하다'와 '꾸다'가 헬라어로 다른 단어이지만 히브리어 대구법으로 볼 때 원래 같은 의미로 사용되었을 것이라는 점이다. 실제로 히브리어 '바카쉬(בקשׁ)'는 '요구하다'와 '빌리다'의 뜻을 모두 가지고 있다. 그러니까 이 구절은 내 소유 가운데 남이 요구하는 것을 분별없이 주라는 명령이 아니라, 빌려주기를 거절하지 말라는 가르침이다. 그런데 그것을 빌리기 원하는 사람은 오른 뺨을 치며, 속옷을 빼앗으려고 고발하며, 강제로 오 리를 동행하게 만드는 악한 자이다. 대부분의 경우 그런 자의 요청을 들어주지 않음으로써 쾌감을 누리게 될 것이다. 그것은 복수의 한 방편이다. 그것은 악한 자를 대적하지(복수하지) 말아야 하는 계명에 위배된다. 따라서 그의 성가신 요청을 외면하지 않음으로써 악인을 인하여 불평하지 말라는 진리를 실천하게 되는 것이다.

그러니까 악한 자를 대적하지(복수하지) 말라는 그리스도의 가르침(마 5:38-39상)은 악한 자의 요청을 들어주라는 가르침(마 5:39하 - 42)으로 한결 더 깊어지고 있으며, 그를 사랑하고 기도해주라는 가르침에서 완성되고 있는 것이다(마 5:43-48).

우리들이 가진 모든 것은 하나님께로부터 온 것이며, 두말할 필요없이 재산 또한 그러하다. 그 재산을 잘 관리하는 것은 모두에게 주어진 의무이자 특권이다. 그것을 아무에게나 주어버리는 것은 의무를 저버리는 것이며, 자신의 삶에 대한 책임마저 저버리는 행위이다. 예수 그리스도는 '달란트 받은 종들의 비유' '한 드라크마를 잃었다 찾은 여인의 비유' '잃었다 찾은 한 마리 양의 비유' 등을 통해 재산관리의 중요성을 간접적으로 가르쳤다. 성경에서 재산관리와 신앙과의 관계를 가장 잘 보여주는 것은 잠언에 나오는 현숙한 여인 이야기이다.

"누가 현숙한 여인을 찾아 얻겠느냐 그의 값은 진주보다 더 하느니라 그런 자의 남편은 그를 믿나니 산업이 핍절하지 아니하겠으며…고운 것도 거짓되고 아름다운 것도 헛되나 오직 여호와를 경외하는 여자는 칭찬을 받을 것이라 그 손의 열매가 그에게로 돌아갈 것이요 그 행한 일로 말미암아 성문에서 칭찬을 받으리라"(잠 31:10-11, 30-31).

금언 ③

57. 눈이 성하면 온 몸이 밝을 것이요

"네 보물 있는 그곳에는 네 마음도 있느니라
눈은 몸의 등불이니 그러므로 네 눈이 성하면
온 몸이 밝을 것이요 눈이 나쁘면 온 몸이 어두울 것이니
그러므로 네게 있는 빛이 어두우면
그 어둠이 얼마나 더하겠느냐"(마 6:21-23).

소경 바디메오를 고치시는 그리스도

재물 관리와 헌금에 대한 그리스도의 강화 가운데 들어 있는 이 구절은 앞뒤 문맥과 내용상 달라 보인다. 그러나 '선한 눈'과 '악한 눈'에 관한 히브리 숙어를 생각하면 그 정확한 의미를 알게 된다. 22절에서 '눈이 성하면'이란 표현을 형용사가 명사 뒤에 오는 히브리어로 재구성해보면 '선한 눈(아인 토바 עין טובה)'이 된다. 히브리 숙어에서 '선한 눈' 혹은 '선한 눈을 가진 자'는 어려운 이웃에게 도움을 주는 의인이다. 이와 반대로 '악한 눈(아인 라아 עין רעה)' 혹은 '악한 눈을 가진 자'는 곤경에 처한 이웃을 외면하는 악인을 가리킨다. 그리스도가 '눈

이 나쁘면'이라고 말했을 때 바로 그 악인-나쁜 눈을 가진 사람을 가리킨 것이다.

> "선한 눈을 가진 자는 복을 받으리니 이는 양식을 가난한 자에게 줌이니라"(잠 22:9).
>
> "악한 눈이 있는 자는 재물을 얻기에만 급하고 빈궁이 자기에게로 임할 줄은 알지 못하느니라"(잠 28:22).

그런데 잠언에는 의인이 복을 받고 악인은 가난하게 된다고 선언하고 있다. 그리스도는 그것을 '온 몸이 밝을 것이다' 혹은 '온 몸이 어두울 것이다'라는 말로 표현했다. 그리고 눈이 몸의 등불이기 때문에 의인은 선한 눈으로써 온 몸을 밝게 비추고, 악인은 꺼진 등불처럼 온 몸을 어둡게 한다고 설명했다. 여기서 '온 몸'은 '삶' 그 자체를 가리키는 것이며, 잠언에서 인용된 말씀이다.

> "의인의 빛은 환하게 빛나고 악인의 등불은 꺼지느니라"(잠 13:9).
>
> "사람의 영혼은 여호와의 등불이라"(잠 20:27).
>
> "자기의 아비나 어미를 저주하는 자는 그의 등불이 흑암 중에 꺼짐을 당하리라"(잠 20:20).

흥미로운 것은 잠언에서 '영혼'이라고 표현한 것을 그리스도가 '눈'으로 대치한 것이다. 이것은 일종의 유추(게제라 샤바 גזרה שוה) 해석법에 의한 것이다. 다시 말해서 그리스도는 선한 눈을 가진 자, 밝은 영혼을 가진 자의 삶이 형통하게 되며, 악한 눈을 가진 자, 어두운 영혼을 가진 자의 삶이 패망하게 된다는 선언한다. 이처럼 그리스도가 눈을 영혼과 같이 본 것은 눈에 대한 유대인들의 사고를 반영하고 있는 것이다. 즉, 눈은 세상을 올바로 보고 행동하도록 하기 위한 도구라는 것이다. 그런데 도움을 주어야 할 사람이 있는데도 보지 못한다면 나쁜 눈이요, 어려운 사람을 보고 구제하게 된다면 좋은 눈인 것이다. 이때 눈은 단순한 신체기관이 아니라 다른 사람의 필요를 알아차리는 안목의 수사적 의미로 사용된다.[79] 따라서 눈이 밝은 사람은 다른 사람을 너그럽게 대하는 사랑의 정신을 가진 사람이기 때문에 빛 가운데 살게 되고, 눈이 어두운 사람은 어둠을 헤매게 되는 것이다.

---

79) Lois Tverberg, *Listening to the Language of the Bible*, En-Gedi Resource Center, p. 32.

금언 ④

58. 복이 있나니

"심령이 가난한 자는 복이 있나니
천국이 그들의 것임이요
애통하는 자는 복이 있나니
그들이 위로를 받을 것임이요"(마 5:3,4)

예수 그리스도가 가르친 8 복은 구약 성서, 특히 시편과 잠언에서 흔히 볼 수 있는 '복이 있도다(아슈레이 אשרי)' 형식의 격언이다. 그리고 히브리어 잠언에서 복 있는 사람들이 현재 그것을 누리고 있는 것으로 묘사되는 것이 특징이다. 그럼에도 불구하고 영어 성경을 중심으로 한 번역본들에는 마치 그것들을 미래에 누리게 되는 것처럼 취급하고 있다. 예를 들어 애통하는 자는 이미 복 받은 자(the blessed)임에도 불구하고 위로를 받게 되는 시점이 미래인 것처럼 번역하고 있는 것이다. 그러나 헬라어 사본에 미래형 시제로 되어 있지 않다.

천국은 예수 그리스도가 사역을 시작할 때부터 이미 임한 것이다(마 12:28). 세례 요한 이후 사람들은 천국으로 들어와 먹고 마시며 누리기 시작했다(마 12:28, 눅 14:15). 세례자 요한이 감옥에서 제자들을 그리스도께 보내어 다른 이를 기다려야 좋을 지 물었을 때 그리스도가 이사야의 예언이 성취되고 있다는 사실을 대답으로 들려준 이유가 거기에 있었다(사 29:18-19, 눅 7:22-23). 하나님은 심령이 가난하여 하나님 외에 의지할 곳이 없는 자들을 모아 이미 천국 백성이 되게 하셨다. 오랜 세월 구원을 기다려온 자들이 그리스도로 만족을 얻고 있으며, 억눌려 애통하던 자들이 그리스도를 통해 위로를 받고 있기 때문에 복 있는 사람들이 된 것이다.

심령이 가난한 자는 하나님 외에 그 어떤 것도 의지할 것이 없는 자들을 가리킨다. 그리고 그들이 천국을 소유하게 되는 것이 아니라 하나님이 그들을 천국 백성으로 삼으신다. 즉, 천국이 그들로 구성되는 것이다. 의에 주리고 목마른 자들은 구원을 갈망하는 자들이라고 할 수 있다. 왜냐하면 히브리어에서 하나님의 '의'와 '구원'은 동의어이기 때문이다. 즉, 왕이신 하나님이 곤경에 빠진 자기 백성에게 행하시는 의가 곧 구원인 것이다. 그런 점에서 의를 위해 핍박을 받는 자도 세상이 구원받도록 부르짖는 자라고 할 수 있다. 왜냐하면 '핍박을 받다'에 해당하는 헬라어는 '추구하다'로 번역이 가능하기 때문이다. 즉, 그리스도로 말미암는 구원이 임하기를 간절히 원하는 자들이 천국 백성이 되는 것이다. 따라서 8복의 말씀을 히브리어 숙어에 맞게 재번역하면 다음과 같이 될 수 있다.

"자기를 의지하지 않는 자들은 복 받았다. 그들이 천국 백성이 되었기 때문이다.

우는 자들은 복 받았다. 그들이 위로를 받았기 때문이다.

온유한 자들은 복 받았다, 그들이 땅을 기업으로 받았기 때문이다.

구원을 갈망하는 자들은 복 받았다, 그들이 만족을 얻었기 때문이다.

남을 불쌍히 여기는 자들은 복 받았다, 그들이 불쌍히 여김을 받았기 때문이다.

마음이 깨끗한 자들은 복 받았다. 그들이 하나님을 보기 때문이다.

평화를 만드는 자는 복 받았다. 그들이 하나님의 자녀라는 별명을 얻었기 때문이다.

세상이 구원받도록 부르짖는 자들은 복 받았다. 그들이 천국 백성이 되었기 때문이다."

금언 ⑤

59. 묵은 것이 좋다 함이니라

"새 포도주를 낡은 가죽 부대에 넣는 자가 없나니 만일 그렇게 하면 새 포도주가 부대를 터뜨려 포도주가 쏟아지고 부대도 못쓰게 되리라 새 포도주는 새 부대에 넣어야 할 것이니라 묵은 포도주를 마시고 새 것을 원하는 자가 없나니 이는 묵은 것이 좋다 함이니라"(눅 5:37-39)

가죽부대

새 포도주와 묵은 포도주의 비유는 얼핏 난제처럼 보이지 않는다. 왜냐하면 묵은 포도주가 유대교의 전통적 신앙을 가리키고 새 포도주가 그리스도의 가르침을 의미하는 것으로 보이기 때문이다. 이 경우 낡은 가죽 부대는 전통적 가치관의 유대인을, 새 부대는 그리스도의 가르침을 받아들이는 제자들을 가리키는 것으로 해석된다. 그렇다면 묵은 포도주를 마신 사람마다 묵은 것을 좋아한다는 진술은 어떻게 이해되어야 할까? 전통적 유대교에 심취한 사람은 누구도 그리스도의 가르침을 따르지 않는다는 의미로 받아들여야 할까? 그렇다면 묵은 포도주와 같은 전통적 유대교의 가르침이 새 포도주와 같은 그리스도의 가르침보다 훨씬 더 심오하다는 모순에 빠지게 되고 말 것이다.

묵은 포도주와 새 포도주의 비유는 세례자 요한의 제자들과 바리새인들이 예수 그리스도와 벌인 금식 논쟁을 배경으로 하고 있다(눅 5:33, 마 9:14). 그리고 그 금식논쟁에는 낡은 옷과 새 옷의 비유, 신랑을 빼앗기는 비유가 함께 들어있다(눅 5:34-36, 마 9:15-16). 그러니까 묵은 포도주와 새 포도주의 비유를 제대로 알기 위해서는 금식 논쟁의 배경과 나머지 두 비유에 담긴 의미를 함께 알아야 하는 것이다. 우선 금식 논쟁은 바리새인들과 세례자 요한의 제자들이 전통적 금식일인 욤키푸르(대속죄일) 외에 새롭게 지키기 시작한 금식일 규정을 배경으로 하고 있다. 원래 금식은 하나님께 더 가까이 나아가기 위한 성결의 수단으로 제정된 것이다. 그런데 바리새인들과 세례자 요한의 제자들은 영적으로 새롭게 되기 위해 전통적 금식일로는 충분하지 않다고 생각했다. 그들은 유대 사회의 영적 갱신을 위해 새로운 금식 운동을 전개했다. 거기에 그리스도의 제자들이 동참하지 않는다고 논쟁을 벌인 것이었다.

그리스도는 영적 무기력에 빠진 유대사회를 낡은 가죽 부대와 낡은 옷에 비유했다. 그 부대와 옷은 새롭게 바뀌어져야 했다. 그리고 바리새인들과 세례자 요한의 제자들이 벌이고 있는 영적갱신 운동을 새 포도주와 새 옷 조각에 비유했다. 그 포도주와 천 조각은 바리새인들과 요한의 제자들처럼 새 부대와 새 옷-새로운 공동체에나 어울리는 것들이었다. 다시 말해서 그것들을 억지로 유대사회에 접목시키려 할 경우 오히려 유대교의 틀마저 깨어지고 말 것이었다. 그리스도는 보다 과격한 가르침을 실천하는 소수만의 영적 갱신이 아니라 유대사회 전체가 새로워지는 갱신을 원했다. 그것은 유대 사회가 최상의 묵은 포도주-전통적 유대교 신앙을 담을 수 있는 새로운 부대로 변화되는 것이었다.[80] 그런데 이처럼 묵은 포도주를 성문율법의 가르침에 비유한 것은 다음과 같은 랍비들의 글에서도 찾아볼 수 있다.

> "사람들은 처음에 포도주의 맛을 느끼지 못한다. 그러나 포도주가 항아리에서 점점 묵혀질수록 더 좋은 것이 되어간다. 그것처럼 율법의 말씀도 사람의 몸에서 오래 묵혀질수록 더 좋은 것이 되어간다."(Soferim 15:6)

그러면 그리스도는 낡은 유대 사회가 언제 묵은 포도주를 담을 새 부대로 바꾸어질 수 있다고 본 것일까? 그것은 혼인집 손님들이 신랑을 빼앗길 날이었다. 여기서 '빼앗기다(taken away)'는 헬라어 아파르테(ἀπαρθῇ)에 상응하는 히브리어는 루카크(לקח)이다. 이 단어는 이사야의 고난 받는 메시아 예언 중 '그가 곤욕을 당하고 끌려갔으나(루카크)'에 나오는 것이다. 즉, 신랑이 끌려가는 날-그리스도가 죽임을 당하고 속죄가 이루어질 때 유대 사회는 성결한 새 부대로 바꾸어진다는 것이다. 그 때가 진정한 의미의 대 속죄일로서 묵은 포도주가 백

---

80) David Flusser의 이러한 해석은 Brad H. Young의 *Jesus The Jewish Theologian*, Hendrickson, p. 157에 인용되어 있다.

성들의 삶에 담겨질 것이었다. 그리스도는 한 번도 전통적 율법(묵은 포도주)을 불필요하거나 불충분한 것으로 보지 않았다. 오히려 그는 율법을 완성하러 왔으며(마 5:17), 바리새인들이 주장하는 구전율법(새 포도주)이야말로 하나님의 계명(성문율법)을 폐하는 것이라고 주장했다(마 15:6).

묵은 포도주가 낫다는 그리스도의 말씀에 당황하는 것은 비단 현대 그리스도인들만의 문제가 아니었다. 구약을 무가치하게 보았던 초대교회 말시온(Marcion)은 율법을 긍정적으로 대하는 그리스도의 이 말씀을 자신이 만든 성경에서 재빨리 삭제해버렸던 것이다.

금언 ⑥

60. 네 원수를 미워하라

"또 네 이웃을 사랑하고 네 원수를 미워하라 하였다는 것을 너희가 들었으나 나는 너희에게 이르노니 너희 원수를 사랑하며 너희를 박해하는 자를 위하여 기도하라 이같이 한즉 하늘에 계신 너희 아버지의 아들이 되리니 이는 하나님이 그 해를 악인과 선인에게 비추시며 비를 의로운 자와 불의한 자에게 내려주심이라"(마 5:43-45)

산상보훈에서 그리스도는 5번이나 '너희는 ~을 들었으나, 나는 너희에게 이르노니' 라는 표현을 사용했다. 대부분 '너희는 들었으나' 의 내용은 토라에 나오는 것들이다. 그런데 '네 원수를 미워하라' 는 말은 토라에 나오지 않는다. 성경 주석가들을 오랫동안 힘들게 했던 이 구절은 사해 사본의 발견으로 해석의 실마리를 갖게 되었다.[81] 사해 종

81) Magen Broshi, "Hatred: An Essene Religious Principle and Its Christian Consquences," *Antikes Judentum und Frühes Christentum*(Berlin: Walter de Gruyter, 1999), pp. 245-252; Jerusalem Perspective No. 56, 1999에서 재인용.

파에 입교하려는 사람들을 훈련시키려는 용도에서 히브리어로 기록된 훈련 교범의 두루마리를 포함하여, 여러 두루마리들에서 '미워하라' 는 표현이 발견된다. 훈련 교범 첫 단락에는 이런 문장이 있다. "하나님이 택하신 모든 자를 사랑하고, 하나님이 버리신 모든 자를 미워하기 위함이라"(1QS 1.3-4). 같은 두루마리 뒷부분에는 같은 가르침이 이렇게 반복된다. "이것들은 사랑하고 미워하는 것과 관계된 실천 규범이다: [진리의 회원] 구덩이의 사람들을 향한 영원하고도 은밀한 증오! [진리의 회원]은 마치 종이 주인을 떠나듯, 가난한 자가 압제자를 떠나듯, 재산과 노동을 그들로부터 멀리해야 한다; 하지만 [회원]은 복수하시는 날을 기다리면서, 하나님의 법을 갈망해야 한다(1QS 9.21-23).

요세푸스가 종파에 대해 이야기하면서, 에세네인들은 식사 전 하루 두 번 맹세했다고 기록했다. 그 맹세에는 "불의한 자들을 영원히 미워하며, 의로운 자들과 함께 싸우는" 서원이 포함 되었다(전쟁기 2:139). 요세푸스의 기록은 사해 종파의 훈련 교범에 나오는 태도와 일치한다. 사해 종파의 에세네인들은 자신들을 하나님과 연합한 자들로 보았다. 그리고 어느 날 하나님이 자신들을 변호하시며, 그 집단에 속하지 않은 자들을 쳐부수실 것이라고 믿었다.

따라서 그들은 동료(하나님과 연합한 자)를 사랑하고, 공동체 바깥의 사람들(하나님과 반대 쪽에 있는 자들)을 미워하도록 가르쳤다. 흥미로운 것은 그들이 외부인을 향해 감추고 있는 적개심을 주인에게 나쁜 감정을 감추고 있는 노예에 비유한 것이다. 자신들의 상태가 하나님이 세우신 덧없는 세상에서 주인을 증오하지만, 노예 제도를 뒤엎을 힘이

없는 형편으로 보았다.[82)]

이스라엘 민족은 레위기 말씀을 사랑의 실천 강령으로 삼아왔다. "너는 네 형제를 마음으로 미워하지 말며 네 이웃을 반드시 견책하라....원수를 갚지 말며 동포를 원망하지 말며 네 이웃 사랑하기를 네 자신과 같이 사랑하라..."(레 19:17-18) 이 구절에서 '형제'를 마음으로 미워하는 것, '원수'에게 보복하는 것, '동포'를 원망하는 것이 금지되었다. 그들은 모두 이웃들로서 자신에게 하는 것처럼 사랑해야 했다. 이 논리를 거꾸로 적용하면 자신의 이웃이 아닌 자들, 예컨대 외지인, 종파 외의 사람, 적은 미워해도 된다는 암시로 해석될 수 있다. 예수 그리스도는 이 구절을 그렇게 해석하지 못하도록 '이웃'의 개념에 원수도 포함시켰다. 이것은 사해 사본에 나와 있는바 하나님은 의로운 자를 위하시고 사악한 자들을 대적하신다는 종파적 패러다임을 거부한 것이다.

그렇게 해서 그리스도는 종파 바깥사람들에 대한 에세네파의 증오 이론에 일격을 가했다. 더 나아가 그리스도는 예화로서 이방인 취급 받는 사마리아 사람들을 이웃에 포함시켰다(눅 10:25-37). 그리고 하나님은 해를 악인에게도 비추시며, 비를 불의한 자에게도 내리는 자비로운 분으로 소개했다. 하나님이 그들을 대적하시지 않고, 오히려 돌보고 계심을 설파한 것이다.

여기서 그리스도의 가르침은 전도서에서 "모든 사람에게 임하는 그

---

82) Krister Stendahl, "Hate, Non-Retaliation, and Love," *Harvard Theological Review* 55(1962), 343-355; David Flusser, *Judaism and the Origins of Christianity* (Jerusalem: Magnes Press, 1988), pp. 483-489.

모든 것이 일반이라 의인과 악인, 선한 자와 깨끗한 자와 깨끗하지 아니한 자, 제사를 드리는 자와 제사를 드리지 아니하는 자에게 일어나는 일들이 모두 일반이니 선인과 죄인, 맹세하는 자와 맹세하기를 무서워하는 자가 일반이로다"(전 9:2)를 간접 인용한 것으로 보인다. 하지만 전도서와 관점을 달리해서 가르친다. 전도서는 의인에게 일어나는 일이 악인이 당하는 일과 같다는 관점이다. 한마디로 인간 세상에서 벌어지는 불편한 진실을 보여준다. 그런데 그리스도는 악인에게 주어지는 은총이 의인이 받는 것과 같다는 관점으로 이야기한다. 한마디로 인류를 차별 없이 사랑하시는 하나님의 자비하심을 보여주는 것이다.

역사 ①

61. 보라 너희 왕이로다

"빌라도가 이 말을 듣고 예수를 끌고 나가서
돌을 깐 뜰(히브리 말로 가바다)에 있는 재판석에 앉아 있더라
이 날은 유월절의 준비일이요 때는 제 육시(정오)라
빌라도가 유대인들에게 이르되 보라 너희 왕이로다
그들이 소리 지르되 없이 하소서 없이 하소서
그를 십자가에 못박게 하소서
빌라도가 이르되 내가 너희 왕을 십자가에 못 박으랴
대제사장들이 대답하되 가이사 외에는
우리에게 왕이 없나이다 하니"(요 19:13-15).

빌라도 비문

빌라도가 예수 그리스도를 십자가에 못 박도록 넘겨 준 시점은 유월절이 시작되는 날 정오였다. 그는 집단 히스테리 증세를 보이고 있는 군중들 앞에 예수와 함께 나타났다. 예수는 이미 빌라도의 명령으로 저 악명 높은 로마의 채찍 형을 받아 온몸이 피투성이가 되어 있었고, 군인들이 씌운 가시 면류관으로 인해 이마에서 얼굴로 피가 연신

흘러내리고 있었다. 뿐 만 아니라 그의 몸에는 왕복을 상징하는 자색 옷이 입혀져 있었다. 마침내 빌라도는 예수를 데리고 나와 자신의 재판 석에 앉혔다.[83] 그리고 "보라 너희 왕이로다"라고 외쳤다. 군중들은 여러 가지로 강박증에 시달렸다. 첫째는 몇 시간 남지 않은 유월절 준비에 차질이 없도록 자신을 정결하게 유지하는 일이었다(요 19:28). 그렇지 않을 경우 유월절 음식을 먹을 수 없었다. 둘째는 유대인의 왕을 풀어주라고 하다가 로마의 반역자로 몰리지 않도록 조심하는 일이었다. 더구나 유대인의 왕이라는 죄목으로 기소된 예수는 만신창이가 되도록 얻어맞은 채 그들 앞에 있었다. 빌라도는 예수 그리스도의 처형을 계기로 반역의 싹을 없앨 극적 효과를 노리고 있음이 분명했다. 그것은 피투성이 예수에게 왕복을 입혀 재판 석에 앉힌 다음 "너희 왕을 보라"고 외친 것을 보아서도 알 수 있었다. 군중들이 할 수 있는 대답은 이미 정해져 있었다.

빌라도의 행동은 처음부터 예수 그리스도를 풀어주는 것과 반대되는 쪽으로 치달았다. 그는 평소 원수처럼 여기던 헤롯 안디바가 예수 그리스도를 넘겨준 일로 그날에 친구가 되었다(눅 23:12). 갈릴리 사람들을 극도로 혐오하던 빌라도[84]에게 갈릴리 사람들의 절대적 추앙을 받고 있는 젊은 갈릴리 지도자를 넘겨준 것은 큰 명절 선물이었을 것이다. 그는 예수 그리스도가 대제사장의 시기로 잡혀온 줄 알면서 바

---

83) 한글 개역 성경에 '앉았다'로 번역되는 헬라어 ἐκάθισεν은 '앉혔다'로 번역이 가능하다. 따라서 '빌라도가 재판석에 앉았다' 혹은 '예수를 재판석에 앉혔다'로 번역될 수 있다.

84) 빌라도는 성전에서 제사 드리고 있던 몇몇 갈릴리 사람들을 죽여 그 피를 제물에 섞어 모독했다(눅 13:1). 아마도 그들에게 반역의 혐의를 뒤집어 씌웠을 것이다.

라바와 예수 중 한 사람을 군중들이 선택하게 했다. 그것은 대제사장 가문의 사주를 받은 군중들이 절대적으로 바라바를 원할 것이라는 것을 계산한 정치적 제스추어였을 뿐이었다. 예수 그리스도보다 상대적으로 덜 위험한 바라바를 풀어주는 것이 이득이었으며, 대제사장 가문의 요구를 들어줌으로써 향후 사태를 유리하게 전개시킬 수도 있었기 때문이다.

그리고 군중들이 예수 그리스도를 십자가에 못 박도록 선택했기 때문에 유대사회의 반감을 살 이유도 없었다. 게다가 유대인들 스스로 가이사 외에는 왕이 없다고 소리치게 만듦으로써 예수 그리스도 처형을 통해 황제의 위상까지 높였다. 그는 유월절이 불과 몇 시간 남지 않은 시간까지 대제사장 가문과 군중들을 초조하게 만들면서 원하는 모든 것을 손에 넣었다. 만약에 그가 예수 그리스도를 살릴 의지가 있었다면 유월절에 사형을 집행하지 않는 유대인의 관습을 빌어 일주일 이상 시간을 끌며 상황을 바꿀 수 있었던 것이다.

역사 ②

62. 이 산에서도 말고 예루살렘에서도 말고

"우리 조상들은 이 산에서 예배하였는데
당신들의 말은 예배할 곳이 예루살렘에 있다 하더이다
예수께서 이르시되 여자여 내 말을 믿으라
이 산에서도 말고 예루살렘에서도 말고
너희가 아버지께 예배할 때가 이르리라"(요 4:20-21).

그리심 산

사마리아 수가 성 여인이 예수 그리스도에게 던진 질문은 '진정한 예배 장소가 어디인가?'라는 것이었다. 이 질문은 마카비 가문의 막강한 권력가였던 요한 힐카누스(주전 134-104)가 주전 126-104년 사마리아 지역의 세겜을 정복하고, 그리심산에 있던 사마리아인들의 성전을 파괴해버린 사건을 배경으로 하고 있다. 유대 땅에서 헬라 세력을 몰아내는데 성공한 그는 평소 눈엣 가시처럼 여겼던 사마리아인들의 성전을 파괴함으로써 예루살렘 성전을 단일 성소화 하는데 성공했다. 그러나 그 사건은 사마리아인들의 뇌리 속에 유대인들을 향한 두려움과 증오로 자리 잡았다. 그 사건이 있은 후 130-150 년이 지난 시점에 그

곳을 지나가던 한 유대인-예수 그리스도에게 던진 사마리아 여인의 질문이 그것을 말해준다. 요한복음에 등장하는 수가성은 구약시대 세겜으로부터 서쪽으로 약 2km 떨어진 곳에 새로 세워진 도시였는데, 세겜은 유대인들에게조차 유서 깊은 예배 장소였다.[85)]

수가성 여인이 예수 그리스도로부터 들은 '이 산에서도 말고 예루살렘에서도 말고'라는 대답은 가히 충격적이었을 것이다. 왜냐하면 유대인으로서 유대인의 성전을 부정하는 말은 상상을 초월하는 것이었기 때문이다. 더구나 헤롯이 주전 20년에 시작한 성전 공사는 46년이 지난 시점에도 완공하지 못했을 정도로 웅장한 규모를 자랑하고 있었다. 다른 이야기에는 꿈쩍도 않던 그녀가 '예루살렘에서도 말고'라는 대답을 들은 다음 즉시 메시야에 대한 소망을 드러낸 것도 이 때문이었다. 그녀는 자신을 옥죄고 있던 성전 열등감에서 풀려나 자유롭게 되는 것을 느꼈을 것이다. 예루살렘에 있는 성전이 진정한 예배 장소가 아니라는 선언은 적어도 그녀에게 복음을 받아들이게 되는 접촉점(point of contact)이었음에 틀림없다. 예수 그리스도의 저 유명한 선언 "내가 그(ἐγώ εἰμι)"(요 4:26)를 들은 그녀는 즉시로 동네 사람들에게 예수를 그리스도로 전파하기 시작했다.

공관복음에 기록되지 않은 수가성 여인 이야기가 요한복음에만 나오는 이유를 발견하기란 어렵지 않다. 그것은 요한복음이 예루살렘 성

85) 세겜은 아브라함이 가나안에 들어와 최초로 제단을 쌓은 곳이며, 야곱이 원주민에게서 땅을 산 곳이며, 요셉의 뼈가 묻혀있는 곳이다. 그리고 '어깨'라는 이름이 말해주듯 그리심산과 에발산을 남과 북에 두고 있으며, 여호수아가 가나안 정복 후 율법을 선포한 곳이다.

전 파괴 이후에 기록되었음을 보여주는 증거 가운데 하나이다. 예수 그리스도가 '이 산에서도 말고 예루살렘에서도 말고 너희가 아버지께 예배할 때가 이르리라'고 한 것은 예루살렘 성전이 그리심산 성전처럼 파괴되어 사라질 때가 올 것에 대한 예고였다. 따라서 성전 파괴 이전에 기록된 것으로 보이는 공관복음 저자들은 수가성 여인 이야기를 굳이 기록해야 할 필요를 느끼지 못했을 것이고, 성전 파괴 이후 유대 사회로부터 그리스도인들(나사렛파 유대인)이 추방되기 시작한 이후에 기록된 것으로 보이는 요한복음 저자는 자신들이 진정한 예배 공동체임을 증언하는데 이보다 더 좋은 자료가 없다고 생각했을 것이기 때문이다. "하나님은 영이시니 예배하는 자가 영과 진리로 예배할 지니라"는 그리스도의 선언이 이를 뒷받침해준다.

역사 ③

63. 출교하기로 결의하였으므로

"그 부모가 이렇게 말한 것은
이미 유대인들이 누구든지 예수를 그리스도로 시인하는 자는
출교하기로 결의하였으므로 그들을 무서워함이었더라"(요 9:22)

나사렛파 유대인들을 회당에서 출교하기 시작한 것은 주후 90년 야브네의 랍비 슈무엘이 유대인의 매일 기도문[86]에 열두 번 째 기도-저주기도(비르카트 하미님 ברכת המינים)를 삽입한 이후 본격화 된 것으로 보인다. 이집트의 카이로 게니자에서 발견된 비르카트 하미님에는 다음과 같이 되어 있다

"이교도들에게 아무런 희망도 없게 하시고…기독교인(노쯔림)들과

86) '슈모네 에스레(열여덟)' 혹은 '하 테필라(그 기도)'라고 하며 남녀노소 평민 노예 가릴 것 없이 하루 세 번 암송하게 되어 있다(Berakhot 3:3, 4:1)

> 이교도들(미님)을 한 순간에 사라지게 하시고 그들의 이름을 생명의 책에서 제하여 주시옵소서. 그들을 의로운 자들의 명단에 오르지 못하게 하여 주시옵소서"[87]

주후 70년 예루살렘 멸망이후 일단 야브네로 이주한 바리새파는 성전 없는 유대교의 생존을 위해 노력했다. 그들은 모세의 가르침에 따라 유대사회를 하나로 묶는 일에 있어서 유대 그리스도인들(노쯔림 נוצרים)을 최대의 걸림돌로 간주하고 제거하기 원했다. 그러니까 저주기도문을 매일 기도에 포함시킨 것은 유대 그리스도인들에 대한 출교가 공식화되었음을 의미하는 것이다.

그런데 성경학자들은 저주 기도문이 주후 90년에 등장했으며, 출교(아포수나고고스 ἀποσυνάγωγος)라는 단어가 주후 90년대에 기록된 것으로 보이는 요한복음에만 나온다는 점(요 9:22, 12:42, 16:2)을 들어, 예수 그리스도가 활동할 당시 실제로 유대 그리스도인들에 대한 출교가 시행되지 않았을 것이라고 추측한다. 그러나 출교는 이사야 시대부터 포로 이후까지 역사적으로 시행되고 있었다는 사실을 알 필요가 있다(사 66:5, 스 10:8). 특히 쿰란 공동체에서는 규범을 어긴 회원을 일시적 혹은 영구적으로 추방했다(1QS 6:24-7:25). 따라서 예수 그리스도가 활동할 당시 유대 사회 일각에서 유대 그리스도인들에 대한 출교가 일어나지 않았으리라는 법이 없다.

87) 마빈 윌슨, 기독교와 히브리유산, 컨콜디아사, p. 86에서 인용. 게니자는 유대인들의 폐기문서 창고를 가리킨다. 예를 들어 낡은 성경 등은 자연스레 이곳에서 부식되어 폐기된다.

요한복음에 기록된 것처럼 유대 그리스도인들이 유대 사회로부터 출교 위협을 당했을 가능성은 누가복음에 기록된 8복 말씀에서도 찾아볼 수 있다.

> "인자로 말미암아 사람들이 너희를 미워하며 멀리하고 욕하고 너희 이름을 악하다 하여 버릴 때에는 너희에게 복이 있도다 그날에 기뻐하고 뛰놀라 하늘에서 너희 상이 큼이라 그들의 조상들이 선지자들에게 이렇게 하였느니라"(눅 6:22-23).

그러니까 유대 그리스도인들에 대한 공개적 모욕과 불이익은 이미 8복에서 예고되고 있는데, 그리스도의 이 말씀은 이사야 선지자의 다음과 같은 예언과 짝을 이루는 것이다.

> "너희 형제가 너희를 미워하며 내 이름으로 말미암아 너희를 쫓아내며 이르기를 여호와께서는 영광을 나타내사 너희 기쁨을 우리에게 보이시기를 원하노라 하였으나 그들은 수치를 당하리라 하셨느니라"(사 66:5하).

역사 ④

64. 하나님의 것은 하나님에게

"예수께서 말씀하시되 이 형상과 이 글이 누구의 것이냐 이르되 가이사의 것이니이다 그런즉 가이사의 것은 가이사에게 하나님의 것은 하나님께 바치라 하시니"(마 22:20-21)

위의 구절은 그리스도를 로마에 대한 반역자 혹은 로마의 앞잡이로 만들기 위해 고안된 질문을 배경으로 하고 있다. 동전에 새겨진 로마 황제의 형상과 글을 가지고 함정을 벗어난 예수 그리스도의 대답은 너무 유명해서 따로 설명이 필요 없을 것이다. 한마디로 그리스도는 식민지 유대인들의 로마에 대한 납세 의무를 분명히 하면서도 하나님께 대한 헌신의 의무를 강조했다. 그런데 문제는 '가이사의 것(로마 동전)'과 대조되는 '하나님의 것'이 무엇을 가리켰느냐는 것이다. 전통적으로 '하나님의 것'은 성전 안에서 통용되던 유대 동전을 의미한다고 해석해왔다. 유대인들은 로마 황제의 형상이 새겨진 로마 동전을 우상으로 간주하여 헌금으로 사용하지 못했으며, 성전 뜰에서 환전상을 통해 유대 동전으로 바꿀 수 밖에 없었다(마 21:12). 따라서 '하나님의 것'이 '바쳐지다'는 단어와 연결되어 '유대 동전'으로 해석되는데 별 무리가 없어 보인다. 그럼에도 불구하고 여전히 문제는 남아 있다. 첫째로 유대 주화를 '하나님의 것'이라고 부를 수 있느냐는 것이고, 둘째로 유대 주화에는 하나님의 형상이 들어있지 않다는 것이다.

랜덜 부쓰(Randall Buth)는 이 구절에 대해 흥미로운 해석을 가하고 있다.[88)]

그는 위의 구절이 '그런즉 가이사가 만든 것은 가이사에게 하나님이 만든 것은 하나님께 바치라'고 의역될 수 있다고 본다. 그리고 '하나님의 것'은 '하나님의 형상을 따라 만든 것' 즉, 사람을 가리키는 것으로 해석한다. 그러니까 예수 그리스도는 단순히 자신이 처한 곤경을 피하는 데 그치지 않고 적극적으로 사람이 하나님께 헌신해야 할 이유를 설파하고 있다는 것이다. 따라서 가이사에게 돌려지는 것은 돈에 불과하며 하나님에게 돌려지는 것은 돈 보다 더 귀한 삶 그 자체이다. 적어도 Buth는 본문에 있는 '하나님의 것(사람)'과 '가이사의 것(돈)'의 대조와 '가이사에게 바치다(납세)'와 '하나님께 바치다(헌신)'의 대조, '가이사의 형상'과 '하나님의 형상'의 비교를 통해 문맥적인 해석을 가했다는 점에서 탁월하다. 그의 글에 나오는 랍비 힐렐의 이야기를 곁

88) Jerusalem Perspective, Vol. 3 No. 1. p 9-10. Dr. Randall Buth는 세계성경번역 선교회(WBT) 소속 선교사였으며, 현재 예루살렘에 있는 Holy Land Institute의 저명한 교수이다. 동 잡지의 편집자인 David Bivin과 함께 사역하고 있다.

들여 음미해본다.

어느 날 일과를 마치고 힐렐이 제자들과 나눈 대화이다. "선생님 어디로 가십니까?" "미쯔바(율법)를 지키러 간다네" "어떤 율법을 지키러 가십니까?" "목욕하러 목욕탕에 간다네" "그게 율법입니까?" "그렇다네, 극장이나 경기장에 세워진 왕들의 형상을 닦고 영광스럽게 하는 것을 보았는가? 하물며 하나님의 형상을 따라 지음 받은 우리들은 얼마나 더 자신들을 닦고 씻어야 하겠는가?"(레위기 랍바 34:3)

어떤 랍비는 이렇게 말했다. "왕은 자신의 형상을 돈에 새겨 넣어 수 천 개 찍어내지만 꼭 같다. 그러나 하나님은 자신의 형상을 사람에게 새겨 넣어 수 없이 많고 다른 사람들을 만드시니 얼마나 놀라운가?" 어떤 학자들은 예수 그리스도가 이 말을 인용해서 대답했을 것이라고 추측한다.

역사 ⑤

65. 내가 왕 됨을 원하지 아니하던 저 원수들

"이르시되 어떤 귀인이 왕위를 받아가지고 오려고
먼 나라로 갈 때에…그런데 그 백성이 그를 미워하여
사자를 뒤로 보내어 이르되
우리는 이 사람이 우리의 왕 됨을 원하지 아니하나이다 하였더라…
그리고 내가 왕 됨을 원하지 아니하던 저 원수들을 이리로 끌어다가
내 앞에서 죽이라 하였느니라"(눅 19:12, 14, 27).

열 므나 비유의 처음과 끝을 장식하고 있는 귀인의 비유는 종종 열 명의 종들 줄거리에 묻혀 따로 해석되지 않는 경우가 많다. 그러나 이 비유들에 등장하는 인물들을 보면 왕위를 받으러 먼 나라로 가는 귀인이 있고, 둘째로 그가 왕 되는 것을 원하지 않는 일반 백성이 있고, 셋째로 한 므나씩 받은 열 명의 종들이 있다. 그러니까 이 비유의 마지막에 한 므나를 빼앗긴 종과 죽임을 당하게 되는 원수들은 다른 인물들(different characters)인 것이다.

어떤 귀인이 왕위를 받아가지고 오려고 먼 나라로 가는 이야기는

로마 제국 내에 있는 크고 작은 왕국들의 왕위 계승절차를 배경으로 하고 있다. 왕위를 계승할 자는 선왕의 유언 등 합법적인 서류를 가지고 로마 황제에게로 가서 허락을 받아야 했던 것이다. 그런데 열 므나 비유에 나오는 그 왕위 계승자는 실제 이야기(true story)를 배경으로 한 것일까 아니면 지어낸 이야기(fiction)일까? 그것은 예수 그리스도가 열 므나 비유를 들려준 장소가 여리고를 벗어난 근교였다는 데서 단서를 찾아야 한다. 왜냐하면 그 비유를 들려줄 당시로부터 34년 전 여리고에서 그와 같은 사건이 일어났기 때문이다.

주전 4년 헤롯 대왕이 죽었을 때 그의 아들 가운데 한 명인 아켈라오를 왕위 계승자로 선정하는 유언을 남겼다. 아켈라오는 지체 없이 아우구스투스 황제를 만나기 위해 로마로 향했다. 그런데 여리고 사람들은 포악한 아켈라오를 왕으로 섬기고 싶지 않았기 때문에 사신들을 보내어 아우구스투스 황제 면전에서 아켈라오를 비방했다. 아켈라오가 포악한 성격의 소유자였다는 것은 마 2:22에도 나와 있다. 아우구스투스는 양쪽의 변론을 심리한 후에 아켈라오의 왕위 계승자 됨을 선포했다.

그러나 아우구스투스는 얼마 뒤 그를 유대와 사마리아의 분봉 왕(tetrarch)으로 임명하면서, 앞으로 통치를 잘하면 왕(king)으로 승격시켜 주겠노라고 약속했다. 아켈라오는 왕위를 받아가지고 돌아온 다음 자신의 반대파 여리고 사람들을 무자비하게 살해하였고, 9년 동안 폭정을 휘두른 결과 마침내 골 지방의 비엔나로 쫓겨나고 말았던 것이다.[89]

왕위를 받으러 먼 나라로 갔던 귀인 이야기를 여리고 근처에서 들었을 때 청중들은 곧 누구를 가리키는지 알아차렸을 것이다. 그런데 누가는 그 비유가 무엇을 의미했는지 해석을 곁들여 해주고 있다. "그들이 이 말씀을 듣고 있을 때에 비유를 더하여 말씀하시니 이는 자기가 예루살렘에 가까이 오셨고 그들은 하나님의 나라가 당장에 나타날 줄로 생각함이더라"(눅 19:11). 다시 말해서 귀인의 비유는 이 땅에서 배척을 받은 예수 그리스도가 만왕의 왕으로 다시 와서 원수들을 심판하신다는 것을 골자로 하고 있다. 결국 이 비유에서 그리스도가 말하려고 했던 것은 자신의 왕 됨과 영광스러운 재림인 것이다.

89) 김지찬, 요세푸스 III, 생명의말씀사, pp. 178-195

역사 ⑥

66. 모세의 자리에 앉았으니

"서기관들과 바리새인들이 모세의 자리에 앉았으니
그러므로 무엇이든지 그들이 말하는 바는 행하고 지키되 그들이 하는
행위는 본받지 말라 그들은 말만 하고 행하지 아니하며"(마 23:2-3)

고라신 회당에서 발굴된 모세의 자리

서기관과 바리새인들에 대한 그리스도의 7 저주 "화 있을 진저"(마 23:13, 15, 16, 23, 25, 27, 29)는 그들이 모세의 자리에 앉았다는 선언으로 시작된다. 그런데 모세의 자리가 실제로 있었느냐 없었느냐 하는 것은 논쟁거리가 못된다. 왜냐하면 그리스도가 저주했던 고라신의 유적지 회당에서 모세의 자리라고 새겨진 돌 의자가 발굴되었기 때문이다.[90] 그 의자는 회당 앞쪽에 회중들과 마주보도록 놓여 있었다. 실제

90) 주후 3-4세기의 것으로 추정되는 이 의자는 현재 예루살렘 이스라엘 박물관에 소장되어 있다.

로 그 의자에 서기관이나 바리새인이 앉았었는지의 여부는 확실하지 않다. 하지만 그리스도는 그들이 회당의 높은 자리에 앉기를 좋아한다고 비난했다(마 23:6). 그것은 서기관과 바리새인들이 모세의 후계자와 율법의 권위 있는 해석자로 자처했다는 것을 의미한다. 다시 말해 그들이 모세의 자리에 앉았다는 것은 주후 1세기 유대사회에서 이미 영향력 있는 위치에 올랐음을 시사한다.

그러면 서기관들과 바리새인들은 어떤 영향력을 어디에서 얼마만큼 행사했던 것일까? 뉴스너(Jacob Neusener) 같은 학자는 예수 그리스도가 활동할 당시 바리새인들이 종교적이거나 사법적 혹은 정치적 영향력이 거의 없었다고 주장한다. 그 예로서 유대교의 중심인 성전 제도는 대제사장이 장악했으며, 정치적 영향력도 로마 정부에 협조하는 대제사장과 사두개파가 행사했다는 것이다. 그러나 헹겔(Martin Hengel)이나 샌더스(E. P. Sanders) 같은 학자는 반대의 입장을 취한다.[91) 단적인 예로 바리새인들이 산헤드린 공회의 구성원이었다는 것이다. 요세푸스의 글에 의하면 주후 1 세기 바리새인들의 숫자는 6,000 명이었던 것으로 전해진다.[92) 그리고 그들을 분파주의자들로 부른 것을 보면 유대사회에서 드러난 영향력은 크지 않았을 것이다. 그나마 요세푸스가 인용하는 숫자에 과장이 많은 것을 감안하면 실제 바리새인들의 숫자는 더 적었을 것이다.[93) 그럼에도 불구하고 그들은 주전 1세기 힐

91) Joan E. Taylor, *The Immerser*, Eerdmans, p. 156-165.
92) 요세푸스, 김지찬 역, 유대고대사, 생명의말씀사, 17권 2장 p. 438.
93) 요세푸스는 갈릴리의 가장 작은 마을 야파에서 전사한 유대인이 15,000명이나

렐과 샴마이 같은 학자들을 배출하면서 율법 교육과 문자적 실천에 있어서 대중들의 신임을 얻었던 것으로 보인다. 그것이 그들을 산헤드린 공회로 진출하게 만드는 동력을 제공했을 것이다. 그러나 산헤드린 공회가 사법적 정치적 결정권을 가진 자치기관은 아니었다. 그들의 주된 관심사는 안식일 준수, 정결규례의 준수, 십일조 드림, 교제 등이었다. 예수 그리스도가 활동할 당시 대부분 바리새인들의 활동 범위는 예루살렘과 유대에 국한되어 있었던 것으로 보인다. 그들이 갈릴리 지역에 본격적으로 진출한 것은 주후 70년 예루살렘 함락 이후였다.

상공업에 종사하는 서민들이었던 바리새인들(파루심 פרושים)과 달리, 서기관들(소프림 סופרים)은 성전 제도에 종사했던 레위인들이다.[94] 그들은 여호사밧 시절 전국적으로 율법을 가르쳤으며(대하 17:8-9), 신명기 율법을 따라 재판에도 참여했다(대하 19:8-11, 신 17:8-11). 그리고 포로 귀환 시절 에스라를 도와 율법을 해석하고 가르쳤다(느 8:7, 11).

예수 그리스도 당시 일부 레위인들은 대제사장의 서기관과 아랫사람(ὑπηρέται)으로 일했고(막 14:43, 53-54), 일부는 회당의 두루마리 맡은 자(ὑπηρέτῃ)로 일했다(눅 4:20).[95] 따라서 그들의 활동 범위는 전

된다고 한다(유대전쟁사, 생명의말씀사, 3권 7장 p 333). 비율로 따진다면 전국의 바리새인들은 야파 마을 전사자의 절반도 안 되는 숫자에 불과하다.

94) Daniel Schwartz, *Jewish Background of Christianity*, p 89-101

95) 종을 뜻하는 헬라어 후페레타이(ὑπηρέται)는 한글 성경에서 '아랫사람' 혹은 '그 맡은 자'로 번역되었는데, 미쉬나 히브리어로 '하자님(חזנים)'으로 불려졌다. 그들이 대제사장의 지시대로 움직이는 레위인들이었기 때문에 예수 그리스도를 잡으러 겟세마네까지 출동했던 것이다.

국적이었다. 그들은 어느 종파에든 자유롭게 소속될 수 있었으므로 바리새인의 제자가 되기도 했다. 따라서 모세 율법에 박식하다는 뜻에서 바리새인들과 함께 현자(하카밈 חכמים)로 불려졌다. 그러니까 서기관들의 배후에 대제사장들과 회당장들이 있으며, 그들이 백성과 지도자를 연결하는 실무그룹이었다는 점에서 바리새인들 보다 훨씬 영향력이 컸다고 할 수 있다. 따라서 그들이 일상생활과 회당에서 랍비와 아버지와 지도자로 행세했던 것은 자연스러운 일로 여겨진다. 예수 그리스도가 제자들에게 바리새인들과 서기관들을 경계하도록 했던 이유는 그들의 위선적인 태도 때문이었다(마 23:3-5). 비록 그들이 율법의 선생이었지만 헛된 지도자였을 뿐 본받아야 할 스승들은 아니었던 것이다.

음역 ①

67. 가나안인 시몬

"열두 사도의 이름은 이러하니…
가나안인 시몬 및 가룟 유다 곧 예수를 판 자라"(마 10:2상, 4).

"가나안인 시몬이며 또 가룟 유다니
이는 예수를 판 자더라"(막 3:18하, 19).

"셀롯이라는 시몬과 야고의 아들 유다와
예수를 파는 자 될 가룟 유다라"(눅 6:15하, 16).

열 두 제자의 목록은 예수 그리스도의 공생애 동안 뿐 아니라 초대 교회에서도 중요하게 취급되었던 것으로 보인다. 그런데 공관복음에 나오는 제자들의 이름 가운데 두 명이 기록상 약간 차이가 난다. 그 중에 한 명은 다대오(마 10:3, 막 3:18)라고도 하고 야고보의 아들 유다(눅 6:16)라고도 하는 제자이다. 다대오가 곧 유다라는 것은 공관복음 저자들이 열두 제자의 이름을 기록할 때 일정한 그룹의 순서를 따르고 있기 때문이다. 다시 말해서 열 두 제자의 이름은 세 그룹으로 나누어져 있는데, 첫 번째 그룹이 베드로, 안드레, 야고보, 요한이며, 두 번째 그룹은 빌립, 바돌로매, 도마, 마태이고, 세 번째 그룹은 알패오의 아들 야고보, 다대오 혹은 야고보의 아들 유다, 셀롯인 시몬 혹은 가나안인 시몬, 가룟 유다이다. 이들 그룹은 언제나 순서가 일정하며, 제자들의 이름이 그룹 안에서 앞뒤가 바뀌는 경우는 있어도 그룹 자체를 달리해서 기록되지는 않았다. 그런 점에서 마태복음과 마가복음에서 가나안인 시몬으로 기록한 제자가 곧 누가복음에서 셀롯인 시몬으로 기록된 인물인 것을 알 수 있다.

그런데 셀롯인 시몬이 왜 가나안인 시몬으로 기록되었으며, 셀롯인과 가나안인은 어떤 관계가 있는지 알 필요가 있다. 대부분의 한글 성경에는 '셀롯(ζηλωτήν)'이라는 단어를 난외주에서 '열심당원'으로 번역하고 있다.

그리고 한글 개역개정 성경의 경우 '가나안인(Καναναῖον)'에 대해서도 '열심당원'으로 주석을 달아놓고 있다. 그러니까 가나안인은 가나안 사람이 아니라 '열심당원'에 대한 호칭인 것을 알 수 있다. 도대체 왜 이렇게 되었을까? 그것은 히브리어로 '열심당원'을 뜻하는 '카나이(קנאי)'에 대한 헬라어 음역(transliteration)을 라틴어로 재번역하는 과정에서 혼동을 일으켰기 때문이다. 그렇다면 신약 성경에서 가나안 사람을 헬라어로 어떻게 표기했을까? 마태복음은 정확하게 '하나나이오스(Χαναναῖος)'로 표기하고 있으며(마 15:22), 사도행전에서 가나안 땅을 가리킬 때도 '하나안(Χανάαν)'으로 표기하고 있다(행 7:11, 13:19). 따라서 정말로 시몬이 가나안 사람이라면 '하나나이오스(Χαναναῖος)'로 표기했어야 할 것이다. 한글 성경에 가나안인 시몬이라고 번역한 것은 헬라어 '카나나이온(Καναναῖον)'이 히브리어로 열심당원을 뜻하는 '카나이(קנאי)'에 대한 헬라어 음역이라는 사실을 간과한 것이다.

시몬이 가나안 사람일 수 없는 또 하나의 이유는 그의 이름과 정치적 성향이 말해주듯 정통 유대인이었다는 데 있다. 열심당은 외세를 배격하고 유대인의 정체성을 지켜나가기 위해 정치적으로 투쟁하던 그룹이었다. 그런 그룹이 가나안 사람을 받아들였을 개연성이 없다. 더구나 가나안 사람들은 이스라엘이 왕국 시대를 거치면서 더 이상 존재하지 않게 되었다. 다만 마태복음에 나오는 가나안 여인이라는 표현은 유대계가 아닌 이방 여인이라는 의미로 사용되었을 뿐이다.

번역 ①

68. 기뻐하신 사람들 중에 평화

"홀연히 수많은 천군이 그 천사들과 함께 하나님을 찬송하여 이르되
지극히 높은 곳에서는 하나님께 영광이요 땅에서는
하나님이 기뻐하신 사람들 중에 평화로다 하니라"(눅 2:14)

베들레헴 목자들의 기념교회

아기 예수가 탄생하던 밤에 천사들이 목자들에게 들려준 이 찬송은 성탄절 메시지의 단골 메뉴에 속한다. 그런데 한글 성경에 두 부분으로 되어 있는 이 찬송은 헬라어 사본에 따라 세 부분으로 나누어 질 수 있다. 다시 말해서 '지극히 높은 곳에서는 하나님께 영광이요' '땅에는 평화' '사람들에게는 하나님의 기뻐하심(은총, 의지)' 의 삼중 찬송이 될 수 있는 것이다. 그 단적인 예로서 영어 성경 KJV은 세 부분으로, RSV는 두 부분으로 번역했다. 그리고 그 기준은 '기뻐하심(goodwill)'이라는 헬라어 단어 'εὐδοκία(유도키아)' 이다. 이 단어의 끝에 'ς' 가 붙으면 소유격(~의)이 되고, 붙지 않으면 주격(~은)이 되어

해석이 달라진다. 그러니까 'ς' 가 붙으면 두 부분으로 해석되고, 'ς' 가 없으면 세 부분으로 해석되는 것이다. 그러면 두 부분과 세 부분으로 나누는 것은 해석상 어떤 차이가 있을까? 우선 양쪽 다 첫 부분(지극히 높은 곳에서는 하나님께 영광이요)의 해석에는 차이가 나지 않는다. 그러나 그 다음 절을 소유격으로 해석하면 '평화가 땅위에서 하나님의 기뻐하심(은총)을 입은 사람들에게' 가 된다. 그리고 주격으로 해석하면 평화가 온 땅에 임하고, 하나님의 은총도 모든 사람에게 주어지는 것으로 해석된다. 문제는 헬라어 사본들에서 두 종류가 모두 발견된다는데 있다.

헬라어 단어 'εὐδοκία(유도키아)' 에 해당하는 히브리어는 'רצון(라쫀)' 이다. 제 2 성전 시대 말에 활동했던 쿰란 공동체의 문서[96]는 누가복음에 나오는 천사들의 찬송 해석에 새로운 빛을 던져준다. 그러니까 쿰란 공동체는 '(בני רצונו 브네 르쪼노; 은총의 아들들)' 혹은 '(בחיוי רצון 브히레 라쫀; 은총의 선택)' 이라는 표현을 사용했던 것이다. 물론 이 표현들은 자신들의 우월함을 증명하는데 사용했다. 그들은 '빛의 아들들' 로 자처했으며, 하나님의 은총을 받도록 예정되고 선택된 사람들이라고 믿었던 것이다. Ben Sira의 헬라어 번역판에는 'רצונו(르쪼노)' 를 '유도키아' 혹은 '유도키아스' 로 함께 번역했다.[97] 그리고 Joseph. Fitzmeyer 같은 학자는 누가복음 2:14의 고대 콥트어 사본에도 소유격으로 번역되어 있다는 점을 들어 천사들의 찬송이 두 부분으로 나

---

96) 1QH 4:32f, 11.9와 1QH 8.6
97) Ben Sira 15:15, 39:18

누어져야 한다고 생각한다.[98] Randall Buth 같은 학자도 그의 주장을 따른다.[99] 그러니까 아기 예수의 탄생 시에 들려준 천사의 찬송은 '평화가 하나님이 선택하신 자들에게' 라는 의미라는 것이다.

그러나 Bruce Metzger 같은 학자는 히브리어 숙어에 비추어 볼 때 '하나님의 은총이 사람에게(רצון לבני אדם)' 가 훨씬 자연스러우므로 천사의 찬송을 세 부분으로 보는 것이 낫다는 견해를 보인다.[100] David Flusser도 '그의 은총의 사람들(רצונו בני)' 이 종교적 위계질서를 강조하는 쿰란 공동체의 기술적 용어일 뿐이라는 이유를 들어 세 부분으로 해석해야 한다고 주장한다.[101] 그의 제자인 Brad H. Young은 눅 2:10에서 천사가 "무서워하지 말라. 보라 내가 온 백성에게 미칠 큰 기쁨의 좋은 소식을 너희에게 전하노라"고 한 말을 2:14과 평행을 이루는 것으로 보아 하나님의 은총이 모든 사람에게 미치게 될 것이라고 해석하는 것이 타당하다고 말한다.[102] 그렇게 되면 '땅에는 평화' 라는 부분과도 해석상 일치하게 된다.

결국 천사의 찬송에 나오는 'εὖδοκία(유도키아)' 가 원래 주격이었는데 나중에 신학적 채색 작업으로 소유격 'εὖδοκίας(유도키아스)' 가 되었는지, 원래 히브리어 소유격 단어 'רצונו(르쪼노)' 에서부터 헬라어

98) *Essays on the Semitic Background of the New Testament*, Scholars press, pp. 101-104

99) *Jerusalem Perspective* vol. 2, no. 11 pp. 6-7.

100) Bruce Metzger, *Textual Commentary*, 133.

101) David Flusser, *Sanktus und Gloria*, pp. 130-149.

102) Brad H. Young, *Jesus The Jewish Theologian*, Hendrickson, p. 7.

주격 혹은 소유격으로 번역되었는지가 쟁점이 된다. 만약에 처음부터 소유격으로 기록되었다면 누가복음은 '선택된 자들에게 임하는 구원' 이라는 신학적 관점으로 기록되었다는 이야기가 된다. 그러나 처음에 주격으로 기록된 것이라면 '하나님의 은총이 모든 사람에게 주어지지만 받아들이는 여부에 따라 결과가 달라진다' 는 의미가 된다. 그런데 누가복음이 4복음서 가운데 가장 히브리적이라는 사실을 전제로 할 때 원래 주격으로 기록되었을 가능성이 크다. 왜냐하면 눅 6:35하에도 "그는 은혜를 모르는 자와 악한 자에게도 인자하시니라" 고 기록되어 있기 때문이다. 무엇보다 천사의 노래가 세 부분으로 되어 있을 가능성은 구약 성서의 다른 부분에 의해서도 확인될 수 있다.

"거룩하다, 거룩하다, 거룩하다"(사 6:3)

"여호와는 네게 복을 주시고 너를 지키시기 원하며, 여호와는 그의 얼굴을 네게 비추사 은혜 베푸시기를 원하며, 여호와는 그 얼굴을 네게로 향하여 드사 평강 주시기를 원하노라 할지니라 하라"(민 6:24-26).

번역 ②

69. 악에서 건지시옵고

"다만 악에서 구하시옵소서"(마 6:13)

예루살렘 학파의 랜덜 부쓰(Randall Buth)는 주기도문의 마지막 간구에 대해 다음과 같이 깊이 있는 해석을 내놓았다.[103] 주기도문의 이 마지막 간구는, 영어 역본에서 두 가지 의미로 나누어진다. 고전적인 영어 성경 KJV, RSV, NAS는 '악에서 구하소서' 로 번역했다. 그러나 NLT를 포함 NIV, NRSV 등은 '악한 자에게서 구하소서' 로 번역했

103) 여기서는 Jerusalem Perspective, No. 55, 1998, pp 29-31에 나와 있는 부쓰 박사의 글을 요약해서 실었다. 부쓰 박사는 필자를 처음 만난 자리에서 헬라어 신약 성경을 히브리어로 역추적 해야 할 필요성을 깨닫게 해주었고, 잡지 창간호부터 웹진으로 바뀌기 전까지의 과월호를 모두 구입할 수 있게 친절을 베풀어주었다.

다. 이 구절에 해당하는 헬라어 원문은 '아포 투 포네루(ἀπὸ τοῦ πονηροῦ)' 로서, 문자적 의미는 '악으로부터' 이다. 그런데 오래된 역본은 '악으로부터' 라고 번역했고, 후대 역본은 '악한 자로부터' 즉, '사탄으로부터' 로 번역한 것이다. 두 종류의 번역은 어떤 차이에서 비롯된 것일까? 핵심은 이 명사의 성이 남성일 때는 '악한 사람' 이 되고, 중성일 때는 '악(한 것)' 이 된다는 점이다. 하지만 본문에서는 남성인지 중성인지 알 길이 없다.

이런 경우 성경의 다른 용례들을 찾아보면 도움을 얻을 수 있다. 요한 일서 2장 13절에서 '청년들아 내가 너희에게 쓰는 것은 너희가 악한 자(톤 포네론. 남성 단수)를 이기었음이라' 고 했을 때는 명백히 사탄을 가리켰다. 요한일서 5장 18절도 남성 단수 형태의 '호 포네로스' 이기 때문에 '악한 자' 로 번역되었다. 마태복음 5장 11절에서 '너희를 거슬러 모든 악한(판 포네론, 중성) 말을 할 때에는 너희에게 복이 있나니' 라고 했을 때는 추상적이고 일반적인 의미에서 악을 가리켰다. 흥미롭게도 누가복음 6장 45절에서 무려 세 번이나 이 단어가 사용되었다. "선한 사람은 마음에 쌓은 선에서 선을 내고 악한 자는(호 포네로스, 남성 단수) 그 쌓은 악으로부터(에크 투 포네루) 악(토 포네론, 중성)을 내나니 이는 마음에 가득한 것을 입으로 말함이니라". 여기서 두 번째 '악' 은 전치사와 명사가 마 6:13에 나오는 것과 같은 형태이다. 따라서 주기도문의 간구는 '악으로부터' 로 번역하는 것이 낫다.

이제는 히브리어 용례를 찾아볼 차례이다. 1세기 모든 랍비들은 갈릴리에서 구전 율법을 히브리어로 가르쳤다.[104] 그리스도의 경우도 예외가 아니었을 것이다. 헬라어 전치사구 '아포 투 포네루'를 히브리어로 역추적해서, 주기도문을 유대인들의 다른 기도와 비교하면 뜻이 보다 명확해진다. 히브리어 성경의 헬라어 역본인 70인 역에서, '포네로스'는 극소수의 다른 단어로부터 번역된 것과 달리 231번이나 압도적으로 히브리어 '라아(악)'의 번역이다. 이런 빈도에 기초해서 헬라어 전치사 구 '아포 투 포네루'에 상응하는 히브리어 전치사 구는 '민 하라(악으로부터)'이다. 히브리어 '하라(악)'은 성서 히브리어, 후기 성서 히브리어, 일체의 랍비 문헌에서 한 번도 사탄을 가리키는 말로 사용된 적이 없다.

창세기 48장 16절에서 야곱은 "나를 모든 환난(미콜 라아)에서 건지신 여호와의 사자"가 므낫세와 에브라임을 축복하시기 원했다. 이때 모든 환난(미콜 라아)를 70인 역은 '아포 투 포네루'로 번역했다. 쿰란 문헌과 탈무드에서 추가적인 예들을 발췌할 수 있다. 쿰란 문서 11Q Psb 15-16에는 이런 간구가 나온다. "사탄이나 부정한 영이 나를 지배하지 못하게 하소서, 고통이나 악한 성향이 나를 다스리지 못하게 하소서" 히브리어에서 사탄을 가리킬 때는 그냥 '사탄'이라고 했고, '악한 자'라고 부르는 것은 이질적이었다. 히브리어 '라아'는 훈련 교범 2장 3절에도 나온다. "그가 모든 좋은 것으로 너를 축복하고, 모든 악(미콜 라아)으로부터 너를 보호하시기를". 탈무드 베라코트 16b에는 이런 기도가 나온다. "저를 건지소서....악인으로부터, 악한 친구로부터,

---

104) Shmuel Safrai, "The Jewish Cultural Nature of the Galilee in the First Century," *Immanuel* 24/25(1990). pp. 147-186을 보라.

악한 성향으로부터, 사탄으로부터, 파괴자로부터" 여기서도 사탄은 사탄으로 불고 있다. 만약 예수 그리스도가 주기도문에 사탄으로부터 구원 간구를 넣기 원하셨다면, 단순히 '사탄으로부터 우리를 건지소서' 라고 가르쳤을 것이다.

마태복음 6장 13절을 '악에서 건져주소서' 라고 번역해야 할 당위성은 누가복음에 있는 '우리를 시험에 들게 하지 마시옵소서' 라는 문장을 통해서 확인될 수 있다. 마태복음의 '악에서 건져주소서' 는 '시험에 들게 하지 마시옵소서' 의 평행구인 것이다. 평행구를 인식하는 것은 올바른 번역을 위해 필수적이다. '우리를 시험에 들게 하지 마시옵소서' 는 유대인들이 '우리를 죄의 유혹에 굴복하지 않게 하소서' 라고 말하는 방식이다. '악에서 구해주소서' 는 문자적으로 '악을 행하지 못하게 하소서' 이다. 다시 말해 '우리가 악한 성향에 굴복하여 죄 짓지 못하게 하소서' 라는 의미이다. 물론 이 간구 속에는 악한 사람으로부터, 악한 영들로부터, 재난과 사고로부터 보호해주시기를 바라는 개념도 들어 있다고 본다.

풍속 ①

70. 죽은 자들이 그들의 죽은 자들을 장사하게 하고

"제자 중에 또 한 사람이 이르되
주여 내가 먼저 가서 내 아버지를 장사하게 허락하옵소서
예수께서 이르시되 죽은 자들이
그들의 죽은 자들을 장사하게 하고
너는 나를 따르라 하시니라"(마 8:21-22).

1세기 납골함 무덤

부모 공경을 십계명으로 규정하고 있는 이스라엘 문화에서 그리스도가 제자에게 준 지침은 언뜻 이해가 가지 않는다. 더 이상한 것은 그 제자가 그리스도에게 아버지의 장례를 여유 있게 요청하고 있다는 것이다. 사망 당일 장례 치르는 풍습에 비추어 볼 때 만약 그의 아버지가 죽었다면 외부인과 한가로이 대화할 처지가 아니었다. 가족의 구성원을 장례 지내고 나서 일주일은 외부인과의 접촉을 끊고 집 안에서 애도의 기간을 보내야 했기 때문이다(민 19:11-13). 또한 그의 요청이 아직 생존한 아버지를 염두에 둔 것 같지도 않다.

아버지의 장례를 요청하고 있는 제자의 이야기는 예수 당시 흔했던

유대인들의 골장(骨葬) 풍속을 배경으로 하고 있다. 일단 무덤에 안치된 시신은 부패과정을 거쳐 뼈만 남게 된다. 그리고 일 년 뒤 장남의 손으로 뼈를 거두어 납골함(ossuary)에 넣은 다음 가족 묘지에 최종 안치하는 것이다. 이런 이중 장례풍속은 예루살렘 탈무드에 명시되어 있다. 이때 장남은 부모의 뼈를 조상들의 뼈 옆에 두게 되는 것을 크게 기뻐한다. 왜냐하면 죄 많은 육신이 완전히 뼈로부터 분리되는 일 년 동안에 죽은 자의 죄도 함께 용서된다고 믿었기 때문이다.[105] 물론 그와 같은 믿음이 구약성서에는 나와 있지 않다. 그럼에도 불구하고 예루살렘 인근 옛 묘지에서 수없이 발견되는 주후 1세기 납골함은 당시 유대인들의 그와 같은 믿음을 보여주는 것이다. 20세기 후반에는 예수 그리스도의 처형에 직접 관여했던 대제사장 가야바의 납골함이 발견되기도 했다.

그리스도가 제자의 요청을 허락하지 않았던 이유도 그와 같은 민간신앙을 인정하지 않았기 때문인 것으로 보인다. 그 민간신앙은 유대교의 전통적 가르침과 어긋나는 심각한 신학적 오류를 포함하고 있었다. 더구나 이름이 밝혀지지 않은 그 제자는 그리스도의 가르침을 전파해야 할 책임 있는 사역자였다. 만약에 그의 요청이 그런 민간신앙을 배경으로 하고 있었다면 신학적으로 교정되어야 할 사안이었을 것이다. 그는 민간 신앙과 그리스도의 가르침 중 어느 것을 따를 것인지 선택해야 했다. 그러나 그리스도는 그를 쌀쌀맞게 대하지 않고 "너는 나를

---

105) Ron Mosley, *Yeshua*, Messianic Jewish Publishers, p. 27.

따르라"고 따뜻하게 충고했다.

그러면 죽은 자들이 죽은 자들을 장사하게 하라는 말은 무슨 의미였을까? 물론 문자적으로 죽은 자들로 하여금 골장을 치르게 하라는 말은 아니었을 것이다. 한 가지 분명한 것은 아마도 장남이었을 그 제자 대신 다른 가족 구성원에게 그 일을 맡기라는 권고였다는 것이다. 따라서 죽은 자들로 저희 죽은 자들을 장례치르게 하라는 말은 모순(irony) 어법이다. 이 말은 내일로 하여금 내일을 걱정하게 하라는 말과 같은 어법이다. 민간신앙을 따르는 자로 하여금 민간신앙 풍속을 지키게 하고, 그리스도를 따르는 그 제자는 그리스도의 가르침을 지켜야 한다는 의미일 수 있다. 그런 의미에서 그리스도는 민간신앙을 죽은 것으로, 민간신앙을 따르는 자들을 죽은 자들로 보았다. 죽음과 함께 한 사람에게 주어진 모든 기회도 끝난 것이다. 시신의 부패를 통해서 죄가 용서된다는 소망은 그리스도로 말미암은 속죄를 무용지물로 만든다.

풍속 ②

71. 유월절이 하나님 나라에서 이루기까지

"이르시되 내가 고난을 받기 전에 너희와 함께
이 유월절 먹기를 원하고 원하였노라
내가 너희에게 이르노니 이 유월절이 하나님 나라에서 이루기까지 다시
먹지 아니하리라 하시고
이에 잔을 받으사 감사기도 하시고 이르시되
이것을 갖다가 너희끼리 나누라
내가 이제부터 하나님의 나라가 임할 때까지
포도나무에서 난 것을 다시 마시지 아니하리라
하시고"(눅 22:15-18)

식탁

그리스도가 제자들과 나눈 최후의 만찬이 유월절 만찬이었느냐는 데는 토론의 여지가 남아 있다. 그럼에도 불구하고 복음서 저자들은 그리스도가 체포되던 날 저녁 식사를 유월절 만찬으로 여긴다. 흥미로운 것은 그리스도가 식사 도중에 다음 번 유월절이 돌아오기 전에 하나님 나라가 임할 것처럼 선언한 것이다.

미쉬나에 기록된 유대인들의 유월절 식사 순서는 최후의 만찬을 이해하는데 도움을 준다. 유월절 식사는 총 4부(전식, 예전, 식사, 마무리)로 진행된다. 전식에는 가장이 첫 번째 잔(성결의 잔, 키두쉬)을 들고 축복한 뒤 차례로 돌리고, 녹색 채소, 쓴 나물, 과일 잼을 먹는다. 예전에는 가장이 유월절 만찬의 의의와 방법에 대해 설명하고 유월절 찬양 시편 113, 114를 노래한다. 애굽에 내려진 재앙을 상징하는 두 번째 잔을 들지만 마시지는 않는다. 식사에는 가장이 다시 기도를 한 뒤 무교병, 양고기, 쓴 나물, 조리한 야채를 먹고 세 번째 잔(축복의 잔, 브라카)을 마신다. 마무리는 유월절 찬양 시편 115, 116을 노래하고, 네 번째 잔-구원의 잔을 마시고 시편 116:13 구원의 노래를 부른다.

누가복음에는 그리스도가 제자들에게 준 세 번째 잔(22:17)과 네 번째 잔(22:20)이 기록되어 있다. 그런데 자세히 읽어보면 그리스도가 그 잔들을 마시지 않았다는 것을 알 수 있다. 네 번째 잔은 그의 피를 상징하는 것이었으므로 들지 않았다지만, 세 번째 잔을 마시지 않은 이유가 무엇이었을까? 그 이유는 두 잔을 마시지 않음으로써 그리스도가 유월절 만찬에 절반만 참여했다는 데서 해답을 찾을 수 있다. 다시 말해서 그리스도는 옛 유월절을 절반 진행시킨 다음 곧이어 새 유월절이 이루어질 것을 보여준 것이다. 따라서 다음 번 유월절이 돌아오기 전에 하나님 나라가 임할 것이며, 돌아오는 유월절은 그리스도를 통해 완성될 하나님 나라의 축제가 될 것이라고 말한 것이다.

제자들은 그리스도의 말과 행동을 잘 이해하지 못했을 것이다. 그럼에도 불구하고 하나님 나라가 매우 가까이 왔으며, 자신들이 결정적 순간을 향해 다가서고 있다는 느낌을 떨칠 수 없었을 것이다. 그리스도가 부활한 다음 그들은 그 결정적 순간이 지금이냐고 묻기도 했다(행 1:6). 그러나 그리스도의 승천 이후 그들은 하나님 나라가 임하는 시기와 그리스도의 재림 시기를 동일시하게 되었다. 아마도 그들은 다음 유월절이 돌아오기 전에 그리스도가 돌아오리라고 생각했을지 모른다. 그것이 그들로 하여금 땅 끝까지 복음을 전하는 일에 전력을 기울이게 했을 것이다. 유대인들로 구성된 초대교회 제자들은 그리스도가 유월절의 주인으로 다시 돌아오리라는 것을 믿어 의심치 않았을 것이기 때문이다. 세월이 흐르면서 교회는 그리스도의 죽음이 유월절의 떡과 포도주로 기억되어야 한다는 의미를 깨닫게 되었던 것이다.

풍속 ③

72. 아버지께서 이를 제거해버리시고

"무릇 내게 붙어 있어 열매를 맺지 아니하는 가지는 아버지께서 그것을
제거해 버리시고 무릇 열매를 맺는 가지는
더 열매를 맺게 하려 하여 그것을 깨끗하게 하시느니라"(요 15:2)

포도나무는 씨앗을 심어 싹이 나게 하는 것이 아니라 가지를 심어 뿌리를 내리는 방식으로 재배한다. 이스라엘에서 포도를 재배하는 방식은 두 가지이다. 하나는 기둥이나 격자 같은 것을 세워 포도덩굴이 기어오르게 하는 것이고, 또 하나는 자연 상태에서 땅위를 기게 만드는 것이다.[106] 전자의 방식은 이집트 18왕조 시대의 그림에서 확인되는데 "솔로몬이 사는 동안에 유다와 이스라엘이 단에서부터 브엘세바에 이르기까지 각기 포도나무 아래와 무화과나무 아래에서 평안히 살

106) Oded Borowski, *Agriculture in Iron Age Israel, American Schools of Oriental Research*, 2002, pp. 107-108.

았더라"(왕상 4:25)는 구절을 통해서도 알 수 있다. 후자의 방식은 두 마리의 소가 끄는 쟁기(plow)로 고랑을 팔 수 없는 조건의 돌밭에서 실시되는데 "그 포도나무가 이 독수리에게 물을 받으려고 그 심어진 두둑에서 그를 향하여 뿌리가 뻗고 가지가 퍼졌도다"(겔 17:7)는 구절이 이를 말해준다. 이런 땅에서 사용하는 농기구는 괭이(hoe)이다(사 7:25).[107)]

위의 구절이 보여주는 포도나무의 상태 또한 두 가지이다. 하나는 포도나무의 모체에 붙어 있으면서 열매를 맺을 수 없게 된 가지에 관한 것이고, 또 하나는 열매를 잘 맺는 가지에 관한 것이다. 그리고 전자의 경우 농부가 그 가지를 제거(?)해 버리고, 후자의 경우는 깨끗하게 한다는 것이다. 여기서 깨끗하게 한다는 것은 '잘라내다(prune)'는 의미로서 더 좋은 포도가 열릴 수 있도록 곁가지를 쳐주는 것을 의미한다. 이스라엘에서는 포도 수확이 끝나고 곡식 파종이 시작되기 전 농한기를 이용해서 가지치기를 한다. 포도나무가 동면하기 전에 쳐주어야 하는 것이다.

그렇다면 포도나무 모체에 붙어 있으면서 열매를 맺지 않는 가지는 도대체 무엇을 가리키며, 농부가 어떻게 처리한다는 말일까? 먼저 이 가지는 기둥이나 격자에 올린 포도나무의 것이 아니라 땅위에 퍼져가는 가지를 가리킨다. 이런 재배 방식에서 농부들은 큼직한 돌멩이를 받쳐주어 가지가 땅에 닿아 뿌리를 내리는 일이 없도록 해준다. 그럼

107) 위의 책, p. 107.

에도 불구하고 뻗어 나가던 가지가 땅에 닿아 스스로 뿌리를 내리면 또 다른 돌멩이를 받쳐 주어 들어 올려준다. 만약 들어 올려주는 시기를 놓쳐서 완전히 뿌리를 내리면 새로운 개체가 되어 원래의 모체로부터 수분과 영양분을 공급받지 못하게 된다. 따라서 계속해서 가지들이 모체에 붙어 있을 수 있도록 새로운 돌멩이를 받쳐주어야 하는 것이다. 영어 성경과 한글 성경에서 "제거하다"로 번역된 헬라어 동사 '아이로(αἴρω) '는 "들어 올리다"는 의미도 가지고 있다. 유다 산지에는 지금도 이런 고대 방식으로 포도를 재배하는 사람들을 볼 수 있다.[108)]

위의 구절에서 농부가 하는 일은 한 가지 즉, 열매를 잘 맺도록 포도나무 가지들을 돌보는 것이다. 따라서 열매 맺지 않는 가지를 제거해버리고, 열매 맺는 가지는 전지해준다고 해석하기보다 전자는 들어 올려주고 후자는 곁가지를 쳐준다고 해석하는 것이 더 바람직해 보인다.

---

108) James W. Fleming, *The Last Supper*, Biblical Resources, p. 95.

풍속 ④

73. 베드로가 벗고 있다가

"예수께서 사랑하시는 그 제자가 베드로에게 이르되
주님이시라 하니 시몬 베드로가 벗고 있다가
주님이라 하는 말을 듣고 겉옷을 두른 후에
바다로 뛰어 내리더라"(요 21:7)

부활하신 예수 그리스도가 갈릴리에 나타났을 때 제자들은 물고기를 잡고 있었다. 밤새 한 마리도 잡지 못했던 그들은, 새벽녘에 찾아온 그리스도를 낯선 방문자 정도로 여겼다. 하지만 그의 말대로 그물을 오른 편에 던져 물고기를 가득 잡은 후에야, 마침내 그리스도인줄 알게 되었다. 예수의 사랑하시는 그 제자(아마도 요한)는 베드로에게 '주님이시라' 고 말했고, 그는 벗은 몸에 겉옷을 두르고 100미터 정도를 헤엄쳐 그리스도에게로 갔다. 그는 어디까지 벗고 있었으며, 겉옷은 어떤 옷이었을까? 본문의 해당 구절을 직역하면 '그는 겉옷을 둘렀다. 왜냐하면 알몸이었기 때문에. 그리고 바다로 뛰어 들었다' 이다. 여기에 대해 영어 역본들은 다양한 해석을 내놓았다. 알몸이었기 때문에 어부의 코트를 입었다(KJV); 벗고 있었기 때문에 옷을 입었다(RSV); (겉옷을)벗고 있었기 때문에 겉옷을 입었다(NAS, NIV); 아무것도 입지 않았기 때문에 겉옷을 입었다(NJB); 벗고 있었기 때문에 튜닉을 입었다(NLT).

위의 해석들이 어느 정도 정확한지, 1세기 갈릴리 어부들의 그물질을 살펴볼 필요가 있다. 다행이 본문이 들어 있는 단락은, 제자들의 물고기 잡는 방식을 알게 해준다. 제자들은 배를 타고 해변에서 100미터 쯤 되는 거리에서 그물질을 했다(8절). 그물은 배에서 바다로 던지는 투망이었으며, 물고기가 잡히면 그물을 배로 끌어올려 싣고 나오는 방식이었다(6절). 투망은 수천 년 동안 지중해 일대 국가에서 사용하던 전통 방식 중 하나였다. 어부들이 그물을 던지면, 부채 살처럼 퍼지면서 바닥으로 가라앉게 된다. 가라앉는 그물 아래에 있던 물고기들이 도망치지 못하고 갇힌다. 그물이 바닥에 닿은 것을 확인한 뒤, 어부들은 그물 줄을 잡아 당겨 물고기들이 빠져 나가지 못하게 오므린다. 몇몇은 배 위에서 그물을 끌어 올리고, 몇몇은 바다에 뛰어들어 그물이 배 위로 잘 올라가도록 돕는다. 그런데 제자들은 그 날 새벽에 그물을 배위로 올리지 못하고, 배에 매달고 해변으로 나왔다. 꽉 찬 그물이 너무 무거웠던 것이다(6, 8절). 제자들과 생선의 무게 때문에 배가 뒤집어 질 수도 있었다.

이 이야기에서 베드로가 바다로 뛰어든 시점은 물고기가 많이 잡힌 것을 확인한 직후였다(6절). 평소 같았으면 베드로는 겉옷을 두르지 않은 채 알몸으로 바다에 뛰어들었을 것이다. 그물을 끌어 올리는 작업에 겉옷을 걸칠 이유가 없었다. 하지만 그리스도를 만나러 해변으로 나가야 했기에 무엇이라도 걸쳐야 했다. 게다가 날이 밝아오고 있었다.

그렇다면 베드로가 걸친 겉옷은 무엇이었을까? 겉옷으로 번역된 헬라어 '에펜두테스(ἐπενδύτης)'는 특정한 종류의 옷을 가리키지 않고, 그저 바깥에 걸치는 것을 의미한다. 따라서 베드로가 걸친 겉옷은 상체와 다리를 드러내는 허리 가리개 정도였을 것이다. 그 정도면 수영하기에도 불편하지 않고, 해변의 어부 복장으로도 흉하지 않다. 2세기에 대리석으로 만들어진 생선 바구니를 들고 있는 어부 상은 정확히 허리 가리개만 걸친 모습이다.[109] 갈릴리 엔게브 키부츠에 있는 닻 박물관에는 알몸의 어부가 투망을 던지는 모습의 그림이 있다. 주전 1500년에 그려진 산토리니의 벽화는 알몸으로 두 손에 물고기들을 꿰어 들고 있는 어부의 모습이 그려져 있다.[110] 이 외에도 지중해 일대에서 발견되는 수많은 고대 그림들에서, 어부들은 나체로 물고기를 잡고, 해변에서 허리 가리개만 걸친 모습들로 묘사된다. 아마도 베드로의 모습도 이와 크게 다르지 않았을 것이다.

---

109) 바티칸 시에 있는 바티칸 박물관에 소장되어 있다.
110) Jerusalem Perspective, No. 52, 1997, p. 22.

지리 ①

74. 육지에서 조금 떼기를 청하시고

"무리가 몰려와서 하나님의 말씀을 들을 새
예수는 게네사렛 호숫가에 서서
호숫가에 배 두 척이 있는 것을 보시니
어부들은 배에서 나와서 그물을 씻는지라
예수께서 한 배에 오르시니
그 배는 시몬 베드로의 배라 육
지에서 조금 떼기를 청하시고 앉으사
배에서 무리를 가르치시더니"(눅 5:1-3).

예수 그리스도를 통해 놀라운 기적이 나타나는 것을 본 사람들은 새벽부터 몰려들기 시작했다. 그 때는 밤새도록 고기를 잡던 어부들이 집으로 돌아가기 위해 그물을 씻고 있던 시각(오전 7시쯤)이었다. 그리스도는 무리들을 바닷가에 앉힌 다음 육지에서 조금 떨어진 배에 앉아 가르치기 시작했다. 우리는 예수 그리스도에게서 말씀 사역자의 열정과 부지런함을 본다. 그토록 이른 시간, 아마도 개인 기도를 마치자마자 바로 군중들 앞에 모습을 드러내었을 것이다. 또한 진리를 향한 군중들의 갈망을 느낄 수 있다. 당시에 수많은 종교지도자가 있었음에도 불구하고 그들의 영적 갈망을 채워주지는 못했던 것이다. 그런데 확성기도 없던 시절에 그리스도는 어떻게 수많은 사람들이 들을 수 있도록 가르쳤던 것일까?

갈릴리 호수는 거의 사면이 산으로 둘러싸여 있어 밤낮으로 부는 바람의 방향이 다르다. 일출과 일몰에 따라 산과 호수의 기온차가 나서 대류현상이 발생하기 때문이다. 그러니까 밤에는 찬 공기가 산에서 내려와 따뜻한 수면위로 불어 닥치며, 아침에는 호수에서 산으로 서늘한 바람이 불어온다. 그리스도가 아침에 많은 무리들을 가르칠 수 있었던 것은 바다에서 불어오는 바람 때문이었다. 그리스도의 음성이 잔잔한 호수 면에 반사되면서 육지 쪽으로 부는 바람에 실려 청중들에게 전달되었던 것이다. 지금으로부터 2000년 전 일상의 소음 공해가 거의 없던 시절 잔잔한 호숫가에서 바람을 타고 전해지는 소리가 반경 500m 내에서 또렷이 들렸을 것은 의심의 여지가 없다.

이처럼 갈릴리 호수에 부는 바람은 때때로 어부들과 여행자들을 괴롭히기도 한다. 특히 밤중에 높은 산에서 갈릴리 호수로 내리닫는 찬 공기가 호수면의 더운 공기와 만나 일어나는 돌풍은 높은 파도를 일으켜 항해를 불가능하게 한다. 벳새다 광야에서 굶주린 청중들을 먹인 다음 제자들이 배를 타고 밤에 갈릴리 쪽으로 가려다가 풍랑을 만난 사건이 바로 그것을 보여준다. 갈릴리 호수의 돌풍은 종종 낮에도 일어날 만큼 예측하기 어려워 어부들을 공포에 잡히게 한다. 풍랑 이는 수면 위로 걸어오시는 예수를 보고 제자들이 공포에 질려 유령이라고 소리 질렀던 것도 무리가 아니었던 것이다.

1986년 2월 가뭄으로 인해 갈릴리 수면이 최저로 내려갔을 때 막달라 유적지 근처 해변에서 아주 오래된 것으로 보이는 어선 한 척이 모습을 드러내었다. 진흙에 쳐 박혀있던 그 배는 탄소 측정 결과 2000년 전 예수 그리스도가 활동할 당시의 것으로 판명되었다. 그 배는 길이 8.8m, 넓이 2.5m, 깊이 1.25m로서 전형적인 예인망 어선이었으며, 여행자들을 실어 나르는 교통수단이기도 했다. 아마도 제자들이 타고 풍랑 이는 갈릴리를 건너고 있던 배도 이와 같았을 것이다.

1세기 배

지리 ②

75. 밤이 새도록 수고하였으되

"시몬이 대답하여 이르되
선생님 우리들이 밤이 새도록 수고하였으되 잡은 것이 없지마는
말씀에 의지하여 내가 그물을 내리리이다 하고
그렇게 하니 고기를 잡은 것이 심히 많아
그물이 찢어지는 지라"(눅 5:4-5).

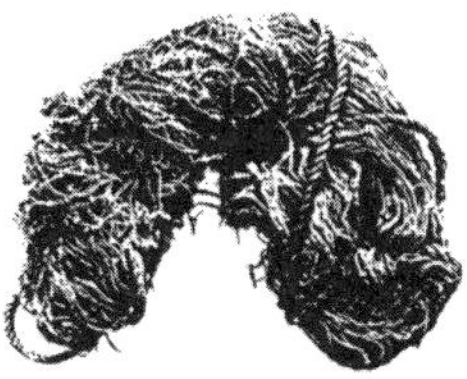

예수 그리스도가 시몬의 배를 빌려 설교한 때는 겨울철 어느 날이었던 것으로 보인다. 이스라엘의 겨울은 비오고 추운 계절이지만, 어부들은 쉴 수 없었다. 베드로와 일행들의 고기 잡는 방법은 적어도 네 명 이상이 동원된 두 배가 세 겹 그물(trammel net)을 끌어당기는 방법으로서 고된 작업이었다. 그런데 예수 그리스도가 찾아온 전날 베드로의 일행들은 밤새도록 추위를 무릅쓰고 수고 했지만 아무 것도 잡지 못했다. 그들은 밤에 다시 그물질을 하기 위해 그물을 잘 씻어 말려두어야 했다. 아무 것도 잡지 못했기 때문에 상대적인 피로감마저 더했을 것이다. 따라서 그들은 빨리 집으로 돌아가서 한숨 자두어야

했다.

다시 그물을 던지라는 그리스도의 말씀에 베드로가 단번에 순종하지 않았던 것은 충분히 이해할 수 있는 일이다. 왜냐하면 낮에는 고기들이 그물을 알아보고 도망쳐 버리기 때문이었다. 오늘날과 같이 투명하고 가벼운 나일론 그물은 1950년 이후에 나온 것이고, 베드로와 일행들이 사용하던 그물은 마를 꼬아 만든 그물로서 무겁고 밤에만 사용할 수 있는 것이었다. 그리스도가 언제 설교를 마쳤는지 모르지만 해가 뜬 뒤 한참 지난 다음이었기 때문에 물고기를 잡는다는 것은 거의 불가능해보였다. 그리고 다시 그물질을 했다가 아무 것도 잡지 못하게 된다면 또 한 번 그물 씻는데 시간을 보내다가 잠시 쉬지도 못한 채 다시 바다로 나와야 할 판이었다.

그럼에도 불구하고 베드로는 그리스도의 말씀을 따르기로 했다. 그리스도가 배에서 내리지 않았던 것도 베드로가 결정을 내리는데 도움이 되었을 것이다. 그리스도는 배에 앉은 채 베드로의 일행과 함께 깊은 곳으로 나갔다. 놀랍게도 물고기들이 눈먼 것처럼 그물 안으로 파고들었고, 베드로의 일행은 두 배가 물에 잠기도록 고기를 잡아 올렸다. 베드로와 야고보와 요한 등 일행은 입이 다물어지지 않을 정도로 놀랐다. 베드로는 배에 앉아있는 그리스도의 무릎 아래에 엎드려 자신의 죄인 됨을 고백했다. 뜻밖에도 그는 사람을 낚는 어부가 되리라는 예언을 들었다.

예수 그리스도는 베드로의 배를 값없이 빌리지 않고, 잠시 배를 빌렸던 것에 비해 큰 수확으로 갚았다. 그는 겨울철 갈릴리 어부들의 수고와 피곤함을 알고 있었다. 그만큼 베드로의 순종은 값진 것이었던 것이다. 그리고 베드로에게 그리스도의 말씀에 순종하고 그와 동행하면 상상할 수 없는 결과를 얻게 된다는 사실을 깨닫게 했다. 또한 베드로가 그 날 물고기를 낚은 것처럼 사람을 낚는 일군이 될 것을 일러주었다. 이제 그를 통해 많은 사람들이 그리스도께로 돌아오게 될 것이었다. 실제로 그는 오순절 성령 강림 때 설교를 통해 하루에 삼천명을 그리스도께 돌아오게 했다. 그러나 그런 외적인 것보다 더 값진 것은 그 날 베드로가 그리스도 앞에 무릎을 꿇고 자신의 죄인 됨을 고백한 것이다. 그 깨달음은 그가 나중에 그리스도의 신성에 대한 깨달음을 얻는 데로 나아가는 첫 걸음이었던 것이다.

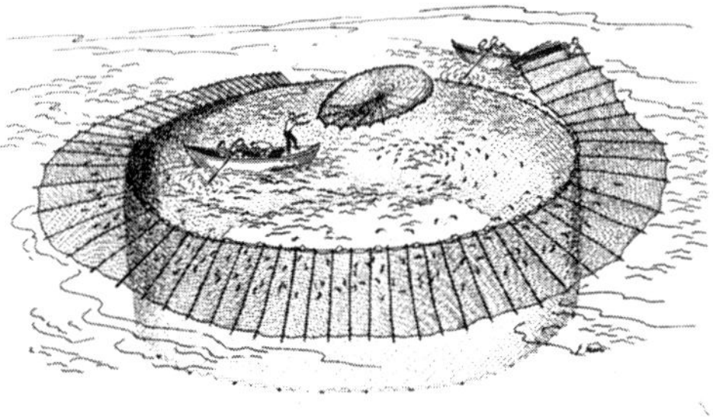

지리 ③

76. 너희는 강도의 소굴을 만들었도다

"성전에 들어가사 장사하는 자들을 내쫓으시며
그들에게 이르시되 내 집은 기도하는 집이 되리라 하였거늘
너희는 강도의 소굴을 만들었도다 하시니라"(눅 19:45-46).

1세기 성전 모형

나귀 새끼를 타고 예루살렘에 입성한 예수 그리스도는 성전에서 장사하는 자들을 내쫓으며 '너희는 강도의 소굴을 만들었도다'라고 책망했다. 그것은 누구에게 무슨 의미로 한 말이었을까? 그리고 장사하는 사람들은 실제로 어디에서 장사를 했던 것일까? 흥미로운 것은 그 일 이후에 대제사장들을 비롯한 종교지도자들이 예수를 죽이려고 모의했다는 것이다.

성전에 대한 그리스도의 두 가지 묘사, '내 집은 기도하는 집'과 '강도의 소굴'은 이사야와 예레미야의 예언을 병치(juxtapose)한 것이다

(사 56:7, 렘 7:11-12).[111] 이사야의 예언에서는 성전이 이방인을 위한 기도의 집으로 묘사되었고, 예레미야의 예언에서는 거짓 선지자들이 백성들을 속여 이익을 챙기는데 사용되는 도둑의 소굴로 묘사되었다. 그런데 예레미야는 거짓 종교지도자들이 성전을 도둑의 소굴로 만들었기 때문에 성전이 사사 시대 말 실로의 성소가 파괴된 것처럼 파괴될 것이라고 예언했다(렘 7:11). 그 예언 때문에 예레미야는 살해위협에 직면해야 했다. "예레미야가 여호와께서 명령하신 말씀을 모든 백성에게 전하기를 마치매 제사장들과 선지자들과 모든 백성이 그를 붙잡고 이르되 네가 반드시 죽어야 하리라 어찌하여 네가 여호와의 이름을 의지하고 예언하여 이르기를 이 성전이 실로 같이 되겠고 이 성이 황폐하여 주민이 없으리라 하느냐 하며 그 모든 백성이 여호와의 성전에서 예레미야를 향하여 모여드니라"(렘 26:8-9).

거짓 종교지도자들이 성전을 도둑의 소굴로 만들었다는 예레미야의 예언을 살펴보면, 그리스도가 대제사장들과 종교지도자들을 가리켜 성전을 강도의 소굴로 만든 장본인으로 지목하고 있음을 알게 된다. 그렇기 때문에 대제사장 일당이 그리스도를 죽이려고 모의하게 되었던 것이다. 그들은 갈릴리에서 온 촌뜨기 선지자가 예레미야 흉내를 내며 자신들을 비난하는 현실을 받아들일 수 없었을 것이다.

---

111) 병치(juxtaposition)는 제 2 성전 시대 랍비들과 예수 그리스도가 자주 사용하던 방법이다. 예를 들어 율법사로부터 어느 계명이 크냐는 질문을 받았을 때 그리스도는 신 6:5과 레 19:18을 병치하여 대답했다. 이 때 병치 구절을 이어주는 단어는 '사랑하라(아하브타)'였다.

그러면 양과 소와 비둘기를 팔고, 돈 바꾸어 주는 장사치들은 어디에서 영업을 했던 것일까? 지금까지 학자들은 사 56:7에 근거하여 이방인의 뜰일 것이라고 추측해왔다.

그러나 슈무엘 사프라이(Shmuel Safrai) 같은 학자는 성전 문을 들어선 다음의 어떤 장소에서도 영업행위가 불가능했다고 주장한다. 이를테면 성전 경내에는 돈 주머니조차 소지하고 들어갈 수 없었다는 것이다(미쉬나, 베라코트 9:5). 그런데 일반인들이 출입했던 성전 남쪽 출입구의 구조를 보면 한 군데 가능한 장소가 있다. 성전을 바라보고 섰을 때 전 면에 두 개의 문(훌다 문)이 약간의 간격을 두고 배치되어 있고, 그 사이에 정결예식을 위한 여러 개의 욕조들이 설치되어 있다. 그런데 훌다 문으로 들어가는 방법은 두 가지이다. 하나는 정면을 바라보고 계단으로 올라가는 것이고, 또 하나는 왼쪽 훌다 문과 서쪽 벽 코너 사이에 만들어진 경사로를 따라 올라가는 것이다. 아마도 장사치들은 그 경사로에 늘어서서 영업을 했던 것으로 보인다.

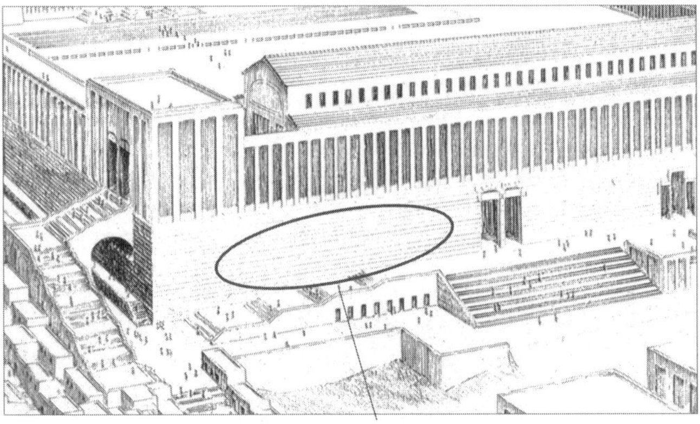

성전 앞 경사로

지리 ④

77. 물 없는 곳으로 다니며

"더러운 귀신이 사람에게서 나갔을 때에
물 없는 곳으로 다니며 쉬기를 구하되
쉴 곳을 얻지 못하고"(마 12:43).

물 없는 광야

회개하지 않는 청중들을 향해 예수 그리스도는 귀신들린 자의 비유를 들어 경고했다. 작은 귀신에 들렸다가 나은 자가 나중에 더 큰 귀신에 들리는 것처럼 예수 그리스도를 배척하는 유대인들이 돌이킬 수 없는 화를 당하게 될 것이라는 경고이다. 그런데 흥미로운 것은 귀신이 사람에게서 나간 다음 물 없는 곳에서 쉴 곳을 찾아다닌다는 표현이다. 유대인들은 귀신들이 물 없는 곳-광야에서 산다고 생각했다.[112] 왜냐하면 풀 한포기 없는 광야는 하나님이 열매를 맺도록 역사하지

112) 롤랑 드보, 이양구, 구약시대의 종교풍속, 도서출판 나단, p. 264.

않으시는 곳이기 때문이었다.[113] 따라서 광야는 하나님이 다스리는 영역에 귀신들이 발붙일 곳이 없다고 생각했던 유대인들의 세계관에 어울리는 귀신들의 처소였다.

광야가 귀신의 처소라는 것을 가장 잘 보여주는 것이 아사셀 염소를 광야로 보내는 풍속이었다. 유대력 7월 10일 대속죄일(욤 키푸르 יום כיפור)에 유대인들은 숫염소 한 마리의 머리에 대제사장이 안수한 다음 광야로 보냈다. 그것은 이스라엘의 모든 죄와 허물을 숫염소에 실어 다시 돌아오지 못할 곳으로 보낸다는 의미를 가지고 있었다(레 16:21-22). 그런데 염소를 하필 광야로 보낸 이유는 그것을 아사셀에게 보내는 염소라고 부르는 데서 해답을 찾을 수 있다. 성경 전체를 통 털어서 네 번밖에 나오지 않는 단어 '아사셀'은 모두 대속죄일 규정에서 발견된다(레 16:8, 10, 26). 그런데 아사셀은 지명이나 일반명사가 아니라 고유명사이다. 왜냐하면 대속죄일에 희생되는 두 마리의 염소 가운데 제비뽑기를 통해 한 마리는 여호와를 위해 선택하고, 또 한 마리는 아사셀을 위해 선택한다고 규정하고 있기 때문이다. 그리고 광야에 놓아버리는 염소를 아사셀에게 보내는 염소라고 묘사하고 있다. 위의 사실들을 종합해볼 때 아사셀은 아마도 광야에서 사는 귀신의 이름이었던 것 같다.

대속죄일 규정 다음에 나오는 도살규정에는 아사셀이 이스라엘의 민간종교에서 섬기던 숫염소 귀신이었을 것이라는 사실을 짐작하게

---

113) 유대인들은 우기에 지면에서 싹이 돋는 것도 하나님의 영을 통한 창조의 역사로 보았다(시 104:26).

해주는 구절이 나온다. "그들은 전에 음란하게 섬기던 숫염소에게 다시 제사하지 말 것이니라 이는 그들이 대대로 지킬 영원한 규례니라"(레 17:7). 여기에 나오는 숫염소는 아론이 만든 송아지 우상과 다른 것이다. 만약에 아사셀이 숫염소 귀신이 맞다면 광야로 보내지는 제물로서 숫염소가 선택된 이유도 납득이 된다. 즉, 야훼 종교의 체계에서 용납할 수 없는 민간풍속－숫염소 신 제사풍속을 일신교 확립을 위해 변용시켜버린 것이다.

예수 그리스도는 공생애를 시작하기 전 물 없는 곳－광야에서 40일 금식 기도의 기간을 보냈다. 기도의 기간이 끝나고 마귀가 찾아와 치밀하게 준비한 올무로 그를 시험했으나 실패했다. 결국 마귀는 자신의 영역 한 가운데서 패배하고 만 것이다. 이것은 예수 그리스도의 비유에서 귀신이 광야에서 쉴 곳을 구했으나 왜 얻지 못했는지 이유를 설명해준다. 그리고 그리스도를 거부한 자들의 생애가 왜 황폐하게 되는 것인지도 보여준다.

지리 ⑤

78. 갈릴리에서는 선지자가 나지 못하느니라

"그 중의 한 사람 곧 전에 예수께 왔던 니고데모가
그들에게 말하되 우리 율법은 사람의 말을 듣고
그 행한 것을 알기 전에 심판하느냐
그들이 대답하여 가로되 너도 갈릴리에서 왔느냐
찾아보라 갈릴리에서는 선지자가 나지 못하느니라
하였더라"(요 7:50–52).

예루살렘의 종교지도자들은 예수 그리스도에 대해 맹목적인 경쟁심과 적대감을 가지고 있었다. 그들은 예수의 가르침과 행적을 조사해보지도 않은 채 단지 갈릴리 사람이라는 이유로 그를 무시하려 했다. 더 나아가 그들은 갈릴리에서 선지자가 나올 수 없다는 발언까지 서슴지 않았다. 그러나 그들의 주장은 사실이 아니었다. 왜냐하면 가드헤벨 출신 선지자 요나가 갈릴리 사람이었기 때문이다(왕하 14:25). 그들이 선지자 요나가 갈릴리 출신이었다는 것을 몰랐다면 무식한 것이고, 알면서도 거짓말을 했다면 스스로 위선자로 자처한 것이다.

국경 지대에 위치한 갈릴리는 역사적으로 외세의 침입에 가장 먼저 피해를 보는 곳이었으므로 저항정신이 뿌리 깊게 내려져 있었다. 빌라도가 성전에서 제사 드리던 갈릴리 사람들을 혁명분자로 취급하여 끔찍하게 살해한 이유도 거기에 있었다(눅 13:1). 그리고 주후 70년 예루살렘 함락으로 이어진 민중항쟁의 두 주역 – 기스칼라의 요한과 요타파타의 요세푸스 모두 갈릴리 사람들이었다. 게다가 갈릴리 사람들은 예루살렘 사람들로부터 시골뜨기 이상의 대우를 받지 못했다. 특히 아람어의 영향으로 후음(guttural sound)을 정확하게 발음하지 못해 조롱을 받기도 했다. 베드로가 대제사장의 뜰에서 불을 쬐다가 신분이 탄로된 것도 갈릴리 사람 특유의 억양 때문이었다(마 26:73). 어떤 기록에 의하면 예루살렘으로 순례 여행을 온 갈릴리 사람들에게 발음상의 이유로 회당에서 성경을 읽지 못하게 했다고 한다. 심지어 주후 70년경 랍비 요하난 벤자카이는 "갈릴리여, 갈릴리여 너는 토라를 미워하는구나"라고 탄식했다고 전해진다.114)

예수 그리스도의 갈릴리 사역을 마태가 "흑암에 앉은 백성이 큰 빛을 보았고 사망의 땅과 그늘에 앉은 자들에게 빛이 비치었다"는 이사야의 예언의 성취로 본 이유도 거기에 있다(마 4:12-16).

그리고 12 제자 가운데 11명이 갈릴리 사람이라는 것도 소외되고 억눌렸던 갈릴리 사람들의 정서를 잘 보여주고 있다. 예수 그리스도가 나귀를 타고 예루살렘에 입성했을 때 군중들로부터 나온 두 종류의 반응도 이와 같은 사회 분위기를 잘 보여준다. "예수께서 예루살렘에 들어가시니 온 성(예루살렘 사람들)이 소동하여 이르되 이는 누구냐 하

114) 게르트 타이센, 손성현, 역사적 예수, 다산글방, p. 255.

거늘 무리(외지에서 온 순례자들)가 이르되 갈릴리 나사렛에서 나온 선지자 예수라 하니라"(마 21:11). 그리스도는 표적을 구하는 베다니 근처 유대인들에게 다음과 같이 말했다. "요나의 표적 밖에는 보일 표적이 없나니 요나가 니느웨 사람들에게 표적이 됨과 같이 인자도 이 세대에 그러하리라"(눅 11:29하-30). 수많은 선지자 가운데서 하필 갈릴리 출신 요나를 유다 지방 사람들에게 표적으로 제시한 이유도, 차별주의에 빠져 갈릴리 사람들을 무시하던 사회 분위기와 무관하지 않았던 것이다.

지리 ⑥

79. 물의 움직임을 기다리니

"예루살렘에 있는 양문 곁에 히브리말로
베데스다라 하는 못이 있는데
거기 행각 다섯[47]이 있고 그 안에 많은 병자, 맹인, 다리 저는 사람,
혈기 마른 사람들이 누워 물의 움직임을 기다리니
이는 천사가 가끔 못에 내려와 물을 움직이게 하는데
움직인 후에 먼저 들어가는 자는
어떤 병에 걸렸든지 낫게 됨이러라"(요 5:2).

히브리어로 '자비의 못'이라는 이름을 가진 베데스다(בית חסדה)는 해발 740m의 성전 산(temple mount)에 있다. 길이 100~110m, 너비 62~80m, 깊이 7~8m 되는 두 개의 쌍둥이 연못이었던 이곳은 양문을 통해 들어온 성전 제사용 양들을 씻거나 성전에 필요한 물을 공급하기 위한 저수조였다.[115] 주전 2세기 하스모니안 왕가의 시몬이 대제사장으로 있던 때에 만들어진 이 연못은 쿰란 문서에도 언급되어

115) 다섯 개의 회랑을 가리킨다. 그러니까 두 개의 사각형 저수지를 전체적으로 둘러싼 네 개의 회랑과 두 저수지 사이의 분리 벽에 설치된 회랑까지 합하면 다섯이 되는 것이다.

있으며, 주후 3세기 초대 교회 교부 오리게네스의 글에도 나와 있다. 주후 5세기 비잔틴 시대에 이곳에 교회당을 세운 이후 614년 페르시아인들에 의한 파괴, 1140년 십자군에 의한 재건과 1187년 아랍 왕 살라딘에 의한 파괴 등의 역사를 반복하다가 수백 년 동안 진흙에 묻혀 있었다. 그 후 1888년 최초로 발굴이 시작되었고, 1957년 본격적인 발굴이 이루어져 오늘과 같은 모습을 드러내게 되었다.[116)]

예수 그리스도 당시 이곳에 많은 환자들이 모여 있었다는 기록은 베데스다가 치료소의 역할도 하고 있었다는 사실을 보여준다. 주후 1세기 이곳에 식수대가 설치되어 있었고, 주후 2세기 이곳에서 치료받은 폼페이아 루킬리아라는 한 로마 여인이 거액의 기부금을 냈다는 비문도 발견되었다. 그런데 인공적으로 만든 저수조의 물이 움직인다는 것은 어떤 현상이었을까? 신약학자 요아킴 예레미야스는 두 저수지 사이의 분리 벽 아래로 연결된 수로 장치를 가지고 설명한다. 즉, 북쪽의 물이 가득 차게 되면 아래의 수로를 통해 환자들이 대기하고 있는 남쪽 저수지로 물이 흘러들어가게 되는데, 이때 소용돌이 현상이 나타나게 되었으리라는 것이다. 그렇다면 북쪽 못은 성전 급수용 저수조였고, 남쪽 못은 제사용 양과 환자들의 목욕을 위한 저수조였을 것이다. 그러나 자연적인 지하수 용출현상이었을 가능성도 완전히 배제할 수 없다. 주후 2000년 예루살렘 성전 산 황금사원의 지하에 있는 아브라함 바위에서 갑자기 지하수가 분출되어 세계의 이목을 집중시

---

116) 최창모, 돌멩이를 먹고 사는 사람들 1, 건국대학교출판부, pp. 157-159.

킨 적도 있기 때문이다.

중요한 것은 요한복음의 저자가 예수 그리스도를 메시아로 소개하고 있다는 점이다. 다시 말해서 38년 된 불치환자를 고친 것은 베데스다의 물이 아니라 그리스도의 말씀이었다. 그리스도를 알리는 매개체로 물을 등장시키는 저자의 구성-이를테면 세례를 통해 세상 죄를 지고 가는 그리스도를 알게 해준 요단 강물, 가나의 혼인 잔치에서 그리스도의 능력을 나타낸 항아리의 물(요 2:1-11), 수가 성 여인이 영생의 물을 주는 분으로 그리스도를 알게 해주는 야곱의 우물물(요 4:1-26), 그리스도를 믿는 자의 배에서 흘러 날 성령의 물(요 7:37-38), 날 때부터 소경이었던 사람에게 그리스도를 알게 해준 실로암 물(요 9:1-41)이 그것이다. 이처럼 요한복음의 저자가 물과 그리스도를 연관 짓는 것은 메시아 시대에 물이 풍족하게 될 것이라는 예언자들의 예언을 예수 그리스도에게 적용한 결과인 것이다.

지리 ⑦

80. 들의 백합화를 보라

"또 너희가 어찌 의복을 위하여 염려하느냐 들의 백합화가 어떻게 자라는가 생각하여 보라 수고도 아니하고 길쌈도 아니하느니라
그러나 내가 너희에게 말하노니 솔로몬의 모든 영광으로도
입은 옷이 이 꽃 하나만 같지 못하였느니라
오늘 있다가 내일 아궁이에 던져지는 들풀도 하나님이 이렇게 입히시거든 하물며 너희일까보냐 믿음이 작은 자들아"(마 6:28-30)

백합(lily)을 가리키는 성경의 히브리어는 슈샨(שׁוּשַׁן)이다(왕상 7:19, 22, 26; 대하 4:5; 시 45편 제목, 시 60편 제목, 아 2:1-2,16; 4:5; 5:13; 호 14:5). 성지를 순례하는 중세 기독교인들은 마돈나 백합(Madonna Lily)을 성결과 순수의 상징으로 흠모했다. 17세기 교황은 칙령을 내려 이 백합을 종교적으로 확정했다. 그 결과 무분별하게 채집해서 멸종 위기에까지 이르렀다. 지금도 헤르몬 산과 갈릴리 서쪽에서는 오월에 이 꽃을

볼 수 있다. 세 송이에서 열 송이 눈처럼 흰 꽃이 피면, 밤낮으로 꽃송이가 열려 있고, 한 밤중에 더욱 진하고 달콤한 향을 내뿜는다. 오늘날에는 '부활절 꽃'으로 불려져, 절기에 맞춰 피도록 온실에서 길러낸다.[117)]

식물학자 쿱스에 의하면, 마태복음 6장과 누가복음 12장에서 백합화로 번역된 '크리논(κρίνον)'은 흰 백합이 아니라, 더 광범위 꽃의 집단을 가리키는 것으로 보인다. 여러 가능성 중의 하나를 제안하자면, 그것은 '코로나리아바람꽃(crown anemone, anemone coronaria)로서, 매년 봄마다 중동 지역 도처에서 여러 색깔의 꽃을 풍성하게 피운다. 그것은 미나리아재비(butercup)과에 속하며 1-3월에 꽃을 피운다. 코로나리아바람꽃은 약 50센티미터 높이까지 자란다. 잎은 당근과 같이 레이스 모양이고, 꽃은 대개 6장의 밝고 빨간색 꽃잎으로 되어 있다. 전 세계적으로 바람꽃류는 120종류나 된다.[118)] 성서 식물학자 정정숙은 여기에 양귀비, 아도니스, 아네모네, 튤립, 버터컵, 돔마카비, 캐모마일 등 갈릴리 지방의 아름다운 모든 꽃을 포함시킨다.[119)]

위의 설명을 읽어 보면 백합은 한 종류의 흰 꽃이 아니라, 형형색색의 여러 꽃들을 가리키는 것을 알 수 있다. 그 사실은 마태복음 본문에서도 확인될 수 있다. 마태복음 6장 28절에서 '들의 백합화'는, 솔로몬의 화려한 옷에 대한 29절의 설명을 사이에 두고, 30절의 '들 풀(30절)'과 평행구가 된다. 그러니까 '들의 백합화'가 곧 '들 풀'을 가

117) Jerusalem Perspective, No. 46 & 47, 1994, p. 18.
118) 로버트 쿱스 저, 권성달 옮김, 성서 속의 식물들, 대한성서공회, 204쪽
119) 정정숙, 성서식물, 크리스챤뮤지엄, 79쪽.

리키는 것이고, 솔로몬의 화려한 옷보다 더 아름답다는 것이다. 만약 '들의 백합화' 가 흰 색깔의 백합을 가리키는 것이라면, 솔로몬의 옷도 흰 색이어야 한다. 그렇지 않다면 비교 대상이 될 수 없을 것이다. 따라서 들의 백합화는 여러 색깔의 꽃들을 가리키는 것으로 보아야 한다. 제 2 성전시대 이스라엘에는 아시아, 아프리카, 중동에서 유입된 헤아릴 수 없이 많고 화려한 꽃들이 들판을 장식했다. 하지만 그 아름다운 꽃들도 짧게는 며칠 밖에 피어있지 않았다. 예수 그리스도는 그 꽃들의 덧없음으로부터 창조주 하나님의 돌보심이라는 가르침을 이끌어냈다. 원래 그것은 인생의 덧없음을 노래한 구약 성경의 구절에 기초한 것이다(사 40:6; 시 103:15-16 참조). 곧, '사람이 풀(하찌르)이고, 그 영광은 '꽃(찌쯔)이라' 는 묘사이다. 그리스도는 그 덧없는 풀도 아름답게 돌보시는 창조주가 당신의 자녀를 더더욱 돌보신다는 결론으로 이끄신다.

천국 ①

81. 천국과 하나님의 나라

"또 비유를 들어 이르시되 천국은
마치 사람이 자기 밭에 갖다 심은 겨자씨 한 알 같으니
이는 모든 씨보다 작은 것이로되
자란 후에는 풀보다 커서 나무가 되매 공중의 새들이 와서
그 가지에 깃들이느니라"(마 13:31-32).

"그러므로 예수께서 이르시되 하나님의 나라가 무엇과 같을까
내가 무엇으로 비교할까
마치 사람이 자기 채소밭에 갖다 심은 겨자씨 한 알 같으니
자라 나무가 되어 공중의 새들이
그 가지에 깃들였느니라"(눅 13:18-19).

마태복음에서 '천국'(바실레이아 톤 우라논, ἡ βασιλεία τῶν οὐρανῶν)으로 기록되어 있고 마가복음과 누가복음에서 '하나님의 나라'(바실레이아 투 데우, βασιλεία τοῦ θεοῦ)로 기록된 예수님의 말씀을 히브리어로 바꾸어놓으면 말쿠트 하샤마임(מלכות השמים)이 된다. 그러니까 마태, 마가, 누가가 헬라어로 공관복음을 기록하는 과정에서 예수님이 말씀하신 히브리어 표현을 서로 다르게 옮겨 적었던 것이다.

이처럼 공관복음 저자들이 하나의 히브리어 표현을 서로 다르게 번역했던 것은 '샤마임'이란 히브리어 단어에 '하늘' 혹은 '하나님'의 이중 의미가 들어있기 때문이다. 예를 들어 탕자 비유에서 "내가 하늘과 아버지께 죄를 지었사오니"(눅 15:18)라는 아들의 독백이나, 그리스도가 대제사장과 장로들에게 "요한의 세례가 하늘로부터냐, 사람으로부터냐"(마 21:25)라고 질문한 것을 보면 알 수 있다.

예수님 당시에 유대인들은 하나님의 이름(야훼 יהוה)을 직접 발설할 경우 사형에 해당하는 신성모독죄를 범하는 것으로 간주했다. 따라서 하나님의 이름을 읽어야 할 경우 '아도나이'라고 발음했으며, 굳이 하나님을 지칭해야 하는 경우 그 이름(하셈 השם)이라는 표현을 썼다. 그러니까 '하나님을 찬송하리로다'라고 할 때 '바룩 하셈' (ברוך השם)이라고 하면 그만이었다. 그리고 하나님을 가리키는 보통명사 엘로힘(אלהים)도 잘 사용하지 않고 하늘(שמים)이라는 단어로 바꾸어 사용했다. 그러니까 '샤마임'은 하늘을 가리키는 말도 되고 하나님을 가리키는 말이기도 했던 것이다. 특히 바리새인들은 이것을 '게제라 샤바 גזרה שוה'(유추)라는 이름으로 자주 사용했다.[120] 다시 말해서 구약 어디에도 '하나님의 나라' 혹은 '천국'이라는 말은 없다. 그 대신 '하나님이 다스리신다(말라크)' 혹은 '하나님이 왕(멜레크)'이라는 표현이 있다. 유대교 랍비들은 그 표현들을 '나라(말쿠트)'와 동의어로 간주하여 '하나님의 나라(말쿠트)'라는 독특한 표현을 만들어냈던 것이다.

120) 이영근, 유대교의 성서해석방법, 장로회신학대학교대학원 석사논문, p. 64.

그러니까 예수님은 유대인의 언어관습을 따라 '말쿠트 샤마임'으로 그 나라를 말씀하셨고, 복음서 저자들은 '천국' 혹은 '하나님의 나라'로 번역을 했던 것이다. 그러면 저자들은 어떤 의도로 그처럼 다르게 기록을 했던 것일까? 아마도 그것은 그들의 저작을 읽는 원독자들(Original Readers)의 문화적 배경이 달랐기 때문일 것이다. 예컨대 유대적 배경을 가졌던 마태복음의 원 독자들에게 자칫 '하나님의 나라'는 정치적으로 다윗 왕국의 재건이라는 의미로 받아들여질 수 있었기 때문에 마태가 의도적으로 다른 뉘앙스의 '천국'이라는 단어를 선택했을 것이며, 헬라적 배경을 가졌던 것으로 보이는 마가와 누가의 원 독자들에게는 자칫 다신교적으로 이해될 수 있는 '천국'보다 '하나님의 나라'라는 유일신교적 유대 분위기의 단어가 더 어울렸기 때문에 그렇게 번역했을 것이다.

천국 ②

82. 천국에서 큰 자와 작은 자

"그러므로 누구든지
이 계명 중의 지극히 작은 것 하나라도 버리고
또 그같이 사람을 가르치는 자는
천국에서 지극히 작다 일컬음을 받을 것이요
누구든지 이를 행하며 가르치는 자는
천국에서 크다 일컬음을 받으리라"(마 5:19).

천국에 큰 자와 작은 자가 따로 있다는 예수님의 말씀은 마치 신자들의 사후의 세계에서도 불평등과 차별이 존재하는 것 같은 느낌을 준다. 그러나 이 구절의 앞뒤 문맥을 살펴보면 예수님의 말씀은 하나님의 백성들이 현세에서 하나님의 계명에 대해 어떤 태도를 취해야 하는지에 초점이 맞춰져 있다.

이 구절에서 대조를 이루고 있는 개념은 천국에서 큰 자와 작은 자, 계명 중의 큰 것과 작은 것이다. 먼저 계명 중의 큰 것과 작은 것은 유대인들의 통념을 반영하고 있다. 하나님의 계명 중 무겁고 가벼운 것이 따로 없지만 비슷한 개념 끼리 비교할 때 무겁고 가벼운 것이 있는 것으로 생각했던 것이다.

예컨대 유대인들은 영생(장수)이 보장되어 있는 큰 계명을 부모 공경(출 20:12)으로, 작은 계명을 새 사냥에서 어미 새를 풀어주고 새끼만 취하는 것(신 22:7)으로 생각하였으며, 모두 지켜야 하는 것으로 생각했다. 랍비들은 하나님의 계명 중 작은 것이라고 해서 지키지 않으려는 자에게 화가 있을 것이라고 가르쳤다. 그런데 천국 혹은 하나님의 나라는 랍비들의 가르침에 의하면 하나님의 다스리심을 의미하는 것으로서 토라(율법)의 가르침을 실천하기 시작하는 순간 하나님의 다스리심을 받는 하나님의 백성이 되는 것으로 간주했다.

그런 의미에서 예수님의 가르침은 당시 랍비들의 가르침과 다르지 않았다. 즉, 작은 계명들은 큰 계명들과 같다(미쯔보트 칼로트 카 미쯔보트 하무로트 מצבות קלות כמצבות המרות) 혹은 단순히 가벼운 것이 곧 무거운 것이다(칼라 카 하무라 קלה כחמרה)는 개념을 출발점으로 삼은 것이다. 그러나 예수님의 가르침은 거기에 머무르지 않고 한 걸음 더 나아갔다.

마 5:20-48에는 소위 큰 계명과 작은 계명이 대조를 이루고 있는데 살인과 미워함, 간음과 음욕을 품음, 맹세와 바른 말, 원수 갚는 일과 원수를 선대하는 것이 열거되어 있다. 예를 들어 살인보다는 미워하는 것이 작은 죄로 보이지만 둘 다 짓지 않아야 하는 것이다. 오히려 작은 죄로 보이는 것까지 짓지 않을 때 하나님의 계명을 온전히 지키는 큰 자가 되는 것이다. 그런 의미에서 예수님의 가르침은 당시 랍비들보다 탁월했다.

그런데 지극히 작은 계명을 버리고(폐하고) 가르친다는 것은 어떤 계명을 중요하지 않은 것으로 간주하고 잘못 해석한다는 뜻이다. 랍비들의 가르침을 따라 해석하자면 그런 사람은 하나님의 다스리심을 제대로 받아들이지 못하고 있는 것이다. 예수님은 하나님의 계명 중 어느 것 하나라도 중요하지 않게 여기고 폐하는 자는 예수님의 가르침을 받는 제자의 무리에서 중요하지 않는 자로 간주되고 버림받을 것이라고 선언하신 것이다. 예수님의 동생 야고보 또한 이와 비슷한 교훈을 남겼다.

> "누구든지 온 율법을 지키다가 그 하나를 범하면 모두 범한 자가 되나니"(약 2:10).

천국 ③

83. 너희 의가 서기관과 바리새인보다 더 낫지 못하면

"내가 너희에게 이르노니 너희 의가
서기관과 바리새인보다 더 낫지 못하면
결코 천국에 들어가지 못하리라"(마 5:20).

예수님의 가르침 가운데 이보다 더 그리스도인들을 당황하게 하는 말씀은 없을 것이다.

십자가에 못 박힌 예수님을 믿기만 하면 구원받는 줄 알았는데 구전 율법을 꼬장꼬장 지키려했던 서기관과 바리새인보다 더 의롭지 못하면 천국에 들어가지 못한다고 하니 충격적일 수밖에 없다. 그러나 예수님의 말씀은 선행이 구원의 조건이라는 의미에서 주어진 것이 아니다. 이 말씀을 해석하는 중요 단어는 곧 '의(쩨대카 צדקה)'와 '천국(말쿠트 하샤마임 מלכות השמים)'이다.

그런데 구약 성경에서 '의'는 곧 '구원'을 의미했다. 오히려 구원이라는 직접적 표현보다 구원을 의미하는 '의'가 더 많이 사용되었다. 이처럼 '의'가 구원의 의미로 사용된 것은 구원이 하나님의 의로우신 행위이기 때문일 것이다.

"내 공의가 가깝고, 내 구원이 나갔은즉"(사 51:5)

"그의 날에 유다는 구원을 받겠고, 이스라엘은 평안히 살 것이며 그의 이름은 여호와 우리의 공의(구원)라 일컬음을 받으리라"(렘 23:6).

"내가 붙드는 나의 종, 내 마음에 기뻐하는 자 곧 내가 택한 사람을 보라 내가 나의 영을 그에게 주었은즉 그가 이방에 정의(구원)를 베풀리라"(사 42:1).

그리고 예수님 당시에 '의'는 곧 구제를 의미하는 단어이기도 했다. 바리새인들은 금식과 기도와 구제를 3대 의의 행동으로 여겼는데, 그 중에서도 구제를 으뜸으로 쳤다. 그러니까 의인이라고 하면 구제를 많이 하는 사람을 가리켰다. 때때로 의인들을 가난한 자들로 불렀는데 그 이유는 종종 그들이 구제에 힘쓴 나머지 빈곤하게 되었기 때문이었다. 예수님의 동생이자 초대 예루살렘 교회 지도자였던 야고보가 모든 유대인들로부터 의인으로 존경을 받았던 이유도 기도와 구제에 있어서 탁월한 실천을 보인 것에서 비롯되었다.

그리고 천국은 하나님의 다스리심 혹은 하나님의 다스리심을 받는 자들을 의미했는데, 복음서 저자들은 예수님을 따르는 제자들의 무리를 가리킬 때 이 단어를 사용했다. 그러니까 천국에 들어간다는 것은 예수님의 다스리심을 받는 제자의 무리에 속하게 된다는 것과 의미상 다르지 않았던 것이다.

결국 예수님은 '의'의 두 가지 의미를 통해 두 가지 교훈을 전달하려 했던 것으로 보인다.

첫째는, 예수님을 통해 얻게 되는 구원이 서기관과 바리새인들이 생각하는 구원 즉, 선행을 통해 얻을 수 있다고 생각했던 구원보다 더 낫다는 믿음이 있어야 제자가 될 수 있다.

둘째는, 구원의 열매인 구제가 천국에 들어가지 못하는 서기관과 바리새인(마 23:13)의 것보다 더 나아야 한다는 것이다. 그러니까 예수님은 자기를 따르는 유대인 신자들이 율법을 지키지 않아도 된다고 말씀하시지 않고, 율법을 지킴으로 구원받을 수 있다고도 가르치지 않으셨다. 이 말씀을 이방인 신자들에게 적용한다면 구원의 전제 조건인 믿음과 구원의 증거인 선행을 모두 요구하셨다고 볼 수 있을 것이다.

천국 ④

84. 천국이 그들의 것임이요

"심령이 가난한 자는 복이 있나니
천국이 그들의 것임이요"(마 5:3).

팔복의 첫 구절은 심령이 가난한 자들에 관한 것이다. 그런데 예수님은 마치 심령이 가난한 자들이 복을 받아서 천국을 소유하게 될 것이라고 말씀하시는 것처럼 보인다. 왜냐하면 "천국이 그들의 것"으로 되어 있기 때문이다. 그러나 "그들의 것"으로 번역된 헬라어는 "이들의" 혹은 "이와 같은 자들의"로 번역되는 것이 옳다. 따라서 그 의미도 "천국이 그들의 것임이요"가 아니라 "천국이 이들(이와 같은 자들)로 구성될 것임이요"가 되는 것이다. 즉, 심령이 가난한 자가 천국을 소유하게 되는 것이 아니라, 심령이 가난한 자들이 천국을 구성하게 되는 것이다.

천국은 사람에게 속한 것이 아니다. 왜냐하면 천국(하나님의 나라)이 하나님의 통치 혹은 하나님의 통치 아래 있는 사람들을 의미하기 때문이다. 천국이 하나님의 통치 혹은 하나님의 통치 아래 있는 사람들을 가리킨다는 개념은 랍비들의 토라 사상에서 나왔다. 다시 말해 예수님은 누구나 토라를 실천하기 시작할 때 하나님의 통치를 받기 시작한다는 랍비들의 개념을 자신의 가르침을 실천하는 사람들이 하나님의 통치를 받는다는 개념으로 바꾸어 사용하셨던 것이다. 그런 의미에서 천국은 예수님의 가르침을 받아들여 실천하는 제자들을 가리킨다.

"심령이 가난한 자"는 "마음이 가난하고 심령에 통회하며 내 말을 듣고 떠는 자"(사 66:2)에서 나온 표현이다. 다시 말해서 "심령이 가난한 자"는 곧 "애통하는 자"(마 5:4)이며 "온유한 자"(마 5:5)이다. 그들은 스스로를 구원할 힘이나 의로움이 없다는 절박감에서 하나님께 매달리며, 상한 마음으로 울게 되며, 온유한 마음으로 하나님의 통치를 받아들인다. 그런 사람들은 마침내 하나님의 돌보심을 받게 된다(사 66:2). 그러니까 마 5:3을 사 66:2에 맞춰 예수님이 가르치신 원래의 의미대로 번역하면 다음과 같이 된다.

> "복 있도다, 심령이 가난한 자들이여! 하나님의 돌보심 아래 있구나"

심령이 가난한 자들은 복 있는 사람들이다. 그들은 예수 그리스도의 구원과 가르침을 겸손히 받아들인다. 그리하여 그리스도의 제자가 되어 있다. 그와 반대로 심령이 부유한 사람들은 자신의 능력과 의를 의지하는 사람들이다. 그들은 절박한 심정으로 그리스도께 나아오지 않으며 그리스도가 베푸는 구원도 받아들이지 않는다. 따라서 그리스도의 제자가 되어 있지도 않다.

심령이 가난해지기 위해 인위적으로 할 수 있는 일은 아무것도 없다. 오히려 그것은 스스로 통제할 수 없는 어려운 환경을 통해 주어지는 경우가 많다.

누가복음에서 팔복의 말씀과 함께 부요한 자와 배부른 자와 웃는 자와 칭찬 받는 자에 대한 화의 말씀이 기록된 것(눅 6:24-26)을 보면 그 이유가 더 분명해진다. 진짜 문제는 어려운 환경 속에서도 심령이 가난해지지 못하는데 있다. 그와 반면 밤중에 예수님을 찾아왔던 니고데모, 예수 그리스도의 시신을 장례 치르기 위해 공개적으로 나섰던 아리마대 사람 요셉은 유복한 환경 속에서도 심령이 가난했던 사람들이다.

천국 ⑤

85. 천국은 침노하는 자의 것

"세례 요한의 때부터 지금까지 천국은 침노를 당하나니
침노하는 자는 빼앗느니라"(마11:12).

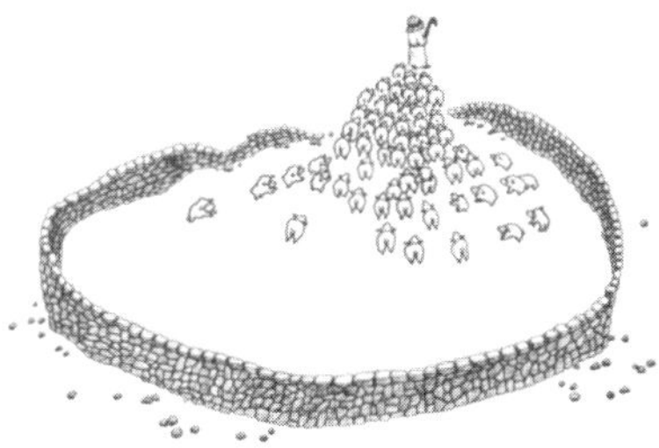

예수님이 가르치신 난해한 말씀들을 꼽으라면, 아마도 이 구절이 열 손가락 안에 들어갈 것이다. 이 구절은 일반 신자들뿐 아니라 학자들도 속 시원한 설명을 내놓지 못하기도 한다. 얼핏 보면 이 말씀은 폭력적인 사람이 천국에 들어갈 것이라는 의미 같기도 하고, 일면 천국이 매우 취약하고 허술한 곳처럼 느껴지기도 한다. 그런 나머지 천국 백성의 온유하고 겸손한 성품과 거리가 멀 뿐 아니라 악의 모든 세력을 정복하는 승리의 이미지와도 동떨어져 보인다.

그런데 유대인 신약학자 플루서(David Flusser)가 이 말씀을 해석하는 열쇠를 중세 랍비 라닥의 미가 주석서에서 찾아냈다.[121]

> "내가 정녕 야아콥 너희 모두를 모을 것이다/내가 정녕 이스라엘의 남은 자를 모아 함께 보쯔라 우리의 양떼처럼 그들을 둘 것이다/초장 가운데 두니/사람들 때문에 그들이 떠들썩할 것이다(12)/길을 뚫는 자가 그들 앞에 올라가니/그들이 뚫고 나와/성문을 넘어 그 문을 나갈 것이다/그들의 왕이 그들 앞을 지나가니/여호와께서 그들의 선두에 계신다(13)"
>
> (히브리어 직역성경 미카 2:12-13)

이 말씀은 들에서 양을 치던 목자가 새벽 일찍 우리에서 양을 꺼내는 모습을 배경으로 하고 있다. 목자는 저녁에 양들을 돌로 대충 쌓은 임시변통의 우리에 가두어 놓는다. 양들은 좁은 공간에서 옴짝달싹 못하고 아침을 기다린다. 드디어 아침이 되면 목자가 지팡이로 찌르거나 돌을 던져 임시로 만든 우리의 한쪽을 뚫어 준다. 밤새 불편했던 양들은 기다렸다는 듯이 경쟁하며 뚫어진 벽을 통해 초장으로 달려 나와 앞서 가는 목자를 따른다. 미가의 예언에서는 '길을 뚫는 자'(breach maker)와 '그들의 왕(목자)'가 같은 인물로 묘사되어 있다. 그러나 랍비들은 전통적으로 '길을 뚫는 자'는 엘리야이며 '왕(목자)'는 다윗의 후손으로 오실 메시아로 해석했다.

그러니까 예수님은 선지자 미가의 메시아 예언을 가지고 잘 알려진 랍비의 해석(미드라쉬)에 비추어 자신에게 적용하고 있는 것이다. 여기서 '길을 뚫는 자'는 자연스럽게 세례 요한을 가리키며, 앞서 가시는

---

121) David Flusser, *Jesus*, Hebrew University Magness Press. p 52.

왕은 예수님을 가리킨다. 말 4:5-6에 예언된 다시 올 엘리야를 예수님은 언제나 세례자 요한으로 해석하셨다(마 11:14, 17:13). 그러니까 세례자 요한이 예수께로 가는 길을 뚫어주자 마치 봇물이 터지듯 양들이 있는 힘을 다해 – 침입하는 것이 아니라 – 뛰쳐나오는 것이다. 여기서 길을 뚫어주는 자와 뛰쳐나오는 자의 이미지가 눅 16:16에 반영되어 있다. 한마디로 말해서 그 뛰쳐나오는 양들이 곧 천국의 백성들이다.

> "율법과 선지자는 요한의 때까지요 그 후부터는 하나님 나라의 복음이 전파되어 사람마다 그리로 침입하느니라"(눅 16:16).

예수님의 이 말씀을 들은 청중들은 이미 랍비들의 해석을 알고 있었기에 어렵지 않게 이해했을 것이다. 주목해야 할 대목은 예수님이 이 말씀을 통해 자신을 이스라엘의 왕으로 오신 메시아이자 하나님으로 가르치고 있다는 점이다.

천국 ⑥

86. 슬기로운 처녀와 미련한 처녀

"그 때에 천국은 마치 등을 들고 신랑을 맞으러 나간
열 처녀와 같다 하리니 그 중의 다섯은 미련하고
다섯은 슬기 있는 자라…
그 후에 남은 처녀들이 와서 이르되
주여 주여 우리에게 열어주소서
대답하여 이르되 진실로 너희에게 이르노니
내가 너희를 알지 못하노라 하였느니라"(마 25:1-2,11-12).

다가오는 천국에 관한 예수님의 열 처녀 비유는 유대인들의 결혼식 풍습을 배경으로 하고 있다. 유대인 남자가 결혼하기 위해서는 먼저 신부가 될 처녀의 아버지로부터 허락을 받아야 한다. 이때 신랑이 신부 아버지에게 지불할 지참금 액수가 결정된다. 대개의 경우 일 년 후에 신랑은 지참금을 지불하고 신부를 신랑의 집으로 데려온다. 그러니까 지참금 액수는 건장한 남자가 일 년 일해서 모을 수 있는 액수였다. 거기에 비해 이삭의 아들 야곱이 라헬을 데려오기 위해 약속했던 칠 년의 무보수 노동은 지나친 것이었다. 결국 그는 외삼촌 라반의 속

임수에 넘어가 14년의 노동을 지참금조로 제공해야 했다.

열 처녀 비유에 나오는 결혼식 장면은 신부가 신랑을 기다리고 있는 장면이다. 대개 신랑은 밤에 도착했으므로 신부 쪽 사람들은 잠들지 않도록 조심해야 했다. 특히 횃불을 들고 신랑 집까지 함께 가야하는 신부의 들러리들은 신랑이 도착할 시간에 깨어있어야 했다. 그들이 신부의 친구로서 들러리를 서는 것은 당연한 의무였으며, 결혼식 잔치에 참여하는 것은 특권이자 기쁨이었다.

그런데 신랑의 도착이 예상보다 늦어지는 경우가 많았다. 아마도 미련한 들러리들은 신랑이 곧 도착할 것이라고 생각하고 횃불을 켜둔 채 깜박 잠이 들었던 것 같다. 그런데 헝겊에 기름을 묻혀 어둠을 밝히는 횃불은 30분 정도밖에 타지 않았으므로 여분의 기름이 필요했던 것이다. 졸다가 잠들기는 지혜로운 들러리들도 마찬가지였으나 준비된 기름이 있었으므로 신랑을 맞아 결혼식장까지 신부와 동행하는데 아무 문제가 없었다. 문제는 미련한 들러리들이 뒤늦게 기름을 준비해서 오느라고 지체한 나머지 피로연 장소의 대문이 닫힌 다음에 도착했다는 점이다. 그들이 신부에 대한 의무를 다하지 못했기 때문에 결혼식 잔치에 참석할 자격이 주어지지 않는 것도 당연했다.

그런데 한글 개역 성경에 들러리들이 처녀로 번역되어 있기 때문에 읽는 사람으로 하여금 마치 신부들이 결혼식에 참석하지 못한 것 같은 착각을 불러일으킨다. 그런데 헬라어 사본에 있는 '파르테노이스'(παρθένοις)는 처녀들(virgins; KJV, NIV, NASV) 혹은 하녀들

(maidens; RSV)로 번역이 가능하다. 설령 처녀들로 번역한다고 하더라도 그들이 들러리였을 뿐 신부들이 아니었다는 점은 분명하다. 왜냐하면 한 명의 신랑이 열 명의 처녀와 결혼식을 올리는 경우는 없으며, 예수님의 비유는 언제나 모든 청중들이 수긍할 수 있는 상황설정에서 출발하기 때문이다.

덧붙여 말하자면 열 처녀 비유에서 기름이나, 횃불, 열 명, 모두가 졸며 잤다는 사실, 파는 자들, 혼인 잔치의 문등에는 영적 의미가 들어있지 않다. 이 이야기의 핵심은 다시 오실 예수님을 맞을 수 있도록 준비되어 있어야 한다는 것이다.

천국 ⑦

87. 하나님의 손가락을 힘입어

"그러나 내가 만일 하나님의 손가락을 힘입어 귀신을 쫓아낸다면 하나님의 나라가 이미 너희에게 임하였느니라"(눅 11:20)

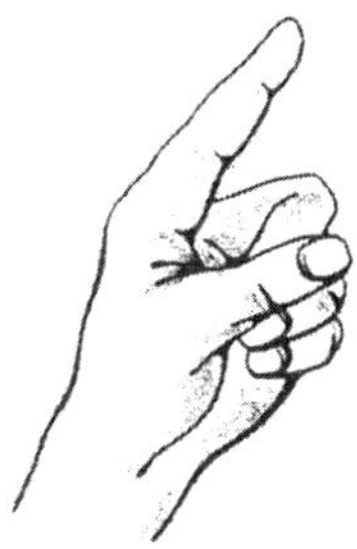

'하나님의 손가락'을 가리키는 헬라어 '닥툴로 데우(δακτύλῳ θεοῦ)'는 히브리어 '에쯔바 엘로힘(אצבע אלהים)'을 그대로 옮겨놓은 것이다. 이처럼 헬라어로 기록된 복음서에서 성서 히브리어의 관용적 표현을 찾을 수 있다는 것은 신약 시대 유대인들의 언어 풍속을 짐작하게 해준다. 그리고 이 구절이 마태복음에서 '내가 하나님의 성령을 힘입어'(마 12:28)라고 기록되었다는 것은 공관복음의 기록 연대에 있어서 누가복음이 마태복음보다 앞선다는 사실을 보여준다. 왜냐하면 '하나님의 손가락'이라는 관용적 표현을 마태복음에서는 '하나님의 성령'으로 바꾸어 쓰고 있기 때문이다. 그런데 '하나님의 손가락'은 '하나님의 능력'에 대한 신인동형적 표현(anthropomorphism)이다. 히브리어 구약 성경에 단 두 번 나오는 다음의 구절들이 그 것을 보여준다.

> "요술사가 바로에게 말하되 이는 하나님의 권능(하나님의 손가락) 이니이다"(출 8:19).

> "증거 판 둘을 모세게 주시니 이는 돌 판이요 하나님이 친히(하나님의 손가락으로) 쓰신 것이더라"(출 31:18).

그런데 누가가 이 구절을 통해서 말하고 싶었던 핵심이 무엇이었을까?

그것은 바로 '하나님의 손가락을 힘입어'라는 표현에 들어있다. 헬라어 본문의 이 말을 직역하면 '하나님의 손가락 안에서'가 되는데, '…안에서'를 나타내는 전치사 'ἐν'은 히브리어에서 '~로써'를 의미하는 전형적인 전치사 'ב'를 직역해놓은 것이다. 따라서 히브리어 신약 성경에도 이 구절을 '하나님의 손가락으로(באצבע אלהים 베에쯔바 엘로힘)'라고 번역해놓았다. 그것은 예수 그리스도가 스스로 신성을 주장하셨다는 의미이다. 왜냐하면 하나님의 손가락으로 일하시는 분은 바로 하나님 자신이기 때문이다. 그러니까 누가는 이 구절을 통해서 예수 그리스도의 신성을 세심하게 드러내고 있는 것이다.

하나님의 손가락이라는 표현은 고대 랍비들의 주석에도 나온다. 갈릴리에서 활동했던 랍비 요세는 다음과 같이 스스로의 질문에 대답하고 있다.

"애굽 사람들이 애굽에서 10 재앙을 받았지만 홍해에서는 50 재앙을 받았다는 것을 어떻게 알 수 있는가? 그것은 10 재앙이 하나님의 손가락으로 만들어졌던 것에 비해 홍해의 재앙은 하나님의 손으로 만들어졌기 때문이다"(Mekilta Beshallah 6; Exodus 14:31).[122)]

다시 말해서 애굽 사람들을 홍해에 수장시킨 '그 큰 능력'(출 14:31)을 직역하면 '그 큰 손'이 되며, 한 손에 다섯 손가락이 있으므로 10x5=50이 된다는 것이다. 풍유적 해석을 좋아하는 유대인다운 발상이 아닐 수 없다.

---

122) R. Steven Notley, *by the finger of God*, Jerusalem Perspective, Vol. 2 No. 9. p. 7.

그리스도의 생애 ⑤

88. 천국 열쇠를 네게 주노니

"또 내가 네게 이르노니 너는 베드로라 내가 이 반석 위에 내 교회를 세우리니 음부의 권세가 이기지 못하리라 내가 천국 열쇠를 네게 주리니 네가 땅에서 무엇이든지 매면 하늘에서도 매일 것이요 네가 땅에서 무엇이든지 풀면 하늘에서도 풀리리라 하시고"(마 16:18-19)

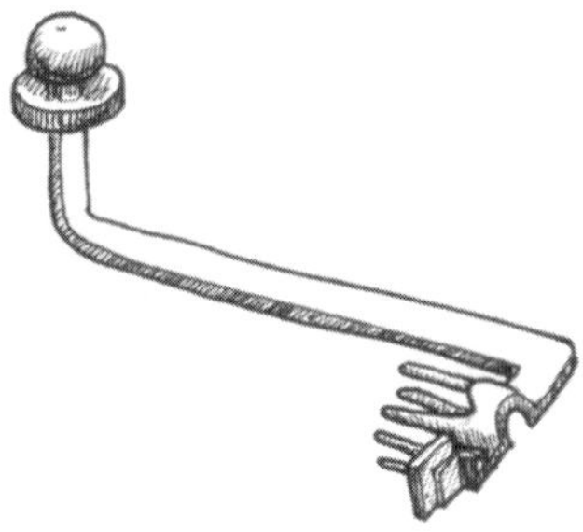

예술가들의 작품에서 흔히 베드로는 천국 열쇠를 들고 있는 모습으로 묘사된다. 성 베드로 사원 안팎의 조각상이나 시스티나 채플의 프레스코 그림이 그 대표적인 예이다. 가톨릭교회는 이런 성상이나 성화를 통해 베드로에게 주어진 권위가 자신들에게 물려졌음을 과시한다. 그와 반면 개신교에서는 베드로에게 주어진 권위를 애써 무시하려고 한다. 천국 열쇠는 베드로 개인에게 주어진 것이 아니라 교회에 주어진 것이며, 천국 열쇠 또한 권위의 상징이 아니라 그리스도의 가르침이라는 것이다. 그러면 그리스도가 베드로에게 천국 열쇠를 주겠다는 약속의 의미는 무엇일까? 먼저 살펴볼 것은 그리스도의 두 가지 약속

교회를 반석 위에 세우겠다는 것과 천국 열쇠를 베드로에게 주겠다는 구절이 평행을 이루고 있다는 점이다. 그리스도를 따르는 무리와 천국을 동일시한 천국 비유에 비추어볼 때 교회와 천국은 다르지 않다. 주목할 것은 교회와 천국이 각각 반석 위에 세워지거나 열쇠가 필요한 건물에 비유되고 있다는 사실이다. 이처럼 교회와 천국이 열쇠가 필요한 건물에 비유된 것은 성전을 연상하게 한다. 성전이 건축되기 전 성막 시대부터 열쇠와 열쇠 맡은 자들이 있었다.

"이는 문지기의 우두머리 된 레위 사람 넷이 중요한 직분을 맡아 하나님의 성전 모든 방과 곳간을 지켰음이라. 그들은 하나님의 성전을 맡은 직분이 있으므로 성전 주위에서 밤을 지내며 아침마다 문을 여는 책임이 그들에게 있었더라"(대상 9:26-27)

그런데 성막 시대에 레위인들에게 맡겨졌던 성전 열쇠가, 솔로몬 성전 이후에는 제사장들에게 맡겨졌던 것으로 보인다. 바벨론 탈무드에는 주전 586년 예루살렘 성전이 파괴되던 때에, 일단의 제사장들이 성전 꼭대기로 올라가 만유의 주재에게 불충한 죄를 고백하면서 하늘로 열쇠를 던져 드리고 불 가운데 떨어져 죽었다는 이야기가 나온다.[123] 주후 2세기에 기록된 바룩 2서에도 이와 비슷한 내용이 나온다.

"너희 제사장들이여, 성소의 열쇠를 가지고 하늘로 던져 올려 주께 돌려드리라. 그리고 '우리는 불의한 청지기이오니 당신의 집을 당신 스스로 지키소서' 라고 말할 지어다."[124]

---

123) James W. Fleming, *The Last Supper*, Biblical Resources, p. 95.

124) Babylonian Talmud, Ta'anit 29a, Cf. Leviticus Rabbah 19:6(ed. Margulies, pp. 436-437)

여기에서 대상 9:26의 '문을 여는' 으로 번역된 히브리어는 '열쇠(마프테아흐 מפתח)' 이다. 따라서 바룩 2서나 탈무드에 나오는 열쇠 이야기와 일맥상통하는 것이다. 그리고 예수 그리스도가 천국 열쇠를 베드로에게 준다는 약속은 신뢰할 만한 청지기에게 열쇠를 맡긴다는 구약의 한 구절과 관계가 있다.

"내가 또 다윗의 집의 열쇠를 그의 어깨에 두리니 그가 열면 닫을 자가 없겠고 닫으면 열 자가 없으리라"(사 22:22).

앗수르의 침공 시절 국고를 맡았던 엘리아김에게 주어진 이 약속은 후에 그리스도에게 적용되었다(계 3:7). 예수 그리스도는 이 구절에서 '다윗 집의 열쇠' 를 '천국 열쇠' 로 '열고 닫음' 을 '매고 푸는 것' 으로 '누구도 변경하지 못한다' 를 '하늘에서도 매고 풀린다' 로 바꾸어 사용했던 것이다. 그리스도는 예레미야처럼 성전을 하나님의 집으로 묘사했는데, 여기서 사용된 단어 '집' 은 다윗의 '집' 과 같은 의미로 사용되었다(마 21:13). 다시 말해서 그리스도는 성전의 열쇠 맡은 직분과 다윗 왕국의 국고 맡은 직분 개념으로부터 그리스도의 지상 공동체를 맡은 청지기 개념을 이끌어 내었던 것으로 보인다. 그리스도의 수많은 비유에서 볼 수 있듯이 천국은 그리스도를 따르는 무리들을 가리킨다. 아래의 구절은 천국의 열쇠가 제자들에 의해 어떻게 사용될 수 있는지 잘 보여준다.

"예수께서 이르시되 그러므로 천국의 제자 된 서기관마다 마치 새 것과 옛것을 그 곳간에서 내오는 집주인과 같으니라"(마 13:52).

위의 구약 성경과 신약 시대 유대문헌들과 대조해보면 천국 열쇠를 베드로에게 준다는 약속은 예수 그리스도가 그를 신실한 청지기로 인정한다는 의미인 것을 알 수 있다. 청지기는 때를 따라 문을 열고 닫아야 하는 의무가 있을 뿐 임의로 행할 수 없다. 따라서 일반인들이 생각하는 것처럼 베드로가 사람들을 천국에 들여보내는 권한을 부여받은 것이 아니다. 그리고 음부의 권세가 이기지 못할 것이라는 약속은 바벨론 군대에 의해 파괴되었던 솔로몬의 성전과 대조적으로 그리스도의 교회가 결코 파괴되지 않을 것이라는 약속인 것을 알게 된다. 따라서 베드로가 열쇠를 다시 그리스도에게 돌려주는 일은 일어나지 않을 것이었다. 다시 말해서 그리스도는 히브리어의 특징인 시각적 이미지-열쇠를 사용하여 베드로가 천국의 청지기로 세워졌음을 선언했다. 이처럼 베드로가 천국의 청지기로 세워진 것은 성부에 의해 선택된 증거가 있기 때문이었다.

"예수께서 대답하여 이르시되 바요나 시몬아 네가 복이 있도다 이를 네게 알게 한 이는 혈육이 아니요 하늘에 계신 내 아버지시니라" (마 16:17).

예수 그리스도 당시의 성전 문도 밤에 굳게 닫혔다가 아침에 다시 열리곤 했다. 제사장들이 매일 저녁 문을 닫을 때에 행하는 의식은 성전을 출입하는 모든 사람들에게 깊은 인상을 주었을 것이다. 그리고 그 의식이 영원히 지속되기를 바랐을 것이다. 그러나 그리스도의 예언대로 그 성전은 다시 무너졌고 열쇠 맡은 자들도 필요 없게 되었다. 오직 음부의 권세가 이기지 못하는 그리스도의 집은 든든히 서 있으며, 신실한 일군들을 통해 지켜지고 있는 것이다.

메시아 ①

89. 내가 땅에 불을 던지러 왔노니

"내가 불을 땅에 던지러 왔노니 이 불이 이미 붙었으면
내가 무엇을 원하리요 나는 받을 세례가 있으니
그것이 이루어지기까지 나의 답답함이 어떠하겠느냐"(눅 12:49–50).

"내가 세상에 화평을 주려고 온 줄로 아느냐
내가 너희에게 이르노니 아니라 도리어 분쟁하게 하려 함이로라
이후부터 한 집에 다섯 사람이 있어 분쟁하되
셋이 둘과, 둘이 셋과 하리니 아버지가 아들과, 아들이 아버지와,
어머니가 딸과, 딸이 어머니와, 시어머니가 며느리와, 며느리가
시어머니와 분쟁하리라 하시니라"(눅 12:51–53).

예수님의 이 말씀이 어렵게 느껴지는 것은 풍유적으로 사용된 불과 세례의 의미 때문이다. 그러나 49절과 50절이 히브리 시가의 동의 대구법(synonymous parallelism)의 구조로 되어 있고, 49-50절과 51-53절이 상징 대구법(emblematic parallelism)의 구조를 이루고 있다는 점을 생각하면 좀 더 쉽게 내용을 파악할 수 있게 된다. 즉, 49절의 '불을 던지다'는 50절의 '받을(베풀) 세례'와 병행구를 이루고 있으며, 49-50절의 풍유적 문장을 51-53절에서 직설적이고도 평이한 문장으로 설명

하고 있다는 점이다. 이처럼 예수님은 종종 역대 이스라엘 예언자들이 즐겨 사용했던 히브리 시가 방식으로 말씀을 전하고 있음을 알 수 있다.

그러면 불과 세례는 무엇을 가리키고 있는가? 성경에서 불은 유대인들에게 있어서 하나님의 심판을 상징하는 단어로 사용되었다(신 4:24, 히 12:29). 그러니까 예수님이 땅에 불을 던지러 왔다는 말은 세상을 심판하러 왔다는 뜻이 된다.

그리고 헬라어 '밥티스데나이'(βαπτισθῆναι)는 '받을 세례'가 아니라 '베풀 세례'로 번역하는 것이 옳다. 따라서 49절과 마찬가지로 50절에서도 예수님은 불로 세례를 주시는(심판하시는) 분으로 자신을 소개하고 있다(마 3:11 참조). 그런데 49절과 50절에서 예수님은 "내가 무엇을 원하리요" "나의 답답함이 어떠하겠느냐"라고 자신의 괴로운 심정을 토로하고 있다. 이 말을 해석하는 열쇠는 불 심판의 시점이다. 여기서 "불이 이미 붙었으면"이라는 말은 아래 출애굽기에 나오는 구절처럼 문법적이고 문맥상의 이유로 "불이 이미 다 태워버렸으면"으로 번역해야 한다.

> "이에 모세가 이르되 내가 돌이켜 가서 이 큰 광경을 보리라 떨기나무가 어찌하여 타지 아니하는고 하니 그 때에"(출 3:3)

그 이유는 이미 예수님의 복음 전파로 세상에서 심판이 시작되었기 때문이다. 즉, 이미 불이 붙었으나 다 태워버리지는 않은 시점에서 예수님은 괴로워하신다. 그 이유는 아직 남아 있는 구원의 기회를 거절하는 사람들 때문이다.

따라서 51-53절은 구원의 백성과 심판받을 자가 심지어 가까운 가족 내에서도 갈라지고 있음을 보여준다. 즉, 가족의 권유조차 거절하고 심판의 불에 삼켜지는 비극의 주인공들이 있게 될 것을 말해주고 있는 것이다. 그러니까 예수님의 말씀을 요약하면 다음과 같다.

> "내가 심판의 불을 던지러 세상에 왔다. 이미 불이 붙었지만 다 태워버리지 않은 시점에서 구원받을 기회가 있는데도 거절하는 사람들 때문에 마음이 괴롭다. 앞으로 가까운 가족의 권유조차 뿌리치고 화를 자초하는 비극의 주인공들이 많이 있을 것이다."

이 말씀을 통해 예수님은 자신의 심판주 하나님 되심을 분명히 선언하고 있다. 요한복음에는 그것이 보다 선명하게 그려져 있다.

> "아버지께서 아무도 심판하지 아니하시고 심판을 다 아들에게 맡기셨으니"(요 5:22).

> "그를 믿는 자는 심판을 받지 아니하는 것이요 믿지 아니하는 자는 하나님의 독생자의 이름을 믿지 아니하므로 벌써 심판을 받은 것이니라"(요 3:18).

메시아 ②

90. 푸른 나무에도 이같이 하거든

"푸른 나무에도 이같이 하거든 마른 나무에는
어떻게 되리요 하시니라"(눅 23:31)

골고다를 향해 십자가를 지고 나아가던 예수님은 울며 따라오는 무리들에게 "예루살렘의 딸들아 나를 위해 울지 말고 너희와 너희 자녀를 위해 울라"(눅 23:28)고 경고했다. 그리고 에스겔 20:45-49의 예언에 나오는 '푸른 나무와 마른 나무'의 비유를 자신과 유대 민족에게 적용했다. 그런데 에스겔의 예언은 하나님이 진노의 불을 일으켜 네게브 광야에 있는 모든 나무를 태울 때 생나무(푸른 나무)까지 타게 되므로 죽은 나무(마른 나무)가 타는 것은 자명한 이치라는 비유로 주어진 것이다. 여기서 푸른 나무와 마른 나무는 각각 의인들과 악인들을 가리킨다. 그러니까 하나님이 국가적인 재난을 일으켜 이스라엘을 심판하실 때 의인들도 화를 입을 것이므로, 악인들은 두말할 것도 없이 멸망하게 될 것을 경고하고 있는 것이다. 에스겔의 이 예언대로 주전 586년 성전 파괴와 함께 남 유다 왕국은 패망의 비극적 운명을 맞았다.

그러니까 위의 구절에서 예수님은 자신과 유대 민족을 푸른 나무와 마른 나무에 비유했다. 즉, 푸른 나무 예수님을 십자가에 처형하는 로마인들(불)이 마른 나무 예루살렘을 멸망시키고 백성들을 살육하게 될 것은 자명한 이치라는 것이다.

그런데 예수님의 이 말씀은 두 가지 사실을 보여준다.

첫째, 이 말씀이 원래 히브리어로 발설되었을 것이라는 점이다. 왜냐하면 한글성경 "푸른 나무에 이같이 하다"는 헬라어 원문에 "푸른 나무 안에 이같이 하다"로 되어 있기 때문이다. 이것은 "~에게(를) ~하다"는 의미의 문장을 "~안에 ~하다"는 식으로 표현하는 히브리어에서만 발견될 뿐 헬라어 구문에서는 발견되지 않는다. 예컨대 이것은 "엘리야(를) 임의로 대우하였도다"를 "엘리야(안에) 임의로 대우하였도다"(마 17:12)고 표현하는 히브리식 문장이다. 그러므로 예수님의 이 말씀을 영어권에서 "나무가 푸를 때 이렇게 하거든 나무가 마를 때에는 어떻게 되리요"라고 번역하는 것은 전혀 히브리식 표현과 맞지 않다. 이처럼 예수 그리스도의 말씀이 어색한 헬라어 문장으로 기록되어 있는 것은, 누가복음의 저자가 전승을 통해 받은 예수님의 말씀을 훼손하지 않기 위해 전치사까지 헬라어로 직역했기 때문이다. 따라서 헬라어로 된 예수 그리스도의 어록을 다시 히브리어로 재 번역하면 정확한 히브리어 구문으로 복원된다.

둘째, 이 말씀을 통해 예수님이 자신의 메시아됨을 보여주고 있다는 점이다. 그렇게 보는 이유는 랍비들이 전통적으로 에스겔의 그 예언에 나오는 푸른 나무를 메시아로 해석하기 때문이다. 그러니까 예수님은 메시아에 대한 구약의 예언과 랍비들의 전통적 해석을 알고 있는 유대인들에게 자신이 푸른 나무 메시아임을 알리고 있는 것이다.

결론적으로 예수님은 에스겔의 예언을 인용하시므로 자신의 죽음 뒤에 일어날 국가적 재앙을 경고하는 동시에, 자신의 메시아 됨을 주장하셨다. 그런 점에서 자신을 푸른 나무에 비유한 위의 구절에는 유대민족과 예루살렘을 사랑하는 유대인 메시아 예수 그리스도의 마음이 고스란히 들어있다고 할 수 있다.

메시아 ③

91. 생수의 강이 흘러나리리라

"명절 끝날 곧 큰 날에 예수께서 서서 외쳐 이르시되
누구든지 목마르거든 내게로 와서 마시라
나를 믿는 자는 성경에 이름과 같이
그 배에서 생수의 강이 흘러나오리라 하시니"(요 7:37-38).

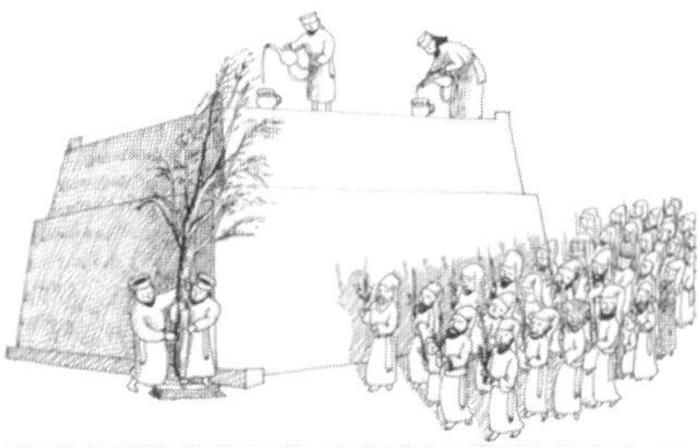

초막절에 제단 위에 헌수하고 헌주한다

예수 그리스도의 이 말씀은 초막절 마지막 날에 실로암 못의 물을 길어다 제단에 붓는 신약 시대의 풍습을 배경으로 하고 있다. 그런데 그리스도의 말씀 가운데 핵심 단어는 '생수(living water)'이다. 생수는 히브리어로 '마임 하임(מים חיים)'이며, 문자 그대로 '살아 있는 물'이라는 의미를 갖고 있다. 때때로 이 단어는 영어 역본과 한글 성경에서 '흐르는 물'(레 14:6, 민 19:17)로 번역 되었다. 그것은 '살아 있는 물'이 입수와 배수가 이루어지는 곳의 물을 가리킨다는 점을 염두에 둔 의역이다. 따라서 그릇 안에 담겨 있는 물이지만 '흐르는 물(running water)'로 번역했던 것이다. 다시 말해서 살아 있는 물은 샘물, 우물물,

강물, 입수와 배수가 이루어지는 저수조 물을 가리켰다.

살아 있는 물은 각종 정결 예식(ritual bath)에 사용하는 물인 만큼 이스라엘에서 필수적으로 확보해야 하는 물이었다. 아마도 레위기와 민수기를 읽어본 사람이라면 이스라엘 백성들이 얼마나 부정한 것에 접촉되기 쉬운지, 얼마나 자주 부정하게 된 몸을 씻어야 했는지 알 것이다.[125] 신약 시대에도 예외가 아니어서 공동 식사 자리에는 정결 예식을 위한 물이 비치되어 있었고(요 2:6), 예수 그리스도는 자주 바리새인들로부터 정결 규례를 범하고 있다는 비난을 받았다(마 15:2). 그리고 세례자 요한이 요단강에서 사람들에게 세례를 베푼 것도 '살아있는 물'로 더러움을 씻는다는 전통적 관념과 정확히 일치한다. 다만 그가 베푼 세례가 단순히 부정을 씻기 위한 예식이 아닌 도덕적 회개를 통해 하나님의 정결한 백성이 되는 통과 의례였던 점이 달랐을 뿐이다. 즉, 흐르는 물을 사용했던 정신은 기존의 정결 예식에 내포된 정신과 같았던 것이다.

위의 사실에 비추어 그리스도가 '성경에 이름과 같이'라고 한 것은 스가랴의 예언을 가리켰을 가능성이 높다.

"그 날에 죄와 더러움을 씻는 샘이 다윗의 족속과 예루살렘 주민을

---

125) 현재 이스라엘에는 정결 예식에 사용했던 저수조(미크베 מקוה)가 120개 이상 발굴되어 있는데, 마사다처럼 빗물을 모아서 식수로 사용해야 하는 절벽 요새에도 미크베가 있는 것을 보게 된다.

위하여 열리리라"(슥 13:1).

"그 날에 생수가 예루살렘에서 솟아나서 절반은 동해로, 절반은 서해로 흐를 것이라 여름에도 겨울에도 그러하리라"(슥 14:8).

흥미로운 것은 스가랴의 예언에 샘물이 건기와 우기를 가리지 않고 살아 있는 물을 흘려보낼 것이라고 되어 있는 점이다. 즉, 그리스도는 죄(도덕적 부정)와 더러움(의식상 부정)을 씻는 '살아 있는 물(흐르는 물)'을 언제나 공급 하시는 분이다. 따라서 그를 믿는 자는 그 배(속 – 영혼)에 있는 생수(성령)를 통해 어느 때나 원하기만 하면 죄 씻음을 받을 수 있게 되는 것이다.

메시아 ④

92. 내가 그니라

"예수께서 이르시되 내가 그니라
인자가 권능자의 우편에 앉은 것과 하늘 구름을 타고 오는 것을
너희가 보리라 하시니"(막 14:62).

"너희가 만일 내가 그인 줄 믿지 아니하면
너희 죄 가운데서 죽으리라"(요 8:24하).

예수 그리스도가 자신의 신성을 주장한 위의 구절들에서 '내가 그(I am He)'의 헬라어 원문은 '에고 에이미 (ἐγώ εἰμι)' 즉, '나는(I am)'이다. 그러니까 한글 성경이나 영어 성경은 모두 독자의 이해를 돕고 매끄러운 문장으로 읽게 해주기 위해 '그(He)'라는 단어를 삽입한 것이다. 그러면 왜 복음서의 저자들은 이 부분에서 헬라어를 어색하게 사용했던 것일까? 먼저 생각할 것은 복음서의 저자들이 주의 말씀을 인용할 때 원래의 뜻을 살리기 위해 가능한 직역 방식을 택했다는 사실이다. 다시 말해서 헬라어로 매끄럽게 번역되지 못하더라도 주의 말씀의 원의미를 드러내는데 극도의 주의를 기울였던 것을 알 필요가 있

다. 그것은 헬라어로 기록된 단어나 구를 다시 히브리어로 바꾸어보면 알게 되는 경우가 많다. '에고 에이미'가 그 좋은 예로서 히브리어로 바꾸어 놓으면 '에흐에(אהיה)' 즉, 유대인들이 감히 입에 담을 수 없는 하나님의 이름이 된다. 그 이름은 바로 야훼 하나님이 시내산에서 모세를 불렀을 때 알려준 이름- '스스로 있는 자(에흐에 אהיה)'인 것이다(출 3:14).

예수 그리스도가 대제사장 앞에서 '내가 그(אהיה)'라고 발설했을 때 그 뒤의 이야기는 들을 필요도 없었을 것이다. 대제사장은 즉시 옷을 찢어 하나님의 이름이 망령되게 일컬어지는 사실에 극도의 슬픔을 표했고, 더 이상 증인이 필요하지 않다고 선언했다. 그리고 만장일치로 예수에게 신성모독의 죄를 물어 사형을 언도했던 것이다(막 14:63-64). 왜냐하면 하나님의 이름을 삼인칭 격인 야훼(יהוה)로도 부를 수 없게 되어있는 문화에서 일인칭 격인 에흐에(אהיה)로 불렀다는 것은 스스로 신성을 주장한, 죽어 마땅한 죄에 해당했기 때문이다.

예수 그리스도를 '에흐에(אהיה)'로 믿지 않는 사람들이 죄 가운데서 죽을 것이라는 선언(요 8:24)은 어떤가? 당연히 야훼 하나님을 믿지 않는 사람은 죄 용서 받지 못한 채 멸망으로 가게 될 것이었다. 그런데 그리스도는 자신을 일인칭 하나님의 이름으로 일컬으므로 곧 그를 믿지 않는 행위가 야훼 하나님을 믿지 않는 완악함인 것을 드러내고 있다. 다시 말해서 자신의 신성을 주장하는 동시에 청중들의 불신을 정죄하고 있는 것이다.

그리스도의 이름을 통한 신성 선언과 관계된 또 하나의 흥미로운 구절은 "예수께서 즉시 이르시되 안심하라 내니 두려워하지 말라"(마 14:27)이다. 여기서 '내니(에고 에이미 ἐγώ εἰμι)'도 단순히 두려움에 잡힌 제자들을 진정시키기 위해 던진 말이 아니라, 그를 하나님으로 의지하도록 인도하는 '에흐예(אהיה)'의 선언인 것이다.[125] 베드로는 그 말을 의지하여 "나를 명하사 물위로 오라 하소서"라고 요청할 수 있었다. 겟세마네 동산으로 그리스도를 잡으러 왔던 자들이 "내가 그니라(ἐγώ εἰμι)"는 말을 듣고 땅에 엎드러진 것도 그 때문이다. 그들은 그리스도의 신성 고백에 혼비백산했던 것이다(요 18:5-6). 예수 그리스도는 메시아를 기다리는 사마리아 수가성 여인에게도 "내가 그라(ἐγώ εἰμι)"고 일러주었다.

---

125) 케네스 E. 베일리 지음, 류호준 · 양승학 옮김, 선한 목자, 새물결플러스, 270쪽.

메시아 ⑤

93. 너희가 이 성전을 헐라

"예수께서 대답하여 이르시되 너희가 이 성전을 헐라
내가 사흘 동안에 일으키리라 유대인들이 이르되
이 성전은 사십 육 년 동안에 지었거늘
네가 삼 일 동안에 일으키겠느냐 하더라
그러나 예수는 성전 된 자기 육체를 가리켜
말씀하신 것이라"(요 2:19-21).

예수 그리스도를 죽음으로 몰고 간 것은 성전에 대한 태도 때문이었다. 성전과 관계된 일련의 발언들, "너희는 강도의 굴혈을 만들었도다. 이 성전을 헐라. 날이 이르면 돌 하나도 돌 위에 남지 않고 무너지리라"는 선언은 대제사장 가문의 분노를 불러일으키기에 충분했다. 그리스도가 기소된 죄목이 성전을 헐고 새로 짓겠다는 것이었다는 점과, 십자가에 매달린 그가 성전을 헐고 사흘에 짓는 자로 조롱받았던 것을 보아도 알 수 있다. 그런데 흥미로운 것은 반대자들이 성전을 헐고 새로 짓겠다는 선언을 하나님의 아들이자 그리스도 됨의 선언으로 받아들였다는 사실이다(마 26:61-63, 27:40).

주전 20년에 헤롯이 시작한 성전증축공사는 주후 66년 알비누스 총독 재위 기간까지 86년 동안이나 이어졌으며, 가로 480m 세로 300m 높이 45m나 되는 뜰에 딸린 주랑과 지하통로는 규모와 아름다움에서 보는 사람의 탄성을 자아낼 만 했다(막 13:1). 특히 기초공사에 쓰인 돌 하나의 길이가 10m에 무게만도 100t 이 나가는 것이어서 당시의 기술수준을 감안할 때 불가사의에 속할 정도이다.

그럼에도 불구하고 대제사장들이 사독 계열이 아닐뿐더러 로마 정부로부터 매년 승인을 받는 임시직이라는 점에서, 헤롯의 성전은 대중들의 폭넓은 사랑을 받지 못했다. 심지어 쿰란에서 발견된 성전 두루마리에는 헤롯 성전에서 드려지는 제물이 사악한 것이며, 예루살렘에 세워질 새 성전에서 참 제사장들이 참 제사를 드릴 것이라고 기록되어있다. 이런 사회적 분위기 속에서 종말에 사독 계열의 제사장 메시아가 와서 새 성전을 지을 것이라는 기대감이 팽배하고 있었다. 신구약 중간기에 기록된 것으로 보이는 외경과 위경들은 새 성전에 대한 종말론적 기대를 잘 보여준다.

> "때가 되면 이스라엘 사람들이 포로 생활에서 돌아와 예루살렘을 찬란하게 재건할 것이고, 이스라엘의 예언자들이 예언한 대로 하나님의 성전도 그곳에 세울 것이다"(토비트 14:5).
>
> "지존자의 왕궁이 그의 영광스러운 광채 속에 건축될 것이며, 온 세

대를 거쳐 영원할 것이다"(십주 묵시록 에녹 I 91:13).

"하나님의 성전이 너희 지역에 세워질 것이며, 마지막의 것(성전)이 처음 것보다 더 영광스러울 것이다. 그리고 열 두 지파가 모일 것이며, 지존자가 그의 구원을 독생한 예언자의 방문으로 보내주실 때까지 모든 이방인이 모일 것이다"(12 족장의 예언 중 베냐민 유언 9:2).

그런데 토비트 14:5은 헤롯 성전이 마지막 때 하나님이 세우시는 성전이 아닌 것을 암시하고 있으며, 십주 묵시록의 에녹 I서는 역사의 마지막 때에 헤롯 성전이 아닌 새 성전이 지어질 것을 기대하고 있다는 사실을 보여준다.

따라서 예수 그리스도의 새 성전 건축 선언은 그 속에 영적 의미(그리스도의 죽음과 부활의 의미)가 숨겨져 있었음에도 불구하고 대중들과 성전 종교지도자들을 자극하기에 충분했다. 누가 듣기에도 그것은 예수의 메시아 되심에 대한 선언이었던 것이다.

메시아 ⑥

94. 인자가 땅에서 죄를 사하는 권세가 있는 줄

"그러나 인자가 땅에서 죄를 사하는 권세가 있는 줄을
너희로 알게 하려 하노라 하시고"(막 2:10상)

'인자'는 예수 그리스도가 자신을 가리켜 가장 많이 사용했던 이름이다. '인자'에 해당하는 헬라어 '호 후이오스 투 안뜨로푸(ὁ υἱὸς τοῦ ἀνθρώπου)'는 히브리어로 '벤 아담(בן אדם)'이며 아람어로는 '바르 에나쉬'이다. 그런데 히브리어로 '벤 아담'은 그저 '인간, 어떤 사람'일 뿐이다(민 23:19, 사 51:12). 그것은 아람어에 있어서도 마찬가지이다. 비록 헬라어에 정관사 '호(ὁ)'가 붙어 있기는 하지만 제 2성전 시대에 사용된 미쉬나 히브리어와 아람어에서 정관사는 특정한 사물을 가리키는 '그'의 의미가 약화되어 '하나의' 혹은 '어떤'을 가리키는 용도로 사용되었다. 따라서 많은 학자들은 '인자는 안식일의 주인'(마

12:8)이나 '인자가 죄를 사하는 권세가 있는 줄'(막 2:10)을 모두 '인간은 안식일의 주인'과 '인간은 죄를 용서할 능력이 있다'로 해석한다.

그러나 예수 그리스도가 하나님의 아들 그리스도인지 묻는 대제사장에게 "이후에 인자가 권능의 우편에 앉아 있는 것과 하늘 구름을 타고 오는 것을 너희가 보리라"고 말했을 때 단순히 '어떤 사람'이나 '사람들'을 가리킨 것이 아니라 다니엘서에 나오는 '인자'를 자신에게 적용했던 것이 틀림없다. 대제사장도 예수 그리스도가 자신을 다니엘이 예언한 그 '인자'[127)]- 그리스도로 소개하는 것을 듣고 옷을 찢으며 신성모독 죄를 선고했던 것이다. 그런데 문제는 다니엘서의 본문이 아람어로 되어 있다는 점이다. 따라서 다니엘서 본문의 '인자'는 '바르 에나쉬'로 발음된다. 만약에 그리스도가 자신을 '벤 아담'이라고 말했다면 특별한 의미 없이 받아들여질 수 있다.

왜냐하면 히브리어에서 '벤 아담'은 단순히 '인생' 혹은 '한 사람'을 가리키는 숙어이기 때문이다. 그러나 '바르 에나쉬'라고 말했다면 청중들은 예수 그리스도가 자신을 다니엘이 예언한 그 인자(신성을 가진 그리스도)로 부르고 있음을 알았을 것이다. 이미 '바르 에나쉬'는 다니엘서에서 차용된 아람어로서 미쉬나 히브리어를 쓰고 있는 유대인들에게 그리스도를 가리키는 단어였기 때문이다.

그런 의미에서 '인자가 땅에서 죄를 사하는 권세가 있는 줄'이라는 표현은 의미심장하다. 그것은 하늘 구름을 타고 온 인자가 땅에서 죄

---

127) "내가 또 밤 환상 중에 보니 인자 같은 이가 하늘 구름을 타고 와서 옛적부터 계신 이에게 나아가 그 앞으로 인도되매"(단 7:13)

용서의 신적 권위를 행사한다는 것을 나타내기 때문이다. 이외에도 그리스도가 특별한 의미로 '인자'를 사용한 구절이 많이 있다.

"요나가 밤낮 사흘 동안 큰 물고기 뱃속에 있었던 것 같이 인자도 밤낮 사흘 동안 땅 속에 있으리라"(마 12;40).

"인자가 그 천사들을 보내리니 그들이 그 나라에서 모든 넘어지게 하는 것과 또 불법을 행하는 자들을 거두어 내어"(마 13:41).

"인자가 아버지의 영광으로 그 천사들과 함께 오리니 그 때에 각 사람이 행한대로 갚으리라"(마 16:27).

"때가 왔도다 보라 인자가 죄인의 손에 팔리느니라"(막 14:41하).

메시아 ⑦

95. 내가 이 반석 위에 내 교회를 세우리니

"또 내가 네게 이르노니 너는 베드로라
내가 이 반석 위에 내 교회를 세우리니
음부의 권세가 이기지 못하리라"(마 16:18)

예수 그리스도가 교회를 세우겠다고 한 반석이 베드로를 가리키는 지, 베드로의 신앙 고백을 가리키는 지 학자들 간에 의견이 팽팽히 맞선다. 가톨릭은 베드로를 초대 교황으로 보는 입장이어서 당연히 반석을 베드로로 해석한다. 그런데 흥미로운 것은 베드로와 반석이 페트로스(Πέτρος)와 페트라(πέτρα)로 언어유희를 이루고 있다는 점이다. 그렇다면 예수 그리스도는 위의 구절에서 '베드로'와 '반석'을 어떻게 발음했을까? 데이비드 비빈(David Bivin) 같은 학자는 그리스도가 히브리어로 '페트로스(פטרוס)'와 '페트라(פטרא)'로 발음 했을 것이라고 추정한다. 이미 그와 같은 헬라어가 미쉬나 히브리어에 외래어로 들어와 있었기 때문이라는 것이다.[128] 본명이 시몬이었던 베드로는 처음 예수 그리스도를 만났을 때 게바(כיפא) – 반석이라는 별명을 얻었다 (요 1:42). 따라서 예수 그리스도가 반석을 가리키는 또 다른 히브리어 '쭐(צור)'을 사용하지 않고 헬라어로 언어유희를 시도했을 개연성이 있다.

유대인의 주석 미드라쉬에 보면, 사람을 반석으로 해석한 구절이 나온다. 13세기 랍비 얄쿠트 시모니가 수집한 민수기 23:9 "내가 바위 위에서 그들을 보며"의 주석에는 다음과 같은 이야기가 들어있다. 어떤 왕이 왕궁을 짓기 위해 땅을 팠는데 반석이 나오지 않고 진흙만 나와서 기초를 닦을 수 없었다. 여러 군데를 판 왕은 마침내 반석을 발견하고 그 위에 왕궁을 세웠다. 하나님도 같은 방식으로 세계를 건설할 기초를 놓기 위해 에노스의 세대와 홍수 세대를 시험하셨다. 그리고는 이렇게 말했다. "저런 타락한 인간들이 설쳐대고 나를 화나게 하는데 어떻게 세계를 만들 수 있겠나?" 마침내 하나님이 아브라함을 보게 되었을 때 "내가 단단한 반석(페트라)을 발견했으니 그 위에 세계의 기초를 놓으리라"고 말했다.

위의 민수기 미드라쉬는 예수 그리스도가 베드로를 향하여 '이 반석 위에 내 교회를 세우리라'고 한 의미를 색다른 관점에서 음미하게 해준다. 비록 얄쿠트 시모니가 13세기 사람이었지만 예전부터 구전 되어오던 주석을 수집했다는 점에서 단순히 제 2 성전 시대 이후에 기

---

128) David Bivin, *Jerusalem Perspective, No. 46 & 47, p 33.*

록된 것이라고 도외시 할 것만은 아니라는 점이다. 그러니까 예수 그리스도가 베드로에게 준 약속을 쉽게 풀어보면 "너는 바위라 내가 이 반석(너) 위에 내 공동체(교회)를 세우겠다"가 된다. 예수 그리스도가 승천한 다음 베드로가 가룟 유다 대신 맛디아를 선출하는 일에 중심적으로 활동한다든지, 오순절 성령 강림 때 사도들을 대표해서 설교한 일은 그가 그리스도에 의해 교회의 기초석으로 선택되었음을 잘 보여준다.

흥미로운 것은 제 2 성전 시대 헬라어를 모국어로 사용하는 사람들 가운데는 아무도 '페트로스'라는 이름을 쓰지 않았다는 것이다. 사람을 '돌멩이'로 부르는 것 자체가 우스꽝스러운 일이었던 것이다. 그것은 예수 그리스도가 처음부터 그를 '페트로스'라고 부르지 않고 '게바'라고 불렀다는 데서 이해가 된다. 그리고 예수 그리스도 당시 옛날 에돔 지역 페트라에 나바테안들의 도시가 건설되어 있었던 점도 한번 쯤 생각해 볼 과제이다.

페트라

메시아 ⑧

96. 너희 중에 죄 없는 자가 먼저 돌로 치라

"예수께서 몸을 굽히사 손가락으로 땅에 쓰시니
그들이 묻기를 마지아니하는지라 이에 일어나 이르시되
너희 중에 죄 없는 자가 먼저 돌로 치라 하시고
다시 몸을 굽혀 손가락으로 땅에 쓰시니"(요 8:6하-8).

예루살렘 종교 지도자들은 예수 그리스도를 탐탁하게 여기지 않았다. 그들은 기회 있을 때마다 예수를 함정에 빠뜨리기 위해 여러모로 시험했다. 그 가운데 하나가 음행 중에 현장에서 잡힌 여자를 예수 앞에 끌고 온 것이다. 모세는 그러한 여인을 돌로 치라고 했는데 어떻게 하면 좋을 지 대답해달라고 시험했다. 그곳은 성전이었으므로 대답 여하에 따라 예수 그리스도를 신성모독 죄로 고발할 수도 있었다. 물론 당시 유대인들에게는 사람을 극형에 처할 권한이 없었다. 그것은 로마 총독의 권한이었다. 따라서 모세의 율법대로 시행하라고 하면 로마에 반역자가 되고, 모세의 율법대로 하지 말라고 하면 율법을 모독하는 자가 될 수 밖에 없는 시험이었다.

그리스도는 손가락으로 무엇인가를 땅에 썼다. 그리고 죄 없는 자가 먼저 돌로 치라고 한 다음 다시 손가락으로 무엇인가를 땅에 썼다. 그러자 그 여인과 예수 그리스도를 둘러싸고 있던 유대인들이 양심에 가책을 느껴 그곳을 떠났다. 도대체 그리스도는 땅에 무슨 말을 썼던 것일까? 어떤 사람은 그리스도가 그 여인과 음행했던 사람들의 이름을 썼고, 그 이름들은 그 여인을 끌고 온 사람들의 것이었을 것이라고 주장한다. 그렇지 않고서야 모두가 양심의 가책을 받았을 리가 없다는 것이다. 또 어떤 사람은 그 여인을 정죄하려고 몰려온 사람들의 이름과 각각의 음행 죄를 기록했다고 생각한다. 그래서 모두가 양심의 가책을 받았다는 것이다.

아마도 그리스도는 먼저 레 20:10이나 신 22:22-24 같은 음행 범죄자 처벌에 관한 구절을 썼을 것이다. 그리고 누구든지 죄 없는 자가 먼저 돌로 치라고 한 다음 다시 땅에다 '음행하던 남자는 어디에 있느냐?'고 썼을 지도 모른다. 왜냐하면 모세 율법에 음행하는 남녀 모두를 처형하도록 했기 때문이다. 그런데 그들은 그 여인을 음행 현장에서 잡아왔다고 하면서 정작 상대 남자는 끌고 오지 않았다. 한마디로 그들은 음행하던 남자를 놓아줌으로써 이미 율법을 범했던 것이다. 따라서 누구도 그 여인에게 돌을 던질 입장에 있지 않았다.

아마도 그 여인은 성매매를 직업으로 하고 살았을 지도 모른다. 그렇기 때문에 그리스도를 함정에 빠뜨리려고 했을 때 쉽게 잡아올 수 있었을 것이다. 그리스도는 그 여인을 정죄하지 않았다. 그러나 그 여인의 딱한 형편을 동정하는 것으로 끝내지도 않았다. 그리스도는 그 여인이 더 이상 죄 가운데 살지 않도록 경고했다. 그녀는 그리스도가 만났던 성매매 여성 가운데 한 명이었다. 복음서에는 그런 여인 가운데 사죄의 감격을 안고 그리스도를 위해 옥합을 깨뜨린 한 사람의 이야기를 그리고 있다(눅 7:36-50). 소외 계층 여인이었던 그녀는 예수 그리스도에 의해 비로소 사람대접을 받았다. 그 결과 더 이상 죄 가운데 머물러 있지 않겠다는 의지의 결단이 뒤따랐고, 눈물로 새 삶을 시작했던 것이다. 아마도 음행 중에 현장에서 예수 앞으로 끌려왔던 여인도 그와 같은 새 삶을 살게 되었을 것이다.

메시아 ⑨

97. 무화과나무가 말랐나이다

"예수께서 나무에게 말씀하여 이르시되
이제부터 영원토록 사람이 네게서
열매를 따 먹지 못하리라 하시니 제자들이 듣더라…
그들이 아침에 지나갈 때에 무화과나무가 뿌리째 마른 것을 보고 베드로가 생각이 나서 여짜오되
랍비여 보소서 저주하신 무화과나무가
말랐나이다"(막 11:14, 20-21)

이른 무화과 탁쉬

무화과나무는 이스라엘 사람들과 가장 친숙한 식물 가운데 하나이다. 성서에 최초로 등장하는 식물이 무화과나무인데, 아담과 하와가 선악과를 먹고 나서 치마를 만들어 입었던 재료가 바로 무화과 잎이었다(창 3:7). 무화과는 밀, 보리, 포도, 석류, 올리브, 꿀과 함께 가나안의 7대 작물 가운데 하나로서(신 8:8), 애굽을 나와 가데스바네아에 이른 이스라엘 백성들이 정탐꾼들의 보고와 함께 확인했던 가나안 식물 가운데 하나였다(민 13:23). 말린 무화과는 군인들의 훌륭한 양식이었고(삼상 25:18, 30:12), 무화과 가지에 움트는 것은 여름이 오는 것을 알

리는 신호이기도 했다(마 24:32). 이처럼 무화과나무가 삶과 친숙한 식물이다 보니 상징적인 의미로도 사용되었다. 수많은 예언자들의 비유에 단골 메뉴로 등장하는 것은 물론 평화와 풍요의 시대를 묘사하는 숙어로 사용되었다(왕상 4:25, 미 4:4, 슥 3:10). 예수 그리스도는 하나님께로부터 특별한 사랑을 받은 이스라엘을 비유하면서 포도원에 심겨진 무화과나무의 이미지를 사용했다(눅 13:6-9).

예수 그리스도가 아직 제철이 아닌 무화과나무를 저주하여 마르게 한 사건은 예루살렘 함락을 상징적으로 보여주는 행위예언이었다. 실제로 예루살렘은 예수 그리스도가 멸망을 예고한 후 사십 년이 채 안 되어 철저히 파괴되었다. 주전 20년부터 시작하여 66년 동안 지속되었던 성전 공사가 끝난 지 4년 만의 일이었다. 마치 싱싱했던 무화과나무가 저주를 받아 하루 만에 죽어버린 것과 같았다. 그러면 그리스도는 왜 제철이 아닌 무화과를 저주했던 것일까? 무화과나무가 잎을 내기 시작하는 것은 3월 말 경이며, 이때 '탁쉬'라고 부르는 작은 열매가 맺히게 된다. 이 열매들은 5월말에서부터 8월말까지 본격적으로 열리게 되는 열매들의 전조이다. 그런데 무화과 잎이 무성하게 덮이면서도 '탁쉬'가 맺히지 않으면 제철에도 열매를 기대할 수 없다고 한다.[129] 예수 그리스도는 바로 그 '탁쉬'가 맺히지 않은 무화과나무를 저주한 것이다. 잎만 무성했던 그 무화과나무는 웅장한 규모의 성전을 뽐내면서도 생명력이 없었던 당시 유대교와 꼭 닮았다.

---

129) F. F. Bruce, 정명섭, 예수의 난해한 말씀들, 요단출판사, p. 245.

중요한 것은 이스라엘을 상징하는 무화과나무가 저주를 받아 갑자기 죽은 것이다. 그것은 이스라엘을 상징하는 예루살렘이 저주를 받아 갑자기 멸망하게 될 것을 보여주는 행위예언이었다. 이처럼 행위예언은 구약의 예언자들에게 흔한 일이었다. 예레미야는 장차 바벨론에서 돌아오게 될 것에 대한 예언행위로 아나돗에 있는 밭을 매입했다(렘 32:1-15). 이사야는 애굽과 구스가 앗수르로 끌려갈 것에 대한 예언행위로 벗은 몸과 벗은 발로 다녔다(사 20:2). 엘리야는 이스라엘에 대한 야훼 하나님의 진노를 보여주기 위해 가뭄을 예언했다(왕상 17:1). 비록 그의 예언 때문에 수많은 사람들이 죽었을 지라도 불가피한 행위였던 것이다. 거기에 비하면 무화과나무 한 그루 말라죽게 한 것은 작은 일이었다. 그것은 예루살렘 함락으로 일어날 참상에 비하면 아무 것도 아니었던 것이다.

메시아 ⑩

98. 은혜와 진리가 충만하더라

"말씀이 육신이 되어 우리 가운데 거하시매
우리가 그의 영광을 보니 아버지의 독생자의 영광이요
은혜와 진리가 충만하더라"(요 1:14).

우리 가운데 장막을 치시며

요한복음은 예수 그리스도의 신성에 초점을 맞춰 기록한 책이다. 따라서 예수 그리스도의 탄생이나 사역 이야기로 시작하는 공관복음과 달리, 그의 창조주 되심과 성육신에 대한 서문으로 시작한다. 위의 구절이 1:1-18에 이르는 요한복음 서문 가운데 들어 있는 이유도 그 때문이다. 이 구절에서 요한은 예수 그리스도를 태초부터 있는 말씀 하나님으로 묘사하며, 그의 신성을 상징하는 단어('영광')를 반복적으로 사용하고 있다.

위의 구절에서 요한이 그리스도의 신성을 나타내기 위해 사용한 이미지는 출애굽 당시 영광의 구름이 머물렀던 성막이다. 요한은 예수 그리스도가 사람이 되어 세상에 있었던 것이, 마치 하나님의 장막이 이스라엘 백성들의 진 가운데 있었던 것과 같다고 말한다.[130] 하나님의 장막은 하나님의 임재를 상징하는 것이었고, 하나님의 임재(셰키나)를 눈으로 볼 수 있게 해준 것은 영광의 구름이었다. 그러니까 예수 그리스도는 인간 세계에 장막을 친 하나님이며, 그를 통해 나타난 하나님의 영광이 그의 신성을 증명해주었다는 것이다.

위의 구절을 통해 요한은 성막 외에 또 하나의 출애굽 이미지를 동원하고 있다. 그것은 모세에게 보이신 야훼 하나님의 성품이다. 출 34:6을 보면 야훼 하나님이 시내 산 구름 가운데서 강림하여 다음과 같이 자신의 이름을 선포하신다. "여호와라 여호와라 자비롭고 은혜롭고 노하기를 더디하고 인자와 진실이 많은 하나님이라"(욜 2:13, 욘 4:2 참조).

여기서 야훼 하나님은 '인자와 진실이 많은(라브 헤세드 베에메트 רב חסד ואמת)' 성품을 가진 분이다. 이처럼 야훼 하나님을 인자와 진실이 많은 분으로 묘사하는 것은 성경 여러 곳에서 발견할 수 있다(시 86:15, 115:1). 여기서 요한이 예수님의 성품을 '은혜와 진리가 충만하더라(플로레스 카리토스 카이 알레떼이아스 πλήρης χάριτος καὶ ἀληθείας)'로 소개한 것은 바로 '인자와 진실이 많은 하나님'(출 34:6)의 헬라어 번역인 것을 알 수 있다. 그러니까 요한이 예수님을 '은혜와 진리가 충만한 분'으로 묘사한 것은 그리스도가 '인자와 진실이 많

---

130) '거하시매(에스케노센 ἐσκήνωσεν)'는 장막을 친다는 뜻이다.

은 하나님'이라는 사실을 강조한 것이다.

더 나아가 요한은 예수 그리스도와 모세를 대비시킨다. 다시 말해서 모세는 기껏 율법을 가져다 준 사람이지만 예수 그리스도는 하나님의 성품(인자와 진실)을 나타낸 분이라는 것이다(1:17). 그 말 속에는 예루살렘 성전 파괴 이후 본격적으로 그리스도인들을 회당에서 추방하기 시작한 유대인들의 무지에 대한 고발도 들어있다. 만약 유대인들이 정말로 모세를 믿었다면 모세가 만났던 인자와 진실이 많은 야훼 하나님을 영접했어야만 한다는 것이다. 왜냐하면 은혜와 진리가 충만했던 독생자 예수 그리스도가 바로 그 하나님이었기 때문이다. 그러나 유대인들은 모세가 만났던 하나님을 거부했을 뿐 아니라 그를 믿는 그리스도인들마저 이단으로 낙인찍고 말았던 것이다.

메시아 ⑪

99. 이 글이 오늘 너희 귀에 응하였느니라

"주의 성령이 내게 임하셨으니 이는 가난한 자에게
복음을 전하게 하시려고 내게 기름을 부으시고
나를 보내사 포로 된 자에게 자유를,
눈 먼 자에게 다시 보게 함을 전파하며 눌린 자를 자유롭게 하고
주의 은혜의 해를 전파하게 하려 하심이라 하였더라
책을 덮어 그 맡은 자에게 주시고 앉으시니
회당에 있는 자들이 다 주목하여 보더라
이에 예수께서 그들에게 말씀하시되
이 글이 오늘 너희 귀에 응하였느니라 하시니"(눅 4:18-21).

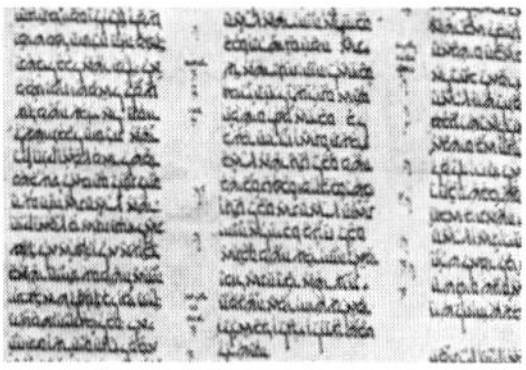

공생애 사역을 시작한 그리스도는 시간을 내어 고향 나사렛을 찾았다. 그리고 가족들과 함께 안식일에 예배드리러 회당을 방문했다. 먼저 지정된 토라 파라샤[131]를 낭독한 후에 회당장이 예수 그리스도에게 이사야 두루마리 가운데 한 부분을 읽도록 부탁했던 것 같다. 그리스도는 망설임 없이 61:1-2을 찾아 읽어내려 갔다. 흥미로운 것은 1절의 한 부분을 살짝 다르게 읽고, 2절의 뒷부분을 읽지 않았다는 것

131) 모세 오경을 매 안식일에 읽기 좋도록 나누어 놓은 조각 본문.

이다. 1절에서 바뀐 부분은 "마음이 상한 자를 고치며"를 빠뜨린 채 읽어나가다가 "갇힌 자에게 놓임을 선포하며"를 "눈먼 자에게 다시 보게 함을 전파하며"로 읽은 다음 "눌린 자를 자유롭게 하고"(사 58:6)를 첨가해서 읽은 것이다. 그러니까 "마음이 상한 자를 고치며"가 "눌린 자를 자유롭게 하고"로, "갇힌 자에게 놓임을"이 "눈먼 자에게 다시 보게 함을"(사 35:5)로 대치된 것이다. 그리고 2절 후반부 "우리 하나님의 보복의 날을 선포하여 모든 슬픈 자를 위로하되"를 읽지 않았다. 예언서를 이런 식으로 읽는 것은 예수 그리스도 당시 유대교 랍비들이나 쿰란 저술가들에게 매우 흔한 일이었다. 그들은 그렇게 함으로써 자신의 해석을 명확히 드러내려고 했던 것이다.[132]

명백한 것은 "이 글이 오늘 너희 귀에 응하였느니라"고 말함으로써 예수는 자신이 성령으로 기름 부어진 메시아(마시아흐, מ'שׁח)임을 선언했다는 것이다. 당시 유대인들은 언젠가 메시아가 다윗의 후손으로 와서 이 구절을 말하게 될 것이라고 믿고 있었다. 따라서 회당에 모인 나사렛 사람들은 목수 요셉의 아들 예수가 신성모독적인 발언을 하고 있다고 받아들였던 것이다.

흥미로운 것은 그리스도가 사 61:2의 뒷부분을 읽지 않았다는 사실이다. 그렇게 함으로써 그는 심판자 메시아로 오지 않고 구원자 메시아로 왔음을 암시하고 있다. 다시 말해서 그는 가난한 자들(고통 받는 자들)에게 전할 기쁜 소식-그가 포로 된 자에게 자유를 주며, 눈먼 자

132) Robert L. Lindsey, *Jesus, Rabbi and Lord*, Cornerstone Pub. p. 40.

를 보게 하며, 억눌린 자를 자유하게 할 것이라는 소식을 가져 왔다. 그것은 오늘날 그리스도인들이 복음을 전한다는 개념과 조금 다른 것이다. 왜냐하면 그리스도는 단순히 복음 전도자가 아니라 고통 받는 자들을 자유하게 하는 구원자로 왔기 때문이다. 어쨌거나 그는 2절 후반부를 읽지 않음으로써 언젠가 심판자 메시아로 다시 올 여지를 남겨 두었다. 그것은 요한복음에 기록된 그의 선언과도 일치한다.

> "내가 온 것은 세상을 심판하려 함이 아니요 세상을 구원하려 함이로라 나를 저버리고 내 말을 받지 아니하는 자를 심판할 이가 있으니 곧 내가 한 그 말이 마지막 날에 그를 심판하리라"(요 12:47하-48).

메시아 ⑫

100. 아버지 외에는 아들을 아는 자가 없고

"내 아버지께서 모든 것을 내게 주셨으니
아버지 외에는 아들을 아는 자가 없고
아들과 또 아들의 소원대로 계시를 받는 자 외에는
아버지를 아는 자가 없느니라"(마 11:27).

보좌에 앉으신 그리스도

예수 그리스도는 하나님을 즐겨 내 아버지(아비 אבי)라고 부르셨다(마 7:21, 10:32, 11:27, 20:23, 25:34, 26:29,39,42, 눅 22:29, 24:49, 요 2:16, 5:17, 43, 6:32,40,65, 8:19, 10:18,37, 11:26, 14:2,21, 15:8, 17:21, 20:17). 그가 열두 살 때 처음으로 예루살렘 성전에 올라가 잠시 가족들과 헤어졌다 만났을 때 벌써 "내가 내 아버지 집에 있어야 할 줄을 알지 못하셨나이까"(눅 2:49)라고 말하기 시작했는데, 일반적으로 유대인들이 하나님을 "우리 아버지(아비누 אבינו)"라고 부르는 것과 대조적인 것이다. 예수 그리스도가 이처럼 하나님을 내 아버지라고 부른 의미는 하나님의 아들로서의 메시아 되심을 선포하는 것이다. 왜냐하면 구약 성경에서 메시아의 칭호로서 '하나님의 아들'이 사용되고 있기 때문이다.

"여호와께서 내게 이르시되 너는 내 아들이라 오늘 내가 너를 낳았도다"(시 2:7중,하).

"그가 내게 부르기를 주는 나의 아버지시요 나의 하나님이시요"(시 89:26상).

하늘로부터 나는 음성이 예수 그리스도를 '아들'로 부르고 있는 복음서에 이야기가 실려 있는 것도 같은 맥락에서 이해될 수 있다.

"하늘로부터 소리가 있어 말씀하시되 이는 내 사랑하는 아들이요"(마 3:17상).

"구름 속에서 소리가 나서 이르되 이는 나의 아들 곧 택함을 받은 자니"(눅 9:35상).

그런데 위의 구절에서 '아버지 외에는 아들을 아는 자가 없고 아들과 또 아들의 소원대로 계시를 받는 자 외에는 아버지를 아는 자가 없느니라'는 말은 히브리어의 관용적 표현이다. 쉽게 말하자면 이 말은 '아버지만큼 아들을 잘 아는 사람이 없고, 아들과 아들에게서 들은 사람만큼 아버지를 잘 아는 사람이 없다'는 뜻이다. 마치 '어머니가 그러하면 딸도 그러하다'(겔 16:44)라든가 '부전자전(like father, like son)'이라는 말과 같이 숙어인 것이다. 그런 점에서 영어 성경에 '아들'과 '아버지'를 'the Son(성자)'과 'the Father(성부)'로 표시한 것은 헬라어로 옮겨진 히브리어 정관사가 특정한 사람이나 사물을 가리키지 않고 총칭(generic)의 의미로 사용되었다는 것을 모르는 오역에 속한다.[133] 따라서 예수 그리스도가 자신과 하나님과의 특수 관계를 설명하기 위해 히브리어 숙어를 인용한 것이므로 성자나 성부로 해석되어야 할 이유가 없다.

예수 그리스도가 자신이 메시아라고 직접적 발설한 경우는 드물다. 그러나 그는 하나님을 내 아버지라고 부름으로써 자신이 메시아임을 드러냈던 것이다. 그가 하나님을 '내 아버지'라고 부르는 것을 듣고 유대인들이 격노했던 이유도 거기에 있었다(요 5:18). 그가 대제사장에게서 심문을 받은 핵심도 하나님의 아들-그리스도라고 주장하는지 아닌지에 관한 것이었다.

> "대제사장이 이르되 내가 너로 살아계신 하나님께 맹세하게 하노니 네가 하나님의 아들 그리스도인지 우리에게 말하라 예수께서 이르시되 네가 말하였느니라"(마 26:63-64상).

---

133) Robert L. Lindsey, *Jesus, Rabbi and Lord*, Cornerstone Pub. p. 22.

메시아 ⑬

101. 하나님의 그리스도시니이다

"대답하여 이르되 세례 요한이라 하고
더러는 엘리야라 더러는 옛 선지자 중의 한 사람이
살아났다 하나이다
예수께서 이르시되 너희는 나를 누구라 하느냐
베드로가 대답하여 이르되
하나님의 그리스도시니이다 하니"(눅 9:19-20).

אתה המשיח בן האלהים חיים

예수 그리스도에 대한 베드로의 인상적인 신앙고백은 공관복음에 조금씩 다르게 기록되어 있다. 즉, 마가복음에는 "주는(당신은) 그리스도시니이다"(막 8:29)로, 마태복음에는 "주는(당신은) 그리스도시요 살아계신 하나님의 아들이니이다"(마 16:16)로 되어 있다. 그런데 세 구절을 모두 히브리어로 바꿔놓으면 "하나님의 그리스도시니이다"라고 기록한 누가복음의 표현이 가장 히브리어 문어체에 가깝다는 것을 알 수 있다. 왜냐하면 마태와 마가의 경우 히브리어로 번역해도 아무런 차이가 없지만 누가의 경우는 "마시아흐 엘(משיח אל)"로서 전형적 히브리어 표현방식이 되기 때문이다. 이와 같은 예를 들자면 시 19:2

의 '하나님의 영광(케보드 엘, כבוד אל)'이나 시 73:17의 '하나님의 성소(미크드쉐이 엘, מקדשי אל)'처럼 보통 명사 다음에 하나님이라는 단어를 관형어로 붙여 쓰는 것이다. 그러니까 베드로의 신앙고백은 최초 "하나님의 메시아입니다" 혹은 "신성한 메시아입니다"였다고 볼 수 있다.[134]

베드로의 신앙고백은 대중들의 견해나 동료 제자들의 것과 달리 유일한 것이었다. 일반 대중들은 "네 하나님 여호와께서 너희 가운데 네 형제 중에서 너를 위하여 나와 같은 선지자 하나를 일으키시리니[135] 너희는 그의 말을 들을지니라"(신 18:15)는 모세의 예언이나 "보라 여호와의 크고 두려운 날이 이르기 전에 내가 선지자 엘리야를 너희에게 보내리니"(말 4:5)는 말라기 예언에 근거해서 그리스도를 환생한 선지자 중의 하나로 보았다. 아마도 다른 제자들은 '다윗의 후손'(사 11:1, 10)으로 오신 메시아라고 말하고 싶었을 것이다. 그러나 베드로는 주저함이 없이 '하나님의 메시아'로 대답했다. 베드로의 이 고백은 그리스도의 부활 승천 이전, 교회가 그리스도에 대한 신앙 고백을 교리화하기 이전에 된 것이라는 점에서 놀라움을 선사한다. 그렇기에 그리스도가 매우 흡족해하면서 베드로를 성부 하나님의 계시를 직접 받은 '복 있는 사람'으로 칭찬했던 것이다. 이제 교회(증거의 공동체)는 자연인 베드로가 아닌 복 있는 사람, 반석(페트라) 위에 세워지게 되었다.

---

134) Robert L. Lindsey, *Jesus, Rabbi and Lord*, Cornerstone Pub. p. 123.

135) 전통적으로 유대인들은 '일으키다'는 단어를 '부활시키다'는 의미로 해석했다.

베드로의 신앙 고백이 이루어진 장소가 가이사랴 빌립보 지방이었다는 사실도 흥미를 더해준다. 헬몬 산자락의 그곳은 남쪽 유대 지방과 달리 사시사철 우거진 숲 사이로 물이 흐르고 있다. 그런데 숲이 우거진 곳을 생명력이 충만한 곳-신성한 곳으로 보았던 전통에 따라 당시 그곳에는 만신전(pantheon)이 있었다. 그리고 그곳의 모든 신들은 나름대로의 영역을 주관한다고 간주되었다. 그리스도는 그곳에서 제자들에게 자신에 대한 생각을 물었던 것이다. 따라서 베드로의 신앙고백은 그곳에 모셔진 신들이 주(lords)가 아니고 신성한 힘도 없지만 오직 예수는 하나님의(신성한) 메시아라는 의미를 가진다고 볼 수 있다. 지금은 '빠니아스'라는 이름으로 불러지는 이곳에는 아직도 만신전의 유적이 남아있는데, 이곳을 찾는 사람들은 저마다 우거진 숲과 흐르는 물을 바라보며 그리스도가 제자들에게 던진 질문과 베드로의 대답을 자신에게 적용해보곤 한다.

빠니아스 만신전 복원도

참고문헌

Brad H. Young, Jesus The Jewish Theologian, Hendrickson,
Christian News from Israel
David Bivin and Roy Blizzard, Jr. Understanding the Difficult Words of Jesus, Destiny Image Publishers
David Bivin, Jerusalem Perspective, No. 6,9,46,47
David Bivin, New Light on the Difficult Words of Jesus, En-Ged id Resource Center, 2005
David Flusser, Jesus, Hebrew University Magness Press
David Flusser, Judaism and Origins of Christianity
David Flusser, Judaism and the Origin of Christianity, Magnes Press, 1988
E. P. Sanders, Jewish Law from Jesus to Mishina, SCM, 1990
J.H. Charlesworth and Loren L. Johns, Hillel and Jesus, Fortress Press, 1997.
James Fleming, The Gospel of John, Biblical Resources,
Jean Steinmann, Saint John the Baptist and the Desert Tradition, Harper and Row
Jehoshua M. Grintz, Journal of Biblical Literature,
Joseph. Fitzmeyer, Essays on the Semitic Background of the New Testament, Scholars press
L. Finkelstein, Akiba, Ssholar, Saint and Martyr
Lois Tverberg, Listening to the Language of the Bible, En-Gedi Resource Center,
M. Black, The Scrolls and Christian Origins, Scholars Pr.
O. Cullmann, The Early Church, SCM
Oded Borowski, Agriculture in Iron Age Israel, American Schools of Oriental Research, 2002
Philip Backman, ed. Mishina, New York Judaica Press 1983,
R. Steven Notley, The Sacred Bridge
Randall Buth and Brian Kvasnica, Jesus' Last Week, Brill
Robert L. Lindsey, Jesus, Rabbi and Lord, Cornerstone Pub.
Robert Lindsey, A Hebrew Translation of the Gospel of Mark., 2nd ed. 1973
Ron Mosley, Yeshua, Messianic Jewish Publishers,
Shmuel Safrai, "The Jewish Cultural Nature of the Galilee in the First Century, " Immanuel

Stevan L. Davis, John the Baptist and Essene Kashrut, New Testament Studies, 1983
The Old Testament Pseudepigrapha, 1:624, ed. H. F. D. Sparks

게르트 타이센, 손성현, 역사적 예수, 다산글방
그 말씀 1999. 5월호
김지찬, 요세푸스 II, 요세푸스 III, 생명의말씀사
로버트 쿱스 저, 권성달 옮김, 성서 속의 식물들, 대한성서공회
롤랑 드보, 이양구, 구약시대의 종교풍속, 도서출판 나단
리 스트로벨, 윤관희 역, 예수는 역사다, 두란노
마빈 윌슨, 기독교와 히브리유산, 컨콜디아사,
미르치아 엘리아데 지음, 이용주 옮김, 세계종교사상사, 이학사.
선조들의 어록, 조철수 역, 성서와 함께
이 문범, 그 땅이 주는 복음
이영근, 유대교의 성서해석방법, 장로회신학대학교 대학원, 석사논문
이진희, 유대적 배경에서 본 복음서, 컨콜디아사.
정정숙, 성서식물, 크리스챤뮤지엄
조엘 그린, 예수 복음서 사전, 요단
조철수, 예수 평전, 김영사.
최창모, 돌멩이를 먹고 사는 사람들 1, 건국대학교출판부
125) 케네스 E. 베일리 지음, 류호준 · 양승학 옮김, 선한 목자, 새물결플러스,
한글성경개역개정판, 대한성서공회, 2002.
허성갑, 히브리어 직역성경, 말씀의 집
헬라어 신약성경, Greek-English New Testament, Nestle-Aland, DeutscheBible Gesellschaft, 2001.
헬무트 틸리케, 이재준 역, 기다리는 아버지, 컨콜디아사.
히브리어 성경, United Bible Societies translation, 1991,
히브리어신구약성경(twtyrbh rps), The Bible Society in Israel, 1991.
F. F. Bruce, 정명섭, 예수의 난해한 말씀들, 요단출판사
IVP 신약배경주석

주제 색인

가난한 자 · 25,140,141,285,286,331
가벼운 것 무거운 것(칼 봐호메르) · 127,133,134,135,279
게니자 · 218
게마트리아 · 31
게제라샤바 · 199,276
결혼 · 28,83,84,85,102,129,290,291
광야 · 16,146,147,263,264
교회 · 40,90,128,247,296,297,318,320, 337
구제 · 159,200,282
귀 · 74,75,128,182,183
귀신 · 92,94,190,191,263,265
그리스도의 신성 · 41, 79, 89, 117, 259,294,310,311,317,327,328
그물 · 186,251,252,253,257,258
금식 · 205,282
기도 · 13,14,79,125,152,153, 155, 196, 245,282
나귀 · 62,87,88,112,268
나실인 · 14
낙타 · 16,140,
납골함 · 64,65,243
누가(복음) · 13,15
눈 · 124,125,198,199
대구법 · 50,300
대제사장 · 14,58, 60,61,64,65, 66 112,156,162,180,182,184,212,213,2 30,243,261,269,310,313,316,335
떡 · 78
들러리 · 291,292
랍비 · 72,90,91, 94,111,112, 116, 119, 122,123,125,129,131,136,137,138, 147,153,159,206,230,276,280,285, 288,294,305,319
머리돌 · 168,169,170
메시아 · 25,44,45,46,47,48, 65, 66, 85, 86,88,111,122,271,289,305,311,313, 314,331,334,335,336,337
메뚜기 · 16,17
목자 · 34,36,39,110,288
무덤 · 53,54,55,56,64,65
무화과 · 324,325,326
물 · 48,51,68,82,84,85, 263,271, 307, 311
미워하다 · 101,102,103,208,209, 210, 220
믿다 케네게드 믿다 · 124,125
바리새인 · 60,67,115,122,127,135,173, 177,219,227,228,229,230,281
반열 · 13
발 · 131,178,180
발치 · 130,131,132
반석 · 296,318,319,320,337
반 유대주의 · 62,63
빵 · 16,17
별 · 34,39,41
복 있는 자 · 201,337
부활 · 56,75,76,89,165,251,314,337
분향 · 13,14,15
불 · 80,81,82,297,300,301,302
비둘기 · 68,69
비르카트 하미님 · 218
비유 · 137,138,149,156,157,162,163

164,167,172,185,190,205,226, 276, 298,303,304,305
사두개파 · 66,67
사마리아 · 45,46,47,48,51,52,215
사탄 · 240,241
산헤드린 · 57,58,59,60,65,66,124,228, 229
생수 · 306,308
석청 · 16
성령 · 24,68,69,70,259,271,293,308, 331
성전 · 13,15,46,58,59,60,158,162,183, 215,217,229,260,261,262,267,297, 299,312,313,314,321,325,333
세간 하 코하님 · 182
세례 · 19,20,23,24,27,48,51,52,271, 300,307
소금 · 80,81
손, 손가락 · 293,294,295
쉐마 · 103,128,129,177
슈모네 에스레 · 218
신발 · 19,23
신성모독 · 66,95,112,321,331
심판 · 24,125,154,301,302,331,332
십자가 · 61,62,212,281,303
아람어 · 20,112
아멘 · 98,99,100
아사셀 · 264,265
악 · 238, 239,240,241
안식일 · 53,54,55,118,119,229
알곡 · 24
양 · 36,37,38,112,269,288,289
어린 양 · 24
얼굴 · 77,78,79
에세네파 · 17,51,157,158,209,210
여관 · 33,34,35
열 네 대 · 30, 31
열심당 · 232,233
오른 편 왼편 · 104,105,106,192,195, 196
왕 · 86,87,88,202,212,213,223, 224, 225,226,288,289,319
왕위 · 224,225
유대고대사 · 14,26,
유월절 · 53,54,55,164,180,213,214, 245,247
의와 구원 · 202,281,282,283
인자 · 315,316,317
재림 · 149,151,247
저주 · 111,112,113,114,172,174,227
정결규례 · 159,173,176,187,189,190, 191, 229,307
정결예식 · 21,51,179,180,307
정결음식 · 18,186
제비 뽑기 · 14
족보(계보) · 30,31,32
제사 · 38,112,211,269,270,313
제사장 · 13,14,73,80,113
주(하나님)의 사자 · 13,41
죽은 자 · 25,242,244
쭉정이 · 24
지옥 · 80,82,186,190
찌찌트 · 175,176,177
천사 · 36,234,236,317
추방 · 18
추수 · 49,136,137,138
축복 · 71,72,73
출교 · 218,219,220

칠십인역 · 32,240
침노 · 287,289
쿰란 · 17,27,157,219,235,269,313
키 · 24
타작마당 · 24
탈무드 · 42, 43,112,193,243,267
토라 · 111,138,177,208,285
평안을 빌다 · 71,72,73
폐하다 · 115,116
포도 · 160,161,162,248,249
포도주 · 16,17,84,85,119,160,204,205, 206,207,247
표적 · 96,97,268
푸른 나무 · 303,304,305
하나님의 나라(천국) · 25,102,140,141, 142,185,226,245,275,276,277,278, 282,283,284,285,287,289,290,296, 297,298,299
할라카 · 115
해산(출산) · 33,35
헬라어 음역 · 20,58,232,233
환영 · 86,87,88,169
황제 · 14,40,92,214
회당 · 90,92,95,227,228,229,330
후손 · 31,32
히브리어 숙어 · 54,72,75,77,78,81,87, 90,96,102,108,113,116,151,193,236, 293,316,334,335

인명 색인

가룟 유다 · 66,120
가말리엘 · 132
가야바 · 57,58,64,65,66,184
간디 · 192
그린츠 · 54,55
나다나엘 · 20,21,43
나사로 · 188,189,190,191
네로 · 40
노아 · 154
누가(복음) · 30,33,61,62,63,76,93,131, 184,220,232,237,239,246,275,277, 293,294,304
뉴스너 · 228
니고데모 · 67
다니엘(서) · 316
다대오 · 232
다윗 · 31,32,86,113,169,298,307, 331,337
단 · 248
도마 · 231
동방박사 · 39,40,41
데메테르 · 165,166
랍비 아키바 · 153,154
랍비 얄쿠트 시모니 · 319
랍비 예후다 · 119
랍비 요세 · 119,131
랍바 타르폰 · 137,138,139
랍비 호니 · 153
랜덜 부쓰 · 222,238
레갑의 아들 · 37,38
린지 · 96,99,151
마가(복음) · 26,29,57,61,62,63,76,93, 184,232,275,277
마르다와 마리아 · 130,131, 132
마리아 · 36
마빈 윌슨 · 219

마태(복음) · 30,31,32,58,61,62,63, 76, 87,89,93,184,231,232,233,239,241, 267,275,277,293
마틴 루터 · 195
말고 · 182,183
말라기 · 337
말시온 · 207
맛디아 · 320
맨슨 · 149
모세 · 47,81,95,115,117,127,160, 176, 186,219,227,229,301,321,322,328, 329,337
미가 · 288
바돌로매 · 231
바울 · 55,102,131
베드로 · 20,21,93,102,112,113,114, 119,120,169,181,182,183,184,241, 251,252,253,258,259,267,296,297, 299,318,319,320,336,337,338
벤 시라 · 122
브루스 · 150
브엘세바 · 248
비빈 · 318
빌라도 · 47,54,66,212,213
빌립 · 19,20,21,43,112,231
사가랴 · 13,15
살로메 · 27,28
샌더스 · 70,228
세례자 요한 · 16,17,18,19,20,23,24,25, 26,50,51,52,68,144,145,146,147,148 202,276,289
솔로몬 · 92,297,299
수로보니게 여인 · 154
수에토니우스 · 40
슈무엘 사프라이 · 35,262
스가랴 · 87,88,307,308
스데반 · 52
스룹바벨 · 46
시몬 · 232,233,269
아담과 하와 · 84,85
아리마대 요셉 · 67
아모스 · 109
아브라함 · 31,154,189,190
아우구스투스 · 225
아켈라오 · 225
안나스 · 57,65,66
안드레 · 19,20,21,112,231
안티오쿠스 · 14
아비야 · 13
야고보 · 231,232,280,282
야곱 · 102,104,288
에서 · 102
에스겔 · 52,161,303,304,305
에살핫돈 · 46
에스라 · 98,229
엘리아김 · 298
엘리야 · 304,326,337
여호수아 · 74,75
예레미야 · 110,261,298
오리겐 · 20,270
요나 · 97,268,317
요세푸스 · 14,26,42,43,47,64,92,183, 209,267
요셉 · 52,104
요셉과 마리아 · 33,34,35
요엘 · 109
요하난 벤 자카이 · 111
요한(복음) 50,58,68,180,184,216,220,

231,251,327,328
요한 히르카누스 · 14,46,215
의로운 시몬 · 14
이사야(서) · 261,326,330,331
이새 · 31
제우스 · 165
칼리굴라 · 14
타키투스 · 40
테일러 · 69
톨스토이 · 192
티투스 · 162
페르세포네 · 165,166
플루서 · 62,96,147,287
플루톤 · 165
헹겔 · 228
헤로디아 · 26,27,29,144
헤롯(대왕) · 39,40, 58,225,313
헤롯 아그립바 I · 144
헤롯 안디바 · 21,23,28,29,143,144,145, 147,213
헬무트 틸리케 · 159
히폴리투스 · 166
힐렐 · 90,91,128,129,223

지명 색인

가드헤벨 · 266
가버나움 · 92
가이사랴 빌립보 · 338
갈릴리 · 20,21,23,111,143,186,213, 251,253,254,255,256,266,267,268
겟세마네 · 79,182
고라신 · 227
그리심 산 · 46,47,215,217
나사렛 · 42,43,44,70,94,96,268,330
나인 성 · 110
마사다 · 179
막달라 · 186,256
바벨론 · 37,40,46
바산(바타네아) · 20
베다니 · 19,20,268
베데스다 · 269,271
베들레헴 · 33,34,35,36,37,38,40,41
벳새다 · 19,20,21
변화산 79
수가 성 · 45,48,49,50,215,216,217,311
아테네 · 165
애논 · 48,51
야르묵 강 · 21
에발 산 · 98
엘레우시스 · 165,166,167
여리고 · 19,21
예루살렘 · 34,45,48,69,78,86,87,88, 108,110,162,169,179,180,215,216, 217,229,266,269,313,297,304,308, 325,326,329,333
요단 강 · 19,20,21,51
이집트 · 109,248
파르티아 · 40
페트라 · 320
헬몬 산 · 338

성경 색인(구약)

창 1:5 · 8,13,19,23,31
53
창 2:4 · 32
창 3:7 · 324
창 16:6,8 · 78
창 18:22-32 · 154
창 21:1 · 109
창 35:1,7 · 78
창 46:29 · 118
창 48:15-20 · 104
창 48:16 · 240

출 3:3 · 301
출 3:14 · 310
출 3:16 · 109
출 8:19 · 294
출 13:19 · 109
출 14:31 · 295
출 15:12 · 105
출 17:14 · 74
출 19:4 · 69
출 20:12 · 127,279
출 20:24하 · 90,91
출 22:31 · 188
출 25:30 · 78
출 31:18 · 294
출 32:7-14,32 · 154
출 33:15 · 78
출 34:6 · 328
레 11:4 · 173
레 11:23 · 172
레 11:34 · 173
레 14:6 · 306
레 16:8,10,26 · 264
레 16:21-22 · 264
레 17:7 · 265
레 19:17-18 · 210
레 20:10 · 322
레 20:17 · 96
민 4:7 · 78
민 5:20-21 · 114
민 6:24-26 · 237
민 6:25 · 78
민 7:24-27 · 73
민 13:20-24 · 160
민 13:23 · 324
민 15:37-40 · 176
민 19:11-13 · 242
민 19:17 · 306
민 19:19 · 180
민 23:9 · 319
민 23:19 · 315
민 24:17중 · 41

신 6:4-5 · 128
신 6:4-9 · 127,177
신 8:8 · 324
신 13:1-18 · 95
신 17:8-11 · 229
신 18:15 · 47,337
신 21:15-17 · 102
신 22:7 · 127,279
신 22:22-24 · 322
신 23:18 · 189
신 27:11-26 · 98
신 29:23 · 81
신 31:17,18 · 78
신 31:27 · 134

삿 1:16, 4:11 · 37
삿 3:15-25 · 104
삿 4:21 · 37
삿 9:45 · 81
삿 16:11 · 118
삿 19:12-16 · 105

룻 1:6 · 109
룻 2:12 · 69

삼상 2:21 · 109
삼상 11:2 · 105
삼상 20:31 · 72
삼상 25:18 · 324
삼상 25:22 · 113
삼상 30:12 · 324

왕상 4:25 · 249,325
왕상 7:19,22,26 · 272
왕상 8:27 · 134
왕상 17:1 · 326
왕상 19:2 · 113
왕상 21:10 · 96
왕상 21:19 · 189

왕하 10:15,23 · 37
왕하 14:25 · 266
왕하 17:4 · 118
왕하 17:24 · 46
왕하 24:14 · 37

대상 2:55 · 37
대상 9:26-27 · 297

대하 4:5 · 272
대하 17:8-9 · 229
대하 19:8-11 · 229
스 10:8 · 219

느 3:14 · 38
느 8:6 · 99
느 8:7,11 · 229
욥 30:1 · 188
욥 38:6 · 169
욥 39:30 · 150

시 2:7 · 334
시 8:4 · 109
시 37:1-10 · 193
시 37:13-20 · 193
시 40:6 · 274
시 45 제목 · 272
시 59:6 · 189
시 60 제목 · 272
시 68:23 · 188
시 73:17 · 337
시 86:15 · 328
시 89:26 · 334
시 91:4 · 69
시 103:15-16 · 274
시 115:1 · 328
시 116:13 · 246
시 118:22-23 · 168,170
시 118:25 · 86,169
시 137:5 · 105

잠 13:9 · 199
잠 14:34 · 96
잠 20:20 · 199
잠 20:27 · 199
잠 22:9 · 199
잠 24:19 · 193
잠 24:29 · 193
잠 26:11 · 189
잠 28:22 · 199
잠 31:10-11 · 197
잠 31:30-31 · 197
전 9:2 · 211
전 9:4 · 188,189
전 10:2 · 105
아 2:1-2,16 · 272
아 4:5 · 272
아 5:13 · 272
사 5:1-7 · 161
사 6:3 · 237
사 9:1 · 111
사 8:14 · 169
사 11:1 · 43,
사 11:1,10 · 31,337
사 14:12-14 · 41
사 20:2 · 326
사 22:22 · 119,298
사 28:16 · 168
사 29:18-19 · 202
사 31:5상 · 69
사 35:5 · 331
사 35:5-6상 · 25
사 42:1 · 282
사 42:6 · 44
사 51:5 · 282
사 51:6 · 81
사 51:12 · 315
사 56:7 · 261,262
사 58:6 · 331
사 61:1-2 · 330,331
사 66:2 · 285
사 66:3 · 188
사 66:5 · 219,220

렘 7:11-12 · 261
렘 10:15 · 110
렘 23:6 · 282
렘 26:8-9 · 261
렘 32:1-15 · 326
렘 33:5 · 78
렘 35:1-7,18 · 37

겔 15:1-8 · 161
겔 16:44 · 334
겔 17:7 · 249
겔 20:45-49 · 303
겔 37:16,17 · 52
겔 39:3 · 105

호 10:1 · 161
호 14:5 · 272
욜 1:15 · 110
욜 2:13 · 328
암 5:18-19 · 109
욘 4:2 · 328
미 1:16 · 150
미 4:4 · 325
미 2:12-13 · 288

슥 3:10 · 325
슥 4:7 · 169
슥 9:9 · 87
슥 10:3 · 110
슥 13:1 · 308
슥 14:8 · 308

말 1:2,3 · 102
말 4:5 · 337
말 4:5-6 · 289

성경 색인(신약)

마 1:1 · 32
마 1:1-17 · 30
마 1:17 · 30
마 1:23 · 89
마 2:1-2 · 39
마 2:23 · 42
마 3:12 · 24
마 3:16 · 68,69
마 3:17 · 334
마 4:12-16 · 267
마 5:3 · 284
마 5:3,4 · 201
마 5:4 · 285
마 5:5 · 285
마 5:11 · 239
마 5:17 · 207
마 5:17-18 · 115
마 5:19 · 135,278
마 5:20 · 281
마 5:20-48 · 279
마 5:29 · 105,142
마 5:38-39 · 192,196
마 5:39-41 · 195,196
마 5:42 · 195
마 5:43-45 · 209
마 5:44 · 194
마 6:1-18 · 126
마 6:5 · 105
마 6:13 · 238,239,241
마 6:14-15 · 125
마 6:21-23 · 198
마 6:23 · 134
마 6:28-30 · 272
마 6:29-30 · 133
마 7:1-2 · 124
마 7:3 · 142
마 7:5 · 125
마 7:6 · 189
마 7:11 · 133
마 7:12 · 91
마 7:21 · 333
마 7:24,26 · 128
마 8:10 · 98,100
마 8:14-15 · 93
마 8:21-22 · 242
마 9:14 · 205
마 10:1-15 · 72
마 10:2,4 · 231
마 10:3 · 231
마 10:32 · 333
마 10:37-38 · 101
마 10:42 · 125
마 11:7-9,11상 · 146
마 11:8 · 145
마 11:12 · 287
마 11:14 · 289
마 11:25 · 128
마 11:27 · 333
마 11:28-30 · 121
마 11:29 · 87
마 12:8 · 317
마 12:28 · 201,293
마 12:30 · 91
마 12:38 · 96
마 12:38-40 · 97
마 12:40 · 317
마 12:43 · 263
마 13:9,43 · 128
마 13:31-32 · 275
마 13:41 · 317
마 13:47-50 · 185
마 13:52 · 298
마 14:17 · 88
마 14:27 · 311
마 15:2 · 307
마 15:6 · 207
마 15:22 · 232
마 15:26-28 · 191
마 16:14 · 70
마 16:16 · 336
마 16:17 · 299
마 16:18 · 318
마 16:18-19 · 296
마 16:19 · 118
마 16:21 · 53
마 16:27 · 317
마 17:2 · 79
마 17:12 · 304
마 17:13 · 289
마 17:22-23 · 74
마 18:20 · 89,90
마 19:10-12 · 102
마 20:23 · 333
마 21:5 · 87
마 21:9 · 86
마 21:11 · 268
마 21:12 · 222
마 21:13 · 298
마 21:25 · 276
마 21:42,44 · 168
마 22:20-21 · 221
마 22:35-38 · 127

마 23:2-3 · 227
마 23:3-5 · 230
마 23:4,7 · 123
마 23:5 · 177
마 23:6 · 228
마 23:13 · 283
마 23:13,15,16 · 227
마 23:16-24 · 135
마 23:24 · 172
마 23:25,27,29 · 227
마 24:27-28 · 149
마 24:32 · 325
마 24:35 · 117
마 25:1-2 · 290
마 25:11-12 · 290
마 25:31-33 · 104
마 25:34 · 333
마 26:29 · 333
마 26:34 · 66
마 26:39 · 79,333
마 26:42 · 333
마 26:52 · 184
마 26:61-63 · 313
마 26:63-64 · 335
마 26:73-74 · 111
마 27:20-26 · 63
마 27:35-36 · 62
마 27:39-42상 · 61
마 27:40 · 313
마 27:47-49 · 62
마 27:62 · 53

막 1:6 · 16
막 1:9 · 68
막 1:10 · 69
막 1:30-31 · 93
막 2:10 · 315,316
막 3:18-19 · 231
막 4:23 · 128
막 6:14 · 145
막 6:20 · 145
막 6:22,28 · 26
막 6:22,28 · 28
막 7:10-13 · 102
막 7:24-30 · 155
막 8:29 · 336
막 9:30-32 · 75
막 9:47-49 · 80
막 10:1-12 · 102
막 11:14 · 324
막 11:20-21 · 324
막 12:40 · 174
막 13:1 · 313
막 14:41 · 317
막 14:43 · 229
막 14:48-49 · 184
막 14:53-54 · 229
막 14:61-63 · 66
막 14:62 · 309
막 14:63-64 · 310
막 15:1 · 57
막 15:6-15 · 63
막 15:29-31 · 61
막 15:35-36 · 62
막 15:42 · 53
막 16:19 · 105
눅 1:5 · 13
눅 1:8-11 · 13
눅 1:15 · 17
눅 1:68 · 110
눅 1:80 · 16
눅 2:6-7 · 33
눅 2:8 · 36
눅 2:14 · 234
눅 2:49 · 333
눅 3:3-38 · 30
눅 3:21 · 69
눅 3:22 · 68
눅 4:18-21 · 330
눅 4:20 · 229
눅 4:22 · 95
눅 4:24 · 99
눅 4:28-30 · 94
눅 4:29 · 95
눅 4:36 · 92
눅 4:38-39 · 93
눅 5:1-3 · 254
눅 5:4-5 · 257
눅 5:33 · 205
눅 5:34-36 · 205
눅 5:37-39 · 204
눅 6:1-4 · 119
눅 6:6-10 · 119
눅 6:15-16 · 231
눅 6:22-23 · 220
눅 6:35 · 237
눅 6:45 · 239
눅 7:17 · 110
눅 7:19 · 23
눅 7:22 · 25
눅 7:22-23 · 202
눅 7:23 · 24
눅 7:24-28상 · 25
눅 7:28하 · 25
눅 7:36-50 · 155,323
눅 7:44 · 178
눅 8:43-45 · 175
눅 8:43-48 · 154
눅 9:19-20 · 336
눅 9:35 · 334
눅 9:44-45 · 74

눅 9:51 · 77
눅 10:1-16 · 72
눅 10:2 · 136
눅 10:5-6 · 71
눅 10:25 · 156
눅 10:25-37 · 210
눅 10:39 · 130
눅 11:8 · 152
눅 11:16 · 96
눅 11:20 · 293
눅 11:21 · 71
눅 11:29-30 · 268
눅 12:49-50 · 300
눅 12:51-53 · 300
눅 13:1 · 66,213,267
눅 13:6-9 · 325
눅 13:18-19 · 275
눅 13:31-33 · 143
눅 14:26 · 101
눅 14:35 · 128
눅 15:14 · 202
눅 15:18 · 276
눅 16:8-9 · 156
눅 16:13 · 102
눅 16:16 · 289
눅 16:20-21 · 188
눅 16:23-26 · 82
눅 17:34-35 · 151
눅 17:37 · 149
눅 18:1-8 · 155
눅 18:23-26 · 140
눅 18:29-30 · 102
눅 18:35-43 · 155
눅 19:11 · 226
눅 19:12,14 · 224
눅 19:27 · 224
눅 19:43-44 · 108
눅 19:45-46 · 260
눅 20:9-19 · 65
눅 20:19 · 62,156
눅 22:2 62,65,66
눅 10:7 · 72
눅 10:41-42 · 132
눅 22:3-5 · 66
눅 22:15-18 · 245
눅 22:29 · 333
눅 22:51 · 183
눅 22:66-67 · 57
눅 23:11 · 145
눅 23:12 · 213
눅 23:13-25 · 63
눅 23:28 · 303
눅 23:28-31 · 62
눅 23:31 · 303
눅 23:35 · 61
눅 23:35-38 · 62
눅 23:36-37 · 62
눅 23:48 · 62
눅 23:54 · 53
눅 24:19 · 70
눅 24:49 · 333

요 1:14 · 327
요 1:26-28 · 19
요 1:26-36 · 24
요 1:28-34 · 20
요 1:29-34 · 50
요 1:35-39 · 20
요 1:35-41 · 23
요 1:35-42 · 50
요 1:42 · 319
요 1:45-46 · 43
요 1:46 · 111
요 2:1-2 · 83
요 2:6 · 307
요 2:1-11 · 271
요 2:11 · 84
요 2:19-21 · 312
요 2:16 · 333
요 3:18 · 302
요 3:22-23 · 51
요 3:22-24 · 48,50
요 3:22-30 · 23,51
요 3:28-30 · 51
요 4:1-26 · 271,271
요 4:20-21 · 215
요 4:25,29 · 45
요 4:26 · 216
요 4:35-38 49
요 5:2 · 269
요 5:17 · 333
요 5:18 · 335
요 5:22 · 302
요 5:43 · 333
요 6:32 · 333
요 6:40,65 · 333
요 7:37-38 · 271,306
요 7:41-42 · 111
요 7:50-52 · 266
요 8:6-8 · 321
요 8:19 · 333
요 8:24 · 309,310
요 9:1-41 · 271
요 9:22 · 218,219
요 10:18,37 · 333
요 11:26 · 333
요 11:55 · 180
요 11:48-50 · 64
요 11:57 · 60
요 12:12-19 · 62
요 12:19 · 60

요 12:20-24 · 164
요 12:42 · 219
요 12:47-48 · 332
요 13:7 · 181
요 13:8-10 · 178
요 13:21-30 · 60
요 14:2 · 333
요 14:3하 · 151
요 14:21 · 333
요 15:1 · 160
요 15:2 · 248
요 15:5-6 · 160
요 15:8 · 333
요 16:2 · 219
요 17:21 · 333
요 18:10 · 182
요 18:11 · 184
요 18:12-14 · 57
요 18:13 · 65
요 18:25-27 · 184
요 18:28 · 57,180
요 19:12 · 66
요 19:13-15 · 212
요 20:1 · 53
요 20:17 · 333
요 21:7 · 251

행 1:6 · 247
행 1:15-22 · 120
행 2:33 · 105
행 4:6 · 65
행 5:28 · 66
행 5:33-40 · 67
행 5:36-37 · 66
행 10:2 · 164
행 10:40 · 53
행 15:6-11 · 120
행 16:13-14 · 164
행 17:4,12 · 164
행 18:4 · 164
행 20:7 · 55
행 22:3 · 132

롬 8:32 · 134
롬 9:13 · 102
롬 11:12,24 · 135
롬 12:19-21 · 194

고전 9:5 · 103
고전 15:20 · 165
고전 15:35-36 · 165

엡 2:20-22 · 170

히 4:3상 · 123
히 12:9 · 135
약 2:10 · 280
약 2:14,17,20,26 · 128
약 4:7 · 194

벧전 2:6-8 · 170
벧전 4:8 · 181

요일 2:13 · 239
요일 5:18 · 239

계 3:7 · 298
계 22:20 · 100